Imke Melcher
Franz Alexander und die moderne Psychotherapie

Forschung Psychosozial

Imke Melcher

Franz Alexander und die moderne Psychotherapie

Psychosozial-Verlag

Veröffentlicht mit Unterstützung des Forschungsrates der Alpen-Adria-Universität
Klagenfurt aus den Förderungsmitteln der Privatstiftung Kärntner Sparkasse.

Bibliografische Information der Deutschen Nationalbibliothek
Die Deutsche Nationalbibliothek verzeichnet diese Publikation
in der Deutschen Nationalbibliografie; detaillierte bibliografische Daten
sind im Internet über http://dnb.d-nb.de abrufbar.

Originalausgabe
© 2013 Psychosozial-Verlag
Walltorstr. 10, D-35390 Gießen
Fon: 06 41 - 96 99 78 - 18; Fax: 06 41 - 96 99 78 - 19
E-Mail: info@psychosozial-verlag.de
www.psychosozial-verlag.de
Umschlagabbildung: Porträt Franz Alexander
Umschlaggestaltung & Layout: Hanspeter Ludwig, Wetzlar
www.imaginary-world.de
Satz: Andrea Deines, Berlin
Druck: Druck: PRINT GROUP Sp. z o.o., Stettin
ISBN 978-3-8379-2282-0

Inhalt

1. Einleitung

Im deutschsprachigen Raum ist der Psychiater und Psychoanalytiker Franz Alexander (1891–1964) vor allem für seine Pionierarbeiten im Bereich der Psychosomatik bekannt. Sein gleichnamiges Werk *Psychosomatic Medicine* (1950) wurde ins Deutsche übersetzt und seitdem in mehreren Auflagen veröffentlicht. In diesem Buch beschreibt er verschiedene theoretische Überlegungen und psychosomatische Krankheitsbilder, die auch als die *Holy Seven*[1] bezeichnet werden. Die Ideen Alexanders sind heute zwar nicht mehr aktuell bzw. zum Teil widerlegt (vgl. Boll-Klatt 2005, S. 78), trotzdem wird sein Name im deutschen Sprachraum weiterhin vorrangig mit dem Gebiet der Psychosomatik in Verbindung gebracht.

Durch seine sehr verständlich geschriebenen und ansprechend formulierten Gedanken zur psychosomatischen Medizin wurde mein Interesse geweckt, mich ausführlicher mit dem Werk und der Person Franz Alexanders auseinanderzusetzen. Dabei fiel mir auf, dass Alexander sich neben der Psychosomatik mit vielen weiteren Themen wie beispielsweise der psychoanalytischen Kriminologie und der psychologischen Kulturanalyse auseinandergesetzt hat. Der größte Teil seines umfangreichen Werkes beinhaltet jedoch theoretische und praktische Fragen der Psychoanalyse und der psychoanalytisch orientierten Psychotherapie. Die entsprechenden Schriften sind in den Vereinigten Staaten verfasst und bis auf wenige Fachartikel nicht in die deutsche Sprache übersetzt worden. Dies mag ein Grund dafür sein, dass die Gedanken Franz Alexanders zur Psychoanalyse und Psychotherapie hier weniger bekannt sind als seine Forschungsarbeiten zur psychosomatischen Medizin.

---

1 Folgende Krankheitsbilder verbergen sich hinter dem Begriff der *Holy Seven*: Asthma bronchiale, essenzielle Hypertonie, Hyperthyreose, Neurodermitis, chronische Polyarthritis, Ulcus duodeni und Colitis ulcerosa.

Während meiner Spurensuche in den Vereinigten Staaten und in Budapest gelang es mir, mit Zeitzeugen und Verwandten in Kontakt zu treten und mit Menschen zu sprechen, die sich beruflich bzw. wissenschaftlich mit Franz Alexander beschäftigt haben. Hier zeigte sich, dass der Name Franz Alexander nicht wie im deutschen Sprachraum mit der Psychosomatik, sondern untrennbar mit dem von ihm beschriebenen Prinzip der emotional korrigierenden Erfahrung und dem Prinzip der Flexibilität in Verbindung steht. Aufgrund der Verbreitung dieser Konzepte und der darin enthaltenen Kritik an klassischen psychoanalytischen Grundgedanken und -regeln wurde Franz Alexander zu einem »Abtrünnigen in der amerikanischen Psychoanalyse« (Schmidt 2008, S. 97).

Aus den Gesprächen und durch die Beschäftigung mit dem die Psychoanalyse und Psychotherapie betreffenden Teil seines Werkes entwickelte sich die Idee, neben dem Verfassen einer Biografie die zentralen Gedanken Franz Alexanders zur Theorie und Praxis der Psychoanalyse und Psychotherapie darzustellen, die damit verbundene heftige Kontroverse zwischen orthodoxen und progressiven Psychoanalytikern in den USA der 1940er und 1950er Jahre historisch einzuordnen und die aktuelle Bedeutung von Franz Alexander herauszuarbeiten.

Die vorliegende Arbeit kann in zwei Bereiche aufgeteilt werden. In einem ersten Teil wird eine ausführliche Biografie Franz Alexanders erarbeitet, die mithilfe der Berichte von Verwandten und Zeitzeugen sowie unter Einbezug verschiedener Briefwechsel, unter anderem zwischen Franz Alexander und Sigmund Freud, einen umfangreichen Einblick in das Leben Alexanders ermöglichen soll. Im zweiten Teil wird das Werk Franz Alexanders hinsichtlich seiner Bedeutung für die Psychoanalyse und die Psychotherapie untersucht. Auf der Basis eines theoretischen Überblicks über die klassischen psychoanalytischen Konzepte Sigmund Freuds werden die Gedanken Franz Alexanders im Bereich der Theorie und Technik der psychoanalytischen Psychotherapie vorgestellt und diskutiert. Dabei wird auch die als Reaktion auf seine Veröffentlichungen entstandene Kontroverse zwischen orthodoxen und progressiven Psychiatern und Psychoanalytikern in den USA beleuchtet und historisch eingeordnet. Im Anschluss folgt ein kurzer Überblick über aktuelle Beiträge der Fachwelt über Franz Alexander, um zuletzt seine Bedeutung für die moderne Psychotherapie darzustellen und kritisch zu diskutieren.

Franz Alexander, dessen Todestag sich im Jahr 2014 zum 50. Mal nähert, war ein wichtiger Wegbereiter und Impulsgeber für die Entwicklung neuer psychotherapeutischer Konzepte. Mithilfe dieses Werkes sollen seine persönliche Entwicklung sowie seine zentralen Gedanken im Bereich der Psychoanalyse und Psychotherapie einem breiten Publikum zugänglich gemacht und seine Bedeutung für die moderne Psychotherapie unterstrichen werden.

2. Biografie von Franz Alexander (1891–1964)

2.1 Alexanders Kindheit, Jugend und junges Erwachsenenalter

2.1.1 Das Elternhaus

Franz Gabriel Alexander wurde am 22. Januar 1891 in Budapest als das vierte von insgesamt sieben Kindern geboren. Er hatte drei ältere Schwestern, Ilonka, geboren 1882, Elisabeth, geboren 1886, und Magda, geboren 1889, sowie einen jüngeren Bruder, Paul, geboren 1895, und zwei jüngere Schwestern, Borka, geboren 1899, und Lilla, geboren 1904.

Sein Vater, Bernhard Alexander, war Professor für Philosophie und einer der führenden Intellektuellen Ungarns seiner Zeit. Er wurde am 13. April 1850 in Budapest als Sohn eines jüdischen Händlers und einer Waschfrau geboren (Collard 1975, S. 1). Er studierte Philosophie, Ästhetik und Pädagogik in Budapest und konnte sich durch ein Stipendium des damaligen Bildungsministers Studienaufenthalte in Göttingen, Paris, Berlin und Wien finanzieren (Alexander 1940a, S. 307). Nach seinem Studium erhielt er zunächst einen Lehrauftrag an einer Realschule. Im Jahr 1878 wurde er anfangs als Dozent, im Jahr 1895 dann als Professor an die Philosophische Fakultät der Universität Budapest berufen. Er unterrichtete außerdem Dramaturgie und Ästhetik an der Budapester Theaterakademie, deren Direktor er später wurde. Bernhard Alexander war Herausgeber verschiedener philosophischer und pädagogischer Zeitschriften (beispielsweise des ungarischen *Journal für Philosophie*). Er verfasste unter anderem Schriften über Kant, Schopenhauer und Hartmann und übersetzte gemeinsam mit Professor József Bánóczi die *Kritik der reinen Vernunft* von Kant ins Ungarische. Er galt als bedeutender

Shakespeare-Kenner, Feuilletonist und war Mitglied der Ungarischen Akademie der Wissenschaften sowie der Kisfaludy Gesellschaft, einem ungarischen Kulturverein zur Förderung ungarischer Literatur (Herlitz/Kirschner 1927, S. 204). Die Mutter von Franz, Regine Alexander, geborene Brössler, wurde am 12. September 1856 als Tochter von Juda Brössler und Hanna Grunbaum in Budapest geboren. Sie war das vierte von insgesamt fünf Geschwistern. Über sie ist nur wenig bekannt. In seinen autobiografischen Erinnerungen schreibt Franz Alexander, an sie weniger konkrete Erinnerungen als an seinen Vater zu haben. Er beschreibt seine Mutter als den »stabilisierenden Faktor der Familie«, als das »emotionale Zentrum«. Sie habe die Öffentlichkeit gemieden und ganz für ihre Familie gelebt (Alexander 1960, S. 39). Eine detailliertere Beschreibung fehlt. Dies fiel auch Alexanders ehemaliger Assistentin und Freundin der Familie, Dr. Hedda Bolgar, auf, als sie seine Autobiografie *The Western Mind in Transition* redigieren sollte. In einem persönlichen Gespräch erinnert sie sich daran, wie sie Alexander nach dem erstmaligen Lesen des Manuskripts fragte, ob er auch eine Mutter gehabt hätte, da diese im Gegensatz zu Bernhard Alexander kaum erwähnt werde. Alexander antwortete darauf, dass er selbstverständlich eine Mutter gehabt habe, dass dies jedoch »viel zu persönlich« sei (Persönliches Gespräch mit Dr. Hedda Bolgar, Los Angeles, 18.09.2010).

Die älteste Schwester Ilonka verstarb durch einen Unfall im Jahr 1886, noch vor Franz Alexanders Geburt. Sie soll in eine Wanne kochendes Waschwasser gefallen sein und an den schweren Verbrennungen verstorben sein. Seine zweite ältere Schwester Elisabeth, auch Erzi genannt, war Sängerin. Sie war in zweiter Ehe mit dem ungarischen Künstler Henry Major verheiratet und starb durch einen Autounfall am 27. August 1948 in New York. Die dritte ältere Schwester, Magda, heiratete Géza Révész, einen Mentor Alexanders und Schüler des Experimentalpsychologen Georg Elias Müller. Magda selbst war Kunsthistorikerin. Géza Révész gründete das erste psychologische Institut Ungarns und wurde später Professor für Psychologie an der Universität von Amsterdam.[2]

Alexanders jüngerer Bruder Paul studierte in Heidelberg Physik. Er emigrierte nach England und wurde britischer Staatsbürger. Die letzten acht Jahre seines Lebens verbrachte der promovierte Physiker gemeinsam mit seiner Gattin Irene in Princeton. Er war Direktor der Forschungsabteilung der Continental Can Company, New York, und außerdem Präsident der Alexander Vacuum Research Company (New York Times, 21.09.1959). Er starb am 20. September 1959 nach

---

2 Die Informationen über die Geschwister konnten in persönlichen Gesprächen mit der Enkelin Franz Alexanders, Ilonka Thomas, und mit seiner Großcousine, Eva Weissman, rekonstruiert werden.

langer Krankheit an Lungenkrebs. In einem seiner Briefe an Marie Bonaparte berichtet Franz Alexander von der schweren Erkrankung seines Bruders, die ihn von einer geplanten Reise nach Europa abgehalten hatte (Alexander an Bonaparte, 6.11.1959).

Alexanders jüngere Schwester Borka heiratete den Ingenieur Artur Rényi. Ihr Sohn Alfréd Rényi war ein bekannter Mathematiker, der unter anderem als Privatdozent und später als Dekan der Fakultät für Wahrscheinlichkeitstheorie der Universität Budapest tätig war. Über Alfréd Rényi ist bekannt, dass er selbst aus einem Arbeitslager der ungarischen Faschisten entkommen konnte und seine Eltern als Soldat verkleidet aus dem Budapester Ghetto befreite. Borka starb wenige Jahre später, im Jahr 1947. Laut Aussage der Großcousine Franz Alexanders, Eva Weissman, ist glücklicherweise kein Mitglied der Familie Alexander während des Holocausts umgekommen (Persönliches Gespräch mit Eva Weissman, Cleveland, 23.09.2010).

Die jüngste Schwester Franz Alexanders, Lilla, arbeitete zunächst als Schauspielerin in Berlin und soll in sieben deutschen Filmen mitgewirkt haben. Sie heiratete den niederländischen Rechtsanwalt August Edward van Saher, mit dem sie im Jahr 1940 in die USA emigrierte. Die Ehe endete im Jahr 1949. Lilla van Saher veröffentlichte zwei Novellen, *The Echo* (1947) und *Macamba* (1949). Im Jahr 1964 kam außerdem ihr Kochbuch *Exotic Cooking* heraus. Sie starb im Juli 1968 an Brustkrebs in New York (New York Times, 19.07.1968).

Die Familie Alexander wohnte in einer der ersten Adressen Budapests, dem am 23. Oktober 1894 eröffneten New York Palace, benannt nach der New York Life Insurance Company, am Elisabeth-Ring. Der vorherige Wohnort der Familie ist unbekannt. Im New York Palace bewohnte man eine Wohnung in der vierten Etage. In dem Gebäude lebten außerdem weitere Professoren, der Bildungsminister und ein angesehener Anwalt. Zu einem weiteren Nachbarn, einem reichen Vertreter einer amerikanischen Versicherungsagentur, pflegte die Familie Alexander kaum Kontakt. In der sozialen Hierarchie Ungarns Ende des 18. Jahrhunderts befanden sich Beschäftigte der Wirtschafts- und Finanzbranche trotz ihres hohen Einkommens weit unterhalb der Angehörigen der geisteswissenschaftlichen Elite. Sie wurden höchstens als potenzielle Finanziers kultureller Arbeiten betrachtet (Alexander 1960, S. 25). Bildung war damals wichtiger als finanzieller Erfolg.

Franz Alexander wuchs in einer beschützten, liberalen Atmosphäre auf (ebd., S. 19). Seine Heimatstadt Budapest galt als eines der florierenden kulturellen Zentren Europas. Alexander selbst beschreibt die während seiner Kindheit vorherrschende intellektuelle Maxime als eine der »puren Wissenschaften« und »puren Kunst«, die in der Kunsttheorie unter dem Begriff *l'art pour l'art* eingeordnet wird. Kunst und (naturwissenschaftliche) Forschung dienten damals nicht primär einem praktischen Zweck, vielmehr ging es um Kunst, Wissenschaft und Bildung um ihrer selbst willen (ebd., S. 44).

Es ist anzunehmen, dass das Ehepaar Alexander innerhalb der intellektuellen Budapester Gesellschaft eine zentrale Rolle gespielt hat. Jeweils am Samstagabend trafen sich Schriftsteller, Journalisten, Professoren, Kreative, Künstler und Schauspieler in der Wohnung der Familie, um die neuesten kulturellen Entwicklungen zu diskutieren. Franz Alexander selbst durfte an diesen Zusammenkünften aufgrund seines geringen Alters nicht teilnehmen. Er versteckte sich jedoch manchmal in den Räumlichkeiten, um den Gesprächen zu lauschen (ebd., S. 26).

Auch zu Tisch wurden in der Familie Alexander vorrangig kulturelle Themen besprochen. Das Abendessen wurde gemeinsam in der Bibliothek des Vaters eingenommen, wo es nicht selten zu angeregten Diskussionen über aktuelle wissenschaftliche, literarische oder politische Entwicklungen kam (ebd., S. 47).

2.1.2 Kindheit und Schulzeit in Budapest

In seiner zum Teil autobiografischen Arbeit *The Western Mind in Transition* schildert Franz Alexander Erinnerungen an seine ersten Lebensjahre. Er spielte mit seinen Geschwistern und den Nachbarskindern auf den Fluren des New York Palace Ball oder Kriegsspiele. Er berichtet von ersten metaphysischen Tagträumen über die Beschaffenheit der Welt, geprägt durch die marmorne, imposante Atmosphäre des unendlich groß scheinenden Gebäudes (Alexander 1960, S. 7). Er beschreibt außerdem ausführlich die uneingeschränkte Bewunderung für seinen Vater und seinen Stolz auf dessen akademische Leistungen, die bis in die letzten Schuljahre Franz Alexanders anhalten sollten (ebd., S. 4). Die einzige negative Erfahrung seiner Kindheit scheint der tägliche Violinunterricht gewesen zu sein, den Alexander vom siebten bis zum zwölften Lebensjahr erhielt. Er beschreibt dies als »die einzige echte Qual« (ebd., S. 5), die er während seines Aufwachsens erleben musste.

Die Familie Alexander konnte sich viele Reisen leisten. Während des Sommers unternahmen die Alexanders gemeinsam mit der Familie eines Onkels sowie einer Nachbarsfamilie häufig Reisen nach Österreich, in die Schweiz oder nach Deutschland. Der Onkel, Ignaz Brössler, ein Chemieingenieur und Industrieller, organisierte diese Reisen. Er, der Naturwissenschaftler und Unternehmer, behandelte seinen Schwager Bernhard, den Philosophen, häufig wie einen »zerstreuten Professor« (ebd., S. 11). Durch das beherzte Eingreifen in eine Auseinandersetzung zwischen einem Deutschen und Bernhard Alexander über reservierte Plätze während einer Zugfahrt eroberte sich Ignaz Brössler zunehmend den Respekt seines Neffen. Franz Alexander begann erstmals, an der Allmacht seines Vaters zu zweifeln.

Franz Alexander erhielt zunächst gemeinsam mit der gleichaltrigen Tochter eines Nachbarn Privatunterricht. Lesen und Schreiben hatte er bereits vor dem Schulalter von seinem Nachbarn, dem Professor der Philologie, Simonyi, gelernt. Von 1897 bis 1901 besuchte Alexander eine Volksschule, im Anschluss das Minta Gymnasium, eine renommierte humanistische Modelschule, die viele berühmte Absolventen hervorgebracht hat (Collard 1975, S. 3).

Alexander war ein guter Schüler. Seine Lehrer attestierten ihm nach hervorragenden Aufsätzen über Ibsens *Nora* und Kleists *Michael Koolhaas* eine besondere literarische Begabung (ebd., S. 40). Er war einer der Klassenbesten in Latein und war außerdem sehr an Sprachen, Philosophie und Geschichte interessiert. Während seiner Gymnasialzeit konzentrierte sich Alexander jedoch zunehmend auf naturwissenschaftliche Fächer wie Mathematik und Physik, was er in einem autobiografischen Aufsatz rückblickend als den Beginn einer Rebellion gegen seinen Vater einordnet (Alexander 1940a, S. 307).

Seine rebellische Seite zeigte Alexander außerdem, indem er während des Lateinunterrichts Frank Wedekinds *Frühlingserwachen* las. Dieses 1891 erschienene Drama beschreibt das Leben mehrerer Jugendlicher während ihrer Pubertät mit allen mit dieser Phase verbundenen Unsicherheiten und Fragen, vor allem in Bezug auf die Sexualität. Aufgrund seiner Kritik an der damals herrschenden wilhelminischen Sexualmoral war das Buch verboten. Alexander wurde bei der Lektüre dieses Werkes erwischt, es drohte der Schulverweis. Erschwerend kam hinzu, dass er am Abend zuvor als Teilnehmer eines Treffens einer neu gegründeten »Soziologischen Gesellschaft« unter der Leitung von Julius Pikler, einem Professor für Rechts- und Staatsphilosophie, gesichtet worden war. Die Ansichten dieser linksorientierten sozialdemokratischen Gruppe Oppositioneller waren in den Zeiten der k. u. k. Monarchie gesellschaftlich nicht akzeptabel.

Bernhard Alexander war weniger durch das Lesen während des Unterrichts als durch die Teilnahme seines Sohnes an der sozialdemokratischen Versammlung zutiefst beunruhigt. Er hielt Pikler für einen Amateurphilosophen, dessen politische Ideen in einem völligen Gegensatz zu seinen eigenen, konservativen Ansichten standen. Nur aufgrund seiner guten Noten, der gesellschaftlichen Stellung seines Vaters sowie der Unterstützung durch seinen Mathematik- und Physiklehrer durfte Franz Alexander letztendlich an der Schule bleiben (Alexander 1960, S. 41). Er legte im Jahr 1909 sein Abitur ab (Collard 1975, S. 5), das er – mit Ausnahme des Faches Latein – mit den besten Noten bestand (Alexander 1940a, S. 308).

Hinsichtlich der Wahl eines Studienfachs hatten die Eltern Franz Alexander prinzipiell Entscheidungsfreiheit gelassen. Es bestand jedoch der unausgesprochene Wunsch des Vaters, dass sein Sohn ein Studium der Archäologie und der klassischen Sprachen aufnehmen sollte. Bernhard Alexander selbst war ein begeisterter Amateurarchäologe, der jährliche Reisen nach Pompeji unternahm und dessen großes kulturelles Vorbild der berühmte Archäologe Heinrich Schliemann war.

Franz Alexander diskutierte seine berufliche Zukunft während seiner letzten Schuljahre wiederholt mit seinem Onkel, dem Unternehmer und Naturwissenschaftler Ignaz Brössler. Dieser erklärte seine Abneigung gegen die Geisteswissenschaften in deutlichen Worten und ermutigte seinen Neffen, eine andere Karriere einzuschlagen. Er händigte ihm Bücher des Physikers und Philosophen Ernst Mach aus, die Franz Alexanders Denken über viele Jahre stark beeinflussten (Alexander 1960, S. 12).

Die positivistische Position Ernst Machs war Gegenstand häufiger Diskussionen zwischen Franz und Bernhard Alexander, auch wurden die Vor- und Nachteile der Naturwissenschaften und der Philosophie diskutiert. Franz wurde gegenüber den Ansichten seines Vaters zunehmend kritischer, was sich bereits in der Vernachlässigung seiner Lateinstudien und der gleichzeitigen Fokussierung auf die Naturwissenschaften während der Schulzeit bemerkbar gemacht hatte. Den Höhepunkt des Protests gegen die Ideale des Vaters stellte die Wahl seines Studienfachs dar. Franz Alexander eröffnete seinem Vater, Medizin studieren zu wollen. Bernhard Alexander kommentierte die Entscheidung seines Sohnes nicht, dieser spürte trotzdem dessen tiefe Enttäuschung (ebd., S. 13).

2.1.3 Studium in Göttingen und Budapest

Franz Alexander immatrikulierte sich im Jahr 1909 zunächst für das Sommersemester an der Universität in Göttingen (Collard 1975, S. 6). Er besuchte hier Vorlesungen von Max Verworn, Professor für Physiologie, sowie von Georg Elias Müller, Professor für Philosophie und Begründer des weltweit zweiten psychologischen Instituts. In den Laboratorien G. E. Müllers traf Franz Alexander auf den Privatdozenten Géza Révész, der das erste psychologische Institut in Ungarn eröffnete. Révész heiratete später Alexanders Schwester Magda. Er lernte außerdem David Katz kennen, einen Assistenten G. E. Müllers und späteren Professor für Psychologie. Durch Révész und Katz kam Franz Alexander mit einer jungen, dynamischen Generation von Studenten und Privatdozenten in Kontakt, die regelmäßig im Café National zusammenkamen, um aktuelle Entwicklungen in den Naturwissenschaften zu diskutieren (Alexander 1960, S. 34).

Neben den Vorlesungen bei Max Verworn und G. E. Müller besuchte Franz Alexander auch Vorlesungen von Edmund Husserl, dem Begründer der Phänomenologie. Die Grundidee der Phänomenologie, sich dem Wesen des jeweiligen Betrachtungsgegenstands ohne Vorannahmen und Vorurteile zu nähern und die Dinge *an sich* zu betrachten, widersprach jedoch Franz Alexanders eigener, empiristischer Überzeugung. Er war der Meinung, dass die Betrachtung von Dingen *an sich* nicht möglich ist, da unsere Vorstellung von diesen Dingen jeweils von unserer Wahrnehmung, unseren Sinnesorganen und unseren Gedanken abhängig ist. Er verfasste ein Essay, in dem er die These aufstellte, dass die Erkenntnis über ein Objekt die (mathematische) Funktion von der Natur dieses Objekts und dem jeweils wahrnehmenden Geist darstellt und legte diesen Aufsatz sowohl Verworn als auch Husserl vor. Verworn zeigte sich von dem Aufsatz begeistert, Husserl dagegen deklarierte Alexander als einen »hoffnungslosen Fall für die Philosophie« (ebd., S. 36). Nachdem auch eine Privataudienz bei Husserl, die Franz Alexander nur aufgrund seines berühmten Vaters gewährt wurde, an einem Sonntagmorgen nicht zu einer Umstimmung seiner Ansichten führen konnte, empfahl Husserl Alexander, sich ganz auf die Physiologie zu konzentrieren. Alexander wurde von der Teilnahme an Husserls Vorlesungen ausgeschlossen.

Nach einem Semester in Göttingen kehrte Franz Alexander nach Budapest zurück, um dort sein Medizinstudium weiterzuführen. In seinem dritten Studienjahr begann er, im Labor des Physiologen Franz Tangl mitzuarbeiten. Durch seinen Kontakt mit Max Verworn und G. E. Müller hatte er großes Interesse an den biologischen Aspekten der Leib-Seele-Problematik entwickelt, deren philosophische Hintergründe er bereits in vielen Diskussionen mit seinem Vater kennen gelernt hatte. Im Laboratorium wollte er sich der Thematik nun auf experimentellem Wege nähern. Gemeinsam mit dem nach Budapest zurückgekehrten Géza Révész erforschte Franz Alexander durch verschiedene Versuchsreihen an Hunden den Sauerstoffverbrauch und die Durchblutung des Gehirns je nach dargebotenem sensorischen Reiz sowie den Sauerstoffverbrauch des Gehirns unter Narkose. Die Ergebnisse dieser Forschungsarbeiten wurden in drei Artikeln publiziert.[3]

In seinen autobiografischen Erinnerungen schildert Alexander wiederholt das Gefühl, seinen Vater durch seine Laborarbeit zu enttäuschen. Er beschreibt sich selbst ironisch als »kleinen zwanghaften Laborarbeiter« (Alexander

---

3 Die Artikel »Über den Einfluß optischer Reize auf den Gaswechsel des Gehirns« und »Untersuchungen über den Blutgaswechsel des Gehirns« wurden im Jahr 1912, der Artikel »Einfluß der Narkose auf den Gaswechsel des Gehirns« wurde im Jahr 1913 in der *Biochemischen Zeitschrift* veröffentlicht.

1940a, S. 308), der sich um die Nachkommastellen von Sauerstoffverbrauch und Blutgasen sorgt, anstelle über die essenziellen Probleme der Menschheit nachzudenken.

> »In the evenings when, after exhausting laboratory work, he sat in his father's library, the author felt that the busts of Aristotle, Spinoza, and Voltaire were scornfully looking down at him from the tops of the old-fashioned high bookcases« (ebd.).

Bernhard Alexander war der Meinung, dass die Psychologie in den Bereich der Philosophie gehöre. Er hatte wenig Interesse an der experimentellen Psychologie und beschrieb seine Zweifel anhand eines Beispiels: »Speaking of experimental psychology, he often made such comparisons as counting the number of hairs in the tail of a horse in contrast to learning something about the whole construction of a horse« (ebd., S. 309).

Sich selbst beschreibt Franz Alexander in diesem Punkt als unentschlossen. Rückblickend schätzt er ein, schon immer gewusst zu haben, dass er nicht sein gesamtes Leben im Labor verbringen würde. Zum damaligen Zeitpunkt war er jedoch von den Vorteilen der experimentellen Psychologie überzeugt und widmete seine Zeit weiter der entsprechenden Forschung.

Im Jahr 1913 beendete Franz Alexander sein Medizinstudium im Alter von 22 Jahren. Er wurde am 22. November 1913 zum Doktor der gesamten Heilkunde promoviert und war bis zum April 1914 am Budapester Hygieneinstitut tätig (Collard 1975, S. 8).

2.1.4 Kriegsjahre

Bereits während seines Medizinstudiums war Franz Alexander im Jahr 1912 für sechs Monate zum Militärdienst eingezogen worden und im April 1914 wurde er zur Fortsetzung seines Dienstes erneut einberufen. Er leistete seine Wehrpflicht als Assistenzarzt-Vertreter in einem Budapester Lazarett, als am 28. Juni der Thronfolger Österreich-Ungarns, Franz Ferdinand, und seine Frau Sophie in Sarajevo ermordet wurden und daraufhin Serbien der Krieg erklärt wurde (Collard 1975, S. 8).

Während der ersten zwei Jahre des Ersten Weltkriegs war Franz Alexander als Kommandant des permanenten Krankenzuges Nr. 38 eingesetzt. Mit diesem Krankenzug wurden Verwundete von Budapest nach Wien transportiert. Im Oktober 1916 wurde er zum Oberarzt befördert und mit dem Verdienstkreuz II. Klasse ausgezeichnet. Rückblickend sprach Franz Alexander gerne über diese erste Kriegszeit als Jahre voller Abenteuer (F. Alexander 1987, S. 9). Die letzten Kriegsjahre waren weniger einfach. Alexander verbrachte diese Zeit an der Isonzofront bzw. nach siegreicher Einnahme an der neuen Front an der Piave. Während seiner Zeit beim Militär lernte Franz Alexander seine spätere Ehefrau, Anita Venier, kennen. Diese war von ihrer Mutter früh in ein Kloster in den Norditalienischen Alpen gegeben worden. Sie sollte Nonne werden. Aufgrund der Invasion der Österreichisch-Ungarischen Truppen war das Konvent evakuiert worden, die Novizin Anita war jedoch an Typhus oder Malaria erkrankt und blieb zurück. Franz Alexander erkor das Kloster zum Lazarett aus. Er behandelte die schwerkranke Anita Venier und die beiden wurden ein Paar (ebd.).

Nach dem Zusammenbruch der Piave-Front Anfang November 1918 kehrte Franz Alexander in einem Güterwagon für Vieh mit 50 aufsässigen Seemännern nach Ungarn zurück. Die Seemänner rissen ihm das Offiziersabzeichen von der Uniform und behandelten ihn ansonsten mit herablassender Freundlichkeit (Alexander 1960, S. 77). Seine Partnerin blieb nach Kriegsende in Italien zurück. In der chaotischen Nachkriegszeit gab es zunächst keine Möglichkeiten, Kontakt zu halten. Mithilfe der Familie Franz Alexanders, die während des Krieges in die Schweiz geflohen war, gelang ein späteres Wiedersehen des Paares in Berlin.

Alexander beschreibt in seiner Autobiografie die von ihm wahrgenommene Diskrepanz zwischen dem humanistischen Ideal der individuellen Selbstverwirklichung und Selbstbestimmung seiner Kindheit und Jugendzeit und dem plötzlichen Verlust jeglicher Individualität mit Eintritt in die Armee und nach Ausbruch des Krieges. Die patriotische Kriegs-Euphorie, die anfangs auch Franz Alexander erfasst hatte, wich mit zunehmender Erkenntnis des Ausmaßes und der tödlichen Konsequenzen des Krieges einer starken Ernüchterung. Der Verlust der Entscheidungsfreiheit und Autonomie, die leichtfertige Opferung vieler Menschenleben, das Erleben der rationalen, kalten Kriegsmaschinerie – Alexander ordnet dies im Nachhinein als groben Weckruf aus seinem vormals so behüteten Dasein ein (ebd., S. 74f.).

2.1.5 Der Weg zur Psychoanalyse

Nach Budapest zurückgekehrt begann Franz Alexander eine Tätigkeit an der Universitätsklinik für Psychiatrie und Neurologie zu Budapest unter der Leitung von Professor Ernö Emil Moravcsik. Der Ordinarius hatte Interesse an Alexanders vor dem Krieg publizierten Artikeln gezeigt. Neben der experimentellen Forschung im Labor erforderte die Routinearbeit im Klinikum auch den Umgang mit psychiatrischen Patienten. An diesem Aspekt seiner Tätigkeit hatte Alexander anfangs jedoch aufgrund seiner damaligen tiefen Missachtung aller nicht biologisch erklärbaren Dinge wie beispielsweise psychischen Symptomen wenig Interesse. Er interessierte sich nicht im Geringsten für die Persönlichkeit seiner Patienten oder deren psychische Probleme: »Blood chemistry was his only passion; toward such intangibles as mental symptoms he had only a deeply felt contempt« (Alexander 1940a, S. 310).

Ein schizophrener Patient weckte jedoch Franz Alexanders Aufmerksamkeit, da er ihn wiederholt mit unzähligen Berichten über seine lebhaften Träume bedrängte. Alexander erinnerte sich daran, während seiner Studienzeit für seinen Vater Freuds *Traumdeutung* für das *Journal für Philosophie* rezensiert zu haben. Damals hatte er das Werk als verrückt bezeichnet und es seinem Vater mit den Worten »this may not be philosophy, but medicine it is certainly not« (ebd.). zurückgegeben. Durch den wiederholten Kontakt mit seinem Patienten nahm er die *Traumdeutung* erneut zur Hand. Er erhoffte sich, ein besseres Verständnis der wirren Träume zu erlangen. Gleichzeitig diskutierte er regelmäßig mit einer jungen Psychiaterin und Schülerin Freuds, die an der Universitätsklinik einzelne schizophrene Patienten mit den Methoden der Psychoanalyse behandeln durfte. Er zeigte sich anfangs weniger von der theoretischen Argumentation als vielmehr vom klinischen Erfolg der Kollegin beeindruckt und begann, sich in die psychoanalytischen Schriften einzuarbeiten.

Das Lesen der psychoanalytischen Texte fiel dem an die klare, exakte Sprache der Naturwissenschaften gewöhnten Franz Alexander zunächst schwer. Er bemerkte bald, dass seine frühere Ablehnung der Psychoanalyse auf sein eigenes Missverstehen der Theorien zurückzuführen war. Er entwickelte einen bemerkenswerten Ehrgeiz, las die psychoanalytischen Schriften wieder und wieder und konnte langsam einen Zugang zu seinen Patienten gewinnen. Gleichzeitig regten sich erste Zweifel am Sinn seiner Labortätigkeit und an den Behandlungsmethoden seiner der Psychoanalyse gegenüber äußerst kritischen Kollegen:

> »The author became more and more aware of the pitiful insignificance of all the printed examination sheets, psychological experiments, intelligence tests, orientation tests, and the awkward routine of history-taking, in comparison with the vital and centrally-aimed approach of this Freudian« (ebd., S. 311).

Aufgrund seines zunehmenden Interesses an der Psychoanalyse wurden verschiedene Mitglieder der von Sándor Ferenczi bereits im Jahr 1913 gegründeten Budapester psychoanalytischen Vereinigung auf Franz Alexander aufmerksam. Obwohl man ihn als neues Mitglied willkommen heißen wollte, vermied Alexander es, sich der Gruppe anzuschließen. In seiner Autobiografie begründet er diese Entscheidung einerseits mit seiner allgemeinen Abneigung gegen ein so vielen Minderheiten nachgesagtes Sektierertum. Alexander betrachtete sich selbst nie als einen Rebellen. Er kritisierte außerdem die von den damaligen Mitgliedern der psychoanalytischen Vereinigung propagierte strikte Ablehnung der Schulpsychiatrie. Er zweifelte zwar an deren Erfolg, lehnte jedoch die moderne experimentelle und klinische Forschung nicht gänzlich ab.

Andererseits war er sich der durchaus negativen Konsequenzen für seine lange vorbereitete akademische Karriere in Forschung und Lehre bewusst. Eine offene Zuwendung zur Psychoanalyse würde das Ende seiner wissenschaftlichen Tätigkeit und eine ungewisse Zukunft bedeuten. Hinzu kam außerdem die deutliche Ablehnung seines Vaters gegenüber der Psychoanalyse: »The practice of psychoanalysis was simply a horror in the eyes of the philosopher father, an undignified and morbid interest in the morbid« (ebd., S. 312f.).

Die politischen Entwicklungen in Ungarn nach dem Zusammenbruch der Österreich-Ungarischen Monarchie am Ende des Ersten Weltkriegs mögen Franz Alexander bei der Lösung des oben geschilderten Konfliktes beeinflusst haben. Im November 1918 war zunächst die Union mit Österreich beendet und die Republik Ungarn ausgerufen worden. Für wenige Wochen wurde Miháliy Károlyi zum sozialistisch-bürgerlichen Präsidenten der Republik gewählt. Bereits im März 1919 übernahm der Kommunist Béla Kun die Macht in Ungarn und bildete die Räterepublik. In dieser Zeit wurde Sándor Ferenczi zum weltweit ersten Universitätsprofessor für Psychoanalyse berufen. Wenige Monate später ergriff jedoch der Antisemit Miklós Horthy die Macht und verwandelte Ungarn in einen konservativen, autoritär geführten Staat (vgl. Haynal 1989, S. 50).

In seiner Autobiografie beschreibt Franz Alexander, dass mit der Machtergreifung der Kommunisten das alte Ungarn unterging und dass er sein Heimatland verließ, nachdem sein Vater vom neuen Bildungsminister, einem seiner ehemaligen Schüler, entlassen wurde (Alexander 1960, S. 78). Collard diskutiert in seiner Arbeit über Alexander jedoch, dass Bernhard Alexander Ungarn zwar gemeinsam mit seiner Familie nach dem Zusammenbruch der Räterepublik den Rücken kehrte, seine Entlassung jedoch erst unter dem Horthy-Regime erfolgte. Collard stellt hier die These auf, dass Alexander dieses Detail aufgrund der antikommunistischen Verhältnisse in den USA der frühen sechziger Jahre veränderte (Collard 1975, S. 10).

Franz Alexander ging zunächst für einige Monate nach Wien, wo er vom 29. September bis zum 18. Mai 1920 polizeilich gemeldet war (ebd., S. 11).

2.2   Die Berliner Jahre (1920 bis 1930)

2.2.1   Als Ausbildungskandidat am BPI

Nach einem kurzen Aufenthalt in Wien und einer anschließenden Ferienreise begab sich Franz Alexander im Herbst 1920 nach Berlin. Max Eitingon hatte hier im Februar 1920 in der Potsdamer Straße 29 das weltweit erste Psychoanalytische Institut eröffnet, dessen Poliklinik das Ziel hatte, die psychoanalytische Behandlung auch materiell schlechter gestellten Menschen zugänglich zu machen. Gleichzeitig fungierte das Institut als Lehranstalt, um interessierte Ärzte in der psychoanalytischen Technik auszubilden (Simmel 1930, S. 8). Alexander wurde als erster Kandidat am Institut aufgenommen (Alexander 1960, S. 80). Zuvor war er für kurze Zeit als unbezahlter Volontär an der psychiatrischen Klinik der Charité tätig gewesen (Collard 1975, S. 12). Zum damaligen Zeitpunkt wurden bereits regelmäßig Vorlesungen und Seminare von den Mitarbeitern abgehalten, die Ausbildung zum Psychoanalytiker war jedoch noch nicht reglementiert. Neben dem Erwerb theoretischer Kenntnisse war die Lehranalyse die entscheidende Voraussetzung dafür, selbst als Analytiker tätig werden zu dürfen (Sachs 1930, S. 53). Durch die Behandlung von Patienten in der Poliklinik sollte außerdem die notwendige praktische Erfahrung vermittelt werden.

In verschiedenen Artikeln wird berichtet, dass Alexander seine Lehranalyse bei Hanns Sachs absolvierte (vgl. French 1964, S. 98; Grotjahn 1966, S. 386). Seine frühere Assistentin Dr. Hedda Bolgar schilderte in einem persönlichen Gespräch, dass Hanns Sachs zwar Alexanders Lehranalytiker gewesen sei, es sich jedoch nicht um eine Analyse im klassischen Sinne gehandelt habe. Die Lehranalyse habe in der Regel bei Spaziergängen im Park stattgefunden (Persönliches Gespräch mit Dr. Hedda Bolgar, Los Angeles, 18.09.2010), eine für die damalige Zeit nicht unübliche Vorgehensweise (Rubins 1980, S. 74).

Bereits im Herbst 1921 wurde der »in überraschend kurzer Zeit zum hochwertigen Analytiker herangewachsene« (Eitingon 1922, S. 508) Alexander als ständiger Mitarbeiter und Assistent der Leitung in der Poliklinik angestellt. Zuvor war er bereits Mitglied der Berliner psychoanalytischen Vereinigung geworden (Korrespondenzblatt der Internationalen Psychoanalytischen Vereinigung (IPV) 1921, S. 393). Mit der Anstellung an der Poliklinik des BPI konnte sich Alexander nur schwerlich seinen Lebensunterhalt finanzieren. Er erhielt ein geringes monatliches Einkommen, das laut Eitingon in keinem Verhältnis zu den erbrachten Leistungen stand (Eitingon 1922, S. 508).

In Berlin konnte Alexander endlich ein gemeinsames Leben mit seiner Verlobten Anita Venier führen, die noch bis zum 2. Dezember 1920 offiziell in Triest gemeldet gewesen war (Collard 1975, S. 12). Das Paar heiratete am 26. Februar 1921.[4] Nur wenige Tage später, am 14. März 1921, wurde die erste Tochter, Silvia Eva, geboren. Die zweite Tochter, Francesca, wurde am 22. Oktober 1926 geboren. Die Tätigkeit am Psychoanalytischen Institut ermöglichte es Alexander kaum, seine drei-, bald vierköpfige Familie zu ernähren. Anita Venier Alexander trug ihren Teil zum Einkommen bei, indem sie Untertitel für ausländische Filme schrieb. Franz Alexander lieh sich unterdessen häufig Geld von seinen vielen Familienmitgliedern, auch verkaufte er seine Möbel und kaufte sie später zurück (F. Alexander 1987, S. 10).

Möglicherweise fiel Alexander die Erinnerung an seine Berliner Zeit während des Schreibens seiner Autobiografie aufgrund dieser ständigen existenziellen Bedrohung seiner kleinen Familie nicht leicht. Er beschreibt die Rekonstruktion dieser Jahre in seinen Schriften selbst als eine sehr schwierige Aufgabe und formuliert seine Erinnerungen an das Berlin der 20er Jahre wie folgt: »The outstanding impression is that of living in a stimulating chaos« (Alexander 1960, S. 79).

Zu der Erinnerung an ein solches Chaos mag passen, dass Alexander in den Jahren 1921 bis 1927 mindestens vier Mal den Standort seiner Praxis wechselte. Im Jahr 1921 arbeitete er in der Düsseldorfer Str. 77 in Berlin-Wilmersdorf (Korrespondenzblatt der IPV 1921, S. 393), im Jahr 1923 dann in der Hauptstr. 72, Berlin-Friedenau (Korrespondenzblatt der IPV 1923, S.242). 1924 war die Praxis Alexanders am Ludwigskirchplatz 9a in Berlin-Wilmersdorf (Korrespondenzblatt der IPV 1924, S. 107) untergebracht, im Jahr 1927 dann am Kurfürstendamm 206/207 (Korrespondenzblatt der IPV 1927, S. 133).

Alexander hatte nach eigener Aussage keine Zeit, sich den rasanten kulturellen Veränderungen der Weimarer Republik zu widmen. Seine ersten Berliner Jahre verbrachte er neben dem alltäglichen finanziellen Überlebenskampf im »Elfenbeinturm der psychoanalytischen Theorie und Praxis« (Alexander 1960, S. 81). Durch seine Entscheidung für die Psychoanalyse war er zum Außenseiter der traditionellen Medizinerschaft geworden. Der enge Kontakt innerhalb der Mitglieder der europäischen Psychoanalytischen Vereinigungen linderte das entstandene Gefühl der Isolation. Alexander hatte seinen neuen »spirituellen Hafen« gefunden, die Psychoanalyse wurde »der Zement meiner Identität« (ebd., S. 84). Er nahm in unregelmäßigen Abständen an den monatlichen Treffen einer von seiner damaligen Kollegin Karen Horney mit organisierten Gruppe

---

4 Eine Kopie der Heiratsurkunde von Franz Alexander und Anita Venier findet sich im Anhang dieser Arbeit.

teil, in der theoretische und klinische Fragen im Bezug auf die Psychoanalyse und andere Gebiete diskutiert wurden. Weitere Teilnehmer waren unter anderem Harald Schultz-Hencke, Fritz Künkel, Arthur Kronfeld, Edith Jacobson, Erwin Straus und Erich Wittkower (Rubins 1980, S. 135).

Neben seiner theoretischen und praktischen Arbeit an der Poliklinik begann Franz Alexander, erste psychoanalytische Artikel zu verfassen, die in der Internationalen Zeitschrift für Psychoanalyse veröffentlicht wurden. Er hielt erstmalig auf dem VII. Internationalen Psychoanalytischen Kongress, der vom 25. bis zum 27. September in Berlin stattfand, einen Vortrag mit dem Titel *Über den biologischen Sinn psychischer Vorgänge* (Korrespondenzblatt der IPV 1922, S. 480). Auf demselben Kongress teilte Sigmund Freud mit, dass er Alexander für den Artikel »Kastrationskomplex und Charakter« den von ihm ausgeschriebenen literarischen Preis für ärztliche Psychoanalyse zuerkannt hatte (Korrespondenzblatt der IPV 1922, S. 503). Alexander erlangte in den kommenden Jahren durch seine rege Kongressteilnahme sowie die Veröffentlichung weiterer Artikel in der psychoanalytischen Gemeinschaft zunehmende Bekanntheit.[5]

2.2.2 Tätigkeit als Dozent und Lehranalytiker am BPI

Seine erste Vorlesungsreihe mit dem Titel *Neurose und Gesamtpersönlichkeit* hielt Alexander am Berliner Psychoanalytischen Institut im Zeitraum von Oktober bis Dezember 1924. Seit Anfang 1925 leitete er regelmäßig Vorlesungen, Seminare und Übungen zu unterschiedlichen Themen wie zum Beispiel der Theorie und Technik der Traumdeutung, der speziellen Neurosenlehre, der Ich-Analyse sowie zur Theorie und Therapie der Homosexualität (Müller-Braunschweig 1930, S. 40).

Zu dieser Zeit wurden auch erste Richtlinien für die Unterrichts- und Ausbildungstätigkeit am BPI erstellt. Die Ausbildung zum Psychoanalytiker wurde zunehmend formalisiert. Die jeweiligen Inhalte und die ungefähre Dauer der drei Ausbildungsabschnitte Theorie, Lehranalyse und praktische Tätigkeit wurden erstmals festgelegt (Eitingon 1924, S. 232). An der weiteren Ausgestaltung der Richtlinien war Alexander seit dem Jahr 1927 beteiligt, nachdem er nach Karl Abrahams Tod in den Unterrichtsausschuss berufen worden war. Er war gemeinsam

---

5   So hielt Alexander auf dem VIII. Internationalen Psychoanalytischen Kongress in Salzburg im Jahr 1924 den Vortrag *Versuch einer metapsychologischen Darstellung des psychoanalytischen Heilungsvorganges* (Korrespondenzblatt der IPV 1924, S. 216) und vgl. bspw. Alexander 1921 und Alexander 1925a.

mit Carl Müller-Braunschweig und Sándor Radó maßgeblich an der Weiterentwicklung der Richtlinien und an der Erstellung eines detaillierten Studienplanes beteiligt, in dem speziell die theoretischen Vorlesungen und Seminare systematisch gegliedert wurden (Müller-Braunschweig 1930, S. 27). Durch die Mitgliedschaft im Unterrichtsausschuss des Instituts war Alexander außerdem am Auswahlverfahren für neue Bewerber für die psychoanalytische Ausbildung, an der Entscheidung über einen günstigen oder ungünstigen Verlauf der Lehranalyse der einzelnen Kandidaten, an der Festlegung des Seminarverzeichnisses mit Auswahl der Themen und Dozenten sowie an der Organisation der Internationalen Unterrichtskommission der Internationalen Psychoanalytischen Vereinigung beteiligt (ebd.).

Bereits im Jahr 1926 hatte Alexander begonnen, als Lehranalytiker tätig zu sein. Er analysierte neben den Ausbildungskandidaten zahlreiche Besucher aus den Vereinigten Staaten und knüpfte während dieser Zeit erste Kontakte zu seinen späteren Kollegen in den USA (Alexander 1960, S. 89). Es ist anzunehmen, dass Alexander während seiner arbeitsreichen Jahre am Berliner Institut das nötige Handwerkszeug zur Organisation und Leitung eines eigenen Instituts erworben hat.

2.2.3 Zusammenarbeit mit Hugo Staub

Von Oktober bis Dezember 1928 sowie von Januar bis März 1929 leitete Franz Alexander gemeinsam mit Hugo Staub am Psychoanalytischen Institut ein Seminar mit dem Titel *Kriminalistische Arbeitsgemeinschaft* (Müller-Braunschweig 1930, S. 40). Ihre Zusammenarbeit hatte bereits im Jahr 1925 begonnen, als sie ihren ersten Kriminalfall aus psychoanalytischer Perspektive studierten (Alexander/Staub 1929, S. 227). In einem Interview mit Kurt Eissler über seine Erinnerungen an Sigmund Freud berichtet Alexander, dass Hugo Staub zunächst sein Patient gewesen sei und dass sich erst später eine enge Freundschaft zwischen den beiden entwickelte:

> »[A]t that time I developed a friendship with a former patient of mine [...] who was Hugo Staub with whom I also collaborated and who became really my best friend after the treatment« (Interview zwischen Alexander und Eissler, 16.05.1953, S. 11).

Schon im Jahr 1922 hatte Alexander in der Poliklinik des BPI eine Kleptomanin psychoanalytisch behandelt und war später als ärztlicher Sachverständiger vor Gericht zur Beurteilung ihres Falles geladen worden (vgl. Alexander 1925c). Zu dieser Zeit mag sich das Interesse Alexanders an den unbewussten Motiven von Straftätern entwickelt haben.

Hugo Staub wurde am 18. November 1886 in Oberschlesien geboren. Er studierte Jura an der Universität Berlin und wurde Schüler von Franz von Liszt, einem Professor für Straf- und Völkerrecht, sowie von Artur Silvius Leppman, einem zur damaligen Zeit renommierten gerichtlichen Gutachter und Psychiater. Seit 1913 war er als Strafverteidiger am Obersten Gericht Preußens tätig. Im Jahr 1920 wurde er Notar, im Jahr 1922 dann Regierungsrat (New York Times, 30.10.1942). Im Oktober 1928 wurde er zum außerordentlichen Mitglied der Berliner Psychoanalytischen Vereinigung gewählt (Korrespondenzblatt der IPV 1929, S. 366). Bereits im Jahr 1926 leitete er ein Seminar über psychoanalytische Kriminologie für Rechtsanwälte und Richter am Psychoanalytischen Institut. Gemeinsam mit Alexander sprach er mit verschiedenen Straftätern, um Informationen über die Gründe für ihre begangenen Taten zu erhalten und dadurch »die Erforschung und das Verstehen der kriminellen Persönlichkeit« (Alexander/Staub 1929, S. 232) voranzubringen. Durch die theoretische und praktische Beschäftigung mit den Straftätern entwickelten Alexander und Staub erste Ansätze einer psychoanalytischen Kriminologie, die sie in ihrem Werk *Der Verbrecher und seine Richter. Ein psychoanalytischer Einblick in die Welt der Paragraphen* ausführlich darstellen. Als Mitbegründer der psychoanalytischen Kriminologie beschäftigte sich Alexander auch nach seiner Auswanderung in die Vereinigten Staaten weiterhin mit der Analyse von Kriminellen und publizierte zahlreiche Artikel (bspw. Alexander 1631a, 1931b) sowie ein weiteres Buch (Alexander/Healy 1935) über seine Erkenntnisse. Über viele Jahre war er außerdem Vizepräsident der Chicagoer Akademie für Kriminologie (Chicago Daily Tribune, 27.09.1942).

Während Franz Alexander Deutschland bereits im Jahr 1931 für einen Forschungsaufenthalt in den Vereinigten Staaten verließ, ging Hugo Staub im Jahr 1933 kurz nach Hitlers Machtergreifung zunächst nach Frankreich, wo er an der Sorbonne lehrte und forschte. Später lebte er in England, wo er mit jugendlichen Delinquenten arbeitete. Er kämpfte für die französische Armee im Zweiten Weltkrieg. Nach der deutschen Machtübernahme gelang ihm mithilfe des Roten Kreuzes über Spanien nach Portugal die Flucht in die Vereinigten Staaten, wo er am 29. Oktober 1942 in New York City verstarb.

In einem Nachruf beschreibt Alexander Hugo Staub als »erfolgreichen Anwalt und genialen Geschäftsmann« (Alexander 1943), der wenig Wert auf seinen finanziellen Erfolg legte und diesen daher gerne mit vielen zeitgenössischen Künstlern, Schriftstellern und Schauspielern teilte. Er war als Stammgast des Café des Westens Gönner und Förderer der dort regelmäßig zusammenkommenden brotlosen Künstler und betrachtete das »Geben und Helfen« als seine Lebensaufgabe (ebd.). Ob Alexander selbst während der Zeit seiner finanziellen Bedrängnis von der Großzügigkeit Hugo Staubs profitierte, ist nicht bekannt.

2.2.4 Der Verlust der Eltern

Bereits kurz nach dem Zusammenbruch der ungarischen Räterepublik im August 1919 hatte Regine, die Mutter Alexanders, während eines Aufenthalts in Badenweiler einen Schlaganfall erlitten (Collard 1975, S. 10). Am 5. August 1922 starb Regine Alexander, vermutlich an einem weiteren Schlaganfall. Bernhard und Regine Alexander hatten bis dahin in Deutschland gelebt. Laut der Enkelin Franz Alexanders, Ilonka Thomas, kehrte Bernhard Alexander nach dem Tod seiner Gattin nach Budapest zurück und lebte dort bei seiner Tochter Borka und deren Ehemann Artur Rényi in der Nähe der Elisabethbrücke (Persönliches Gespräch mit Ilonka Thomas, Budapest, 8.10.2010).

Das Verhältnis zwischen Franz und Bernhard Alexander war durch seine Entscheidung für die Psychoanalyse und damit gegen eine geordnete akademische Laufbahn über Jahre hinweg angespannt gewesen. Alexander selbst beschreibt dies wie folgt: »[H]e gave up academic aspirations and resigned himself to what seemed inevitable, that the gap between his and his father's orientation would never be bridged« (Alexander 1940a, S. 313).

Die Konflikte müssen für Alexander eine massive Belastung gewesen sein. Als einen der glücklichsten Augenblicke seines Lebens beschreibt er, wie sein Vater nach vielen Jahren des Zweifelns endlich die Beschäftigung seines Sohnes mit der Psychoanalyse akzeptierte. Franz Alexander hatte seinem Vater das Manuskript seines ersten Buches *Psychoanalyse der Gesamtpersönlichkeit. Neun Vorlesungen über die Anwendung von Freuds Ichtheorie auf die Neurosenlehre*, das im Jahr 1927 veröffentlicht wurde, während eines gemeinsamen Urlaubs in Barbizon in Frankreich zu Lesen gegeben. Bernhard Alexander änderte durch die Lektüre des Manuskripts seine Meinung über die Psychoanalyse und lobte seinen Sohn unter anderem für seine gut verständlichen Formulierungen. Er begann selbst, sich mit Freuds Theorien zu beschäftigen und schrieb einen Aufsatz mit dem Titel »Spinoza und die Psychoanalyse«, der im Jahr 1928 publiziert wurde (vgl. B. Alexander 1928). Er starb im Schlaf im Jahr 1927 in Budapest und wurde dort auf dem jüdischen Friedhof beigesetzt.

2.2.5 Alexanders Verhältnis zur Religion

Franz Alexander stammt sowohl mütterlicher- als auch väterlicherseits von jüdischen Vorfahren ab. Es ist unklar, welche Rolle die Religion in seinem Elternhaus gespielt hat. Die ehemalige Assistentin Alexanders, Dr. Hedda Bolgar berichtete in einem persönlichen Gespräch, Bernhard Alexander habe aufgrund seines Glaubens nie eine volle Professur erhalten (Los Angeles, 18.09.2010). Dies mag Franz Alexanders Entscheidung maßgeblich beeinflusst haben, nach dem Abitur im Jahre 1909 zum Katholizismus zu konvertieren. Laut der Arbeit von Collard war er in Budapest als Angehöriger des Judentums gemeldet, während er sich in Göttingen als dem katholischen Glauben angehörig anmeldete (Collard 1975, S. 5).[6]

Aufgrund der Aussagen von Angehörigen und Weggefährten lässt sich vermuten, dass Franz Alexander seinen jüdischen Wurzeln in späteren Jahren keine größere Bedeutung zumaß. So wurde die jüdische Herkunft Alexanders nicht unter den Kollegen des Chicagoer Psychoanalytischen Instituts thematisiert, obwohl sie bekannt war (Persönliches Gespräch mit Dr. David Terman, Chicago, 14.09.2010). Die Töchter von Franz Alexander und Anita Venier wurden katholisch erzogen. Seine Enkelin Ilonka Thomas war ebenfalls katholisch erzogen worden. Sie hat erst im Jahr 2010 nach einer Recherche über ihre Familie ihre jüdischen Wurzeln entdeckt (Persönliches Gespräch mit Ilonka Thomas, Budapest, 8.10.2010).

Das Verschweigen der jüdischen Herkunft Alexanders mag mit der politischen Einstellung seiner streng katholisch erzogenen Ehefrau Anita in Zusammenhang stehen. Diese hatte mit Mussolini sympathisiert (Collard 1975, S. 30). Sie verlangte von ihrem Ehemann, dass er wie sie selbst der Vermählung seiner jüngsten Tochter Francesca fern bleiben sollte. Francesca heiratete in den sechziger Jahren Jack Levine, einen Juden. In den Erinnerungen an ihre Eltern beschreibt Francesca das Fernbleiben ihrer Eltern von ihrer Hochzeit als eine große Enttäuschung:

> »Mother insisted that under no circumstances would she go to my wedding: ›Weddings and funerals are just the same and I don't want to go to your funeral.‹ She forbade my father to attend as well« (F. Alexander 1987, S. 15).

Das Zitat mag suggerieren, dass Alexanders Ehefrau prinzipiell kein Interesse an Hochzeiten hatte. Die ehemalige Assistentin Franz Alexanders und enge Vertraute seiner Tochter Francesca berichtete jedoch in einem persönlichen Gespräch, dass Anita vor allem aufgrund der Religion ihres Schwiegersohnes gegen die Verbindung gewesen war (Persönliches Gespräch mit Dr. Hedda Bolgar, Los Angeles, 18.09.2010).

---

6 Andere Quellen weisen daraufhin, dass Alexander und seine Geschwister bereits als Kinder getauft und im katholischen Glauben erzogen wurden und dass dies für die damals in Budapest herrschenden Verhältnisse nicht ungewöhnlich war (vgl. Schmidt 2008, S. 97).

Aus den Berichten der Weggefährten und Angehörigen geht hervor, dass Alexander seine jüdischen Wurzeln diskret behandelte. Seine Familie verleugnete er jedoch keinesfalls. Seinen in Europa lebenden Angehörigen ließ er während des Faschismus jede mögliche Unterstützung zukommen. So sendete er beispielsweise nach Hitlers Machtergreifung in Deutschland die zur Emigration dringend erforderlichen eidesstattlichen Erklärungen und ermöglichte damit verschiedenen Familienmitgliedern die Ausreise (Broessler-Weissmann/Moore 2009, S. 20). Alexander kümmerte sich später unter anderem um seine Großcousine Eva Broessler-Weissman, die während des Naziregimes im Untergrund in den Niederlanden überlebt hatte und nach Ende des Zweiten Weltkriegs in die USA emigrierte. In einem persönlichen Gespräch erinnerte sich Eva Weissman lebhaft an eine Episode, in der sie Franz Alexander aufgrund ihrer mentalen Verfassung um Hilfe bat. Dieser reagierte auf ihr Ersuchen um die Empfehlung eines Psychoanalytikers wie folgt: »You don't need psychotherapy, what you need is a job« (Persönliches Gespräch mit Eva Weissman, Cleveland, 23.09.2010).

2.2.6 Die Beziehung zu Sigmund Freud

Erstmalig begegnete Franz Alexander Sigmund Freud in Wien im Jahr 1919, noch vor seiner Aufnahme am Berliner Psychoanalytischen Institut. Sigmund Freud war zu diesem Zeitpunkt 63 Jahre alt und hatte ein hohes Ansehen unter seinen Anhängern gewonnen. Die Begegnung mit einem der »größten Denker aller Zeiten« (Alexander 1940b, S. 196) hinterließ bei Alexander einen nachhaltigen Eindruck: »Ich hatte das Gefühl, als sei eine der Büsten in der Bibliothek meines Vaters zum Leben erwacht und gäbe mir die Hand« (Alexander 1940c, S. 12).

Im Laufe der Jahre entwickelte sich eine engere Beziehung zwischen Franz Alexander und Sigmund Freud. Alexander reiste regelmäßig nach Wien und sprach mit dem Vater der Psychoanalyse über verschiedene Patienten, über theoretische Probleme, über die Analyse als Therapie sowie über persönliche Angelegenheiten (vgl. Alexander o. J., S. 1).

Bereits im Jahr 1921 schrieb Sigmund Freud an Franz Alexander als Antwort auf die Zusendung eines Artikels:

> »Geehrter Herr Doktor, ich habe Ihre Arbeit interessant und inhaltsreich gefunden, und habe Sie der Redaktion zur unveränderten Aufnahme in die Zeitschrift übergeben. Ich werde mich freuen, Sie bei mir zu sehen, wenn Sie nach Wien kommen« (Freud an Alexander, 21.03.1921).

Nachdem Alexander im Jahr 1925 einen Aufsatz mit dem Titel »Einige unkritische Gedanken zu Ferenczis Genitaltheorie« publiziert hatte, schrieb Freud am 19. September 1925 in einem Brief an Ferenczi über Alexander: »Der Junge ist doch etwas außergewöhnlich Gutes, eine so feine Arbeit habe ich lange nicht gelesen, sie macht ihm Ehre« (Jones 1957, S. 140).

Freud hatte diesen Aufsatz bereits im Jahr 1924 gelesen und Alexander daraufhin folgende Mitteilung geschrieben:

> »Lieber Herr Doktor, ich lese Ihre Arbeiten immer mit großen Vergnügen und freue mich der selten fehlenden Übereinstimmung in unseren Gedankengängen. Auch diesmal muss ich sagen, dass Ihre Stellung zum Standpunkt von Ferenczi und Rank durchaus die meinige, d. h. die konservative ist [...] In Ihrer Würdigung des Überichs kann ich nicht ganz mit Ihnen gehen. Ihre Äußerung scheint mir zu entschieden zu sein, ich wäre gerne zurückhaltender. Meine Gesundheit lässt viel zu wünschen übrig, hat mir aber das Vergnügen an Ihrer Arbeit nicht gestört« (Freud an Alexander, 15.06.1924).

Im Mai 1926 schrieb Sigmund Freud an Franz Alexander folgende Ermutigung:

> »Lieber Herr Doktor! Überflüssig, Ihnen zu versichern, dass mich Ihr Brief sehr gefreut hat. Vielleicht ebenso überflüssig zu wiederholen, dass wir Sie alle zu unsern stärksten Hoffnungen für die Zukunft zählen. Aber vielleicht doch nicht ganz überflüssig, denn es tut einem jungen Manne wahrscheinlich wohl, wenn er zeitweise ein gutes Wort von einem alten hört. Nur mit dem Schluss Ihres Schreibens bin ich nicht ganz einverstanden, der klingt zu resigniert und zu bescheiden. Es war nie meine Absicht, Sie so sehr einzuschüchtern. Ich glaube nicht, dass Sie und andere sich werden mit der Ausarbeitung und Zusammenfassung des bestehenden analytischen Wissens begnügen müssen. Sie können nicht erraten, was für größere Aufgaben Ihnen noch bevorstehen, bei deren Lösung Sie meiner dann in freundlicher Erinnerung gedenken wollen. Mit herzlichem Gruß, Ihr Freud« (Freud an Alexander, 17.05.1926).

In einem weiteren Brief vom 23. Juli 1926 diskutiert Freud erste Teile des Manuskripts von Alexanders Buch *Psychoanalyse der Gesamtpersönlichkeit*, das im Jahr 1927 erscheinen sollte. Auch hier äußert er sich voll des Lobes:

> »Lieber Herr Doktor, ich habe Ihre Arbeit noch am Tage, da ich sie erhielt in einem Zuge durchgelesen und mich sehr an ihr erfreut. Es ist gut zu wissen, dass es einen gibt, der so etwas machen kann, in dessen Kopf meine Abstraktionen

2.2 Die Berliner Jahre (1920 bis 1930)

Leben gewonnen haben und weiter wachsen werden ... Unterdes danke ich Ihnen herzlich für die gegenwärtige Befriedigung und die Zukunftserwartungen, die Sie mir geschenkt haben« (Freud an Alexander, 23.07.1926).

Freuds Anerkennung und Vertrauen zeigten sich auch darin, dass er neben verschiedenen Patienten, die er zuvor selbst analysiert hatte, auch seinen Sohn Oliver sowie Margarete Rie, die Tochter seines alten Freundes Otto Rie, an Franz Alexander überwies (Alexander o.J., S. 1). Der Verlauf der Behandlungen dieser Patienten wurde (mit Ausnahme von Oliver) gemeinsam diskutiert, wie folgender Brief von Freud an Alexander belegt:

»Lieber Herr Doktor, mein alter Freund Dr. O. Rie ist ziemlich unkritisch; nach Ihren Auskünften über die Analyse von Margarete verstehe ich die Situation viel besser und überrascht mich der Ausgang weniger. Wenn ich Sie einmal sprechen kann werde ich Sie bitten, mir etwas von Ihren Ermittlungen mitzuteilen, denn mir hat der Fratz so gut wie nichts erzählt« (Freud an Alexander, 16.09.1926).

In einem unveröffentlichten Manuskript beschreibt Alexander, dass die Besuche bei Freud von besonderer Bedeutung für ihn waren: »He expressed his liking and confidence towards me and for me it was always an event to speak with him« (Alexander o.J., S. 1).

An gleicher Stelle erwähnt Alexander außerdem, dass er zu einem ihm nicht mehr genau erinnerlichen Zeitpunkt zwischen 1925 und 1927 über Max Eitingon eine Einladung nach Wien erhielt, um Freuds persönlicher Assistent zu werden. Freud hatte zum damaligen Zeitpunkt erwogen, seine eigenen Aktivitäten aufgrund seiner schwachen Gesundheit zu reduzieren. Alexander bat sich zwei Wochen Bedenkzeit aus. Er entschied sich letztendlich gegen das Angebot und begründete dies wie folgt: »I came to the conclusion that working in such proximity to this overpowering personality would have terminated my development as an independent thinker« (ebd., S. 8).

Alexander musste Freud jedoch glücklicherweise keine Absage erteilen, da dieser sich letztendlich gegen die Idee, einen Assistenten in seiner Praxis zu beschäftigen, entschieden hatte.

Mindestens ein Mal nahm Alexander an der Mittwochsgesellschaft teil und stellte dort eine Fallgeschichte vor, die unter dem Titel »Ein besessener Autofahrer« veröffentlicht wurde. Im Rückblick beschreibt er diesen Abend als einen der »angenehmsten und am meisten beeindruckenden Besuche« (ebd., S. 6) bei Freud, da dieser wichtige Anmerkungen zu der Analyse der unbewussten Motive des besessenen Autofahrers anbrachte und damit Alexanders spätere Arbeiten im Bereich der Kriminologie maßgeblich beeinflusste. An diesem Abend wurde Alexander jedoch auch deutlich vor Augen geführt, wie »blass und irrelevant« die anderen Teilnehmer der Gesellschaft neben Freud erschienen und wie sehr Freud alle seine Gefolgsleute überragte: »He so completely overshadowed them that nothing remained for them but deep reverence and an avid desire to please him, be praised by him and learn from him« (ebd., S. 7).

Franz Alexander pflegte ein vertrauensvolles Verhältnis zu Freud. In seinen wenigen noch erhaltenen Briefen an den Vater der Psychoanalyse teilt er unter anderem seine anfängliche tiefe Enttäuschung und seine Entmutigung zu Beginn der Tätigkeit als Gastprofessor in den Vereinigten Staaten mit (s. a. Abschnitt 2.3). Er äußert seine Zweifel und seine Ambivalenz gegenüber einer Karriere in den USA und an verschiedenen Stellen wird deutlich, wie wichtig Freuds Meinung für Alexander war. So schreibt er beispielsweise während einer Urlaubsreise in Italien in einem Brief vom 6. Juli 1931:

»Ausserhalb der Universität eine dem Rosenwald Fund nahestehende Gruppe machte mir wiederholt den Vorschlag ein psychoanalytisches Institut zu organisieren. Genügend Geld wurde angeboten. Diese Möglichkeit möchte ich jedoch sehr gründlich mit Ihnen, Herr Professor, und auch mit Dr. Eitingon besprechen. Die Gefahren eines solchen Unternehmens in einer feindselig gesinnten medizinischen Gemeinde sind sehr gross und ich glaube, dass nur ein ganz grosszügiger Plan eine solche Bemühung rechtfertigen könnte« (Alexander an Freud, 06.07.1931).

Im selben Brief zeigen sich die Angst Alexanders in Bezug auf die Arbeit in den Vereinigten Staaten, seine Ambivalenz und auch sein großer Wunsch nach einem persönlichen Treffen mit Freud:

»Ich muss bekennen, dass ich, seitdem ich wieder hier bin, einen wirklichen Horror vor dem zweiten Ausflug habe. Als ich in Boston mich entschlossen hatte ein Jahr dort zu verbringen habe ich diese Abneigung nicht so stark empfunden. Eins steht jedoch fest, dass drüben grössere Möglichkeiten vorhanden sind die Psychoanalyse mit der übrigen wissenschaftlichen Welt in Kontakt zu bringen. Interesse, Bedürfnis einerseits, Widerstand, Ablehnung andererseits halten sich die Wage. Obzwar ich diesmal mit mehr Terrainkenntnissen und weniger Optimismus hinüberfahre möchte ich gerne eine zweite Schutzimpfung von Herrn Professor erhalten. Entweder vor oder nach dem Kongress möchte ich deshalb nach Wien fahren, wenn ich die Hoffnung hätte eine Unterredung mit Ihnen, Herrn Professor, haben zu können« (ebd.).

Sigmund Freud scheint Alexander gerne empfangen zu haben, was sich durch folgenden Brief vom 11. Juli 1931 belegen lässt:

>>Lieber Herr Doktor, durch meine Behandlungen gefesselt werde ich den ganzen Sommer hier in Poetzleinsdorf verbringen und kann Sie zu jeder Ihnen beliebigen Zeit – vor oder nach dem Kongress – sehen. Ich versuche sonst Besucher möglichst fernzuhalten, freue mich aber auf die Ausnahme bei Ihnen. Mit herzlichem Gruß, Ihr Freud<< (Freud an Alexander, 11.07.1931).

Während ihres Treffens im Sommer 1931 haben Sigmund Freud und Franz Alexander ausführlich das Für und Wider eines längeren Auslandsaufenthaltes diskutiert. Alexander reiste im Herbst 1931 nach Boston, um sich dort gemeinsam mit William Healy kriminologischen Studien zu widmen. In einem Brief aus Boston im Dezember 1931 nimmt er unter anderem Bezug auf das persönliche Gespräch:

>>Über die Chicagoer Pläne ist jetzt wenig zu sagen, weil ich die endgültige Entscheidung bis Mitte Januar verschoben habe. Mr. Stern mit grossem Enthusiasmus drängt mich von Tag zu Tag mich endgültig zu entscheiden während ich die Entscheidung so weit wie möglich aufschieben möchte. Diese Verzögerung hat keine objektiven Gründe, ausser Rationalisierungen, sondern die dass ich innerlich wirklich unentschlossen bin. Dass Sie den Plan gefühlsmässig nicht bejahen ist allein genügend um mich ambivalent dem Plan gegenüber zu machen. Aber auch ohne Ihren Einfluss habe ich selbst vieles gegen einen amerikanischen Aufenthalt von so langer Dauer. Ich werde es mir nie verzeihen, dass ich in Pötzleinsdorff so viel von der wertvollen Zeit, die sie mir gegeben haben auf die Chicagoer Pläne verwendet und Sie noch damit verärgert habe. [...] In grösster Verehrung, Ihr ergebenster Alexander<< (Alexander an Freud, 13.12.1931).

Freud antwortet darauf am 3. Januar 1932 wie folgt:

>>Lieber Herr Doktor, wenn man sich in Ihren Brief versenkt, vergisst man für eine Weile Krise und Weltelend. Das ist Arbeit, Unternehmungslust, Hoffnung und schon ein Stückchen Erfüllung [...] Auf Ihr Verhalten zum Chicagoer Plan möchte ich nicht zu viel Einfluss nehmen. Ich hatte ja keine Einwendungen dagegen, nur Antipathien sehr persönlicher Natur. Erstens missfiel mir alles spezifisch Amerikanische an der Art wie ein Reicher Geld für einen wissenschaftlichen Zweck hergibt, zweitens kann ich's nicht verschmerzen, dass keiner dieser Geldprotzen je ein Gefühl für unsere Armut in Europa gezeigt hat. Wenn Sie diesen Brief erhalten

33

ist Ihre Entscheidung wahrscheinlich schon gefallen. Nun, ich wünsche dass dieses neue Jahr sich der Erreichung Ihrer Absichten günstig erzeigen möge« (Freud an Alexander, 3.01.1932).

Im Januar 1932 scheint Alexander sich endgültig für die Position in Chicago entschieden zu haben. In einem Brief vom 3. Februar 1932 schreibt Freud diesbezüglich:

> »Ihren Entschluss die Ihnen angebotene Stellung in Chicago anzunehmen und dort drei Jahre einer apostolischen Tätigkeiten zu widmen verstehe ich mit Hinblick auf alle in Betracht kommenden Verhältnisse sehr wohl und wünsche Ihnen jeden möglichen objektiven wie persönlichen Erfolg« (Freud an Alexander, 3.02.1932).

Auch wenn Freud seine persönliche Abneigung gegen die Amerikaner nie verborgen hat, akzeptierte er Alexanders Entscheidung und der Kontakt blieb auch nach seiner Übersiedelung in die USA weiterhin erhalten. Alexander meint zwar, bei den folgenden Treffen eine leichte Anspannung gespürt zu haben, das Verhältnis zu Freud sei jedoch weiterhin freundlich gewesen (Interview zwischen Alexander und Eissler, 16.01.1954, S. 29).

Aufgrund einer Buchbesprechung Alexanders über Freuds *Neue Folge der Vorlesungen zur Einführung in die Psychoanalyse* kam es im Sommer des Jahres 1934 erstmalig zu einem Konflikt zwischen den beiden Analytikern. Die Meinungsverschiedenheit bezog sich auf Alexanders Diskussion des ersten Kapitels des Buches (»Revision der Traumlehre«). Freud soll ihm vorgeworfen haben, dass er durch den amerikanischen Einfluss zu kritisch geworden sei. Alexander klärte die Situation, indem er darauf hinwies, dass der Herausgeber der Zeitschrift *Psychoanalytic Review* an verschiedenen, relevanten Stellen Kürzungen vorgenommen hatte und deshalb einzelne Kritikpunkte aus dem Kontext einer insgesamt positiven Rezeption hervorstachen. Der Konflikt wurde daraufhin beigelegt (Interview zwischen Alexander und Eissler, 16.05.1953, S. 16–18).

Alexander äußert an anderer Stelle den Verdacht, dass verschiedene Kollegen Freud mündlich oder schriftlich darüber informierten, dass er nicht mehr der ursprünglichen Doktrin (*original party-line*) folgen würde und dass Freud dem Glauben geschenkt habe. Im Jahr 1935 soll ein letztes persönliches Gespräch während eines Europaurlaubs Alexanders im Sommer 1935 stattgefunden haben (Alexander 1940c, S. 11), bei dem sich beide jedoch freundlich voneinander verabschiedeten (Interview zwischen Alexander und Eissler, 16.01.1954, S. 31).

In einem letzten noch erhaltenen Brief vom 14. Juli 1935 diskutiert Freud mit Alexander unter anderem finanzielle und politische Fragen:

»Die Nachricht dass Ihr Institut durch das Interesse der Rockefeller Foundation nun für Jahre, wahrscheinlich dauernd, gesichert ist, hat mich für Sie und auch für unsere Sache sehr gefreut. Sie tun gewiss Recht dran wenn Sie versprechen to make the best of it, da Sie doch einmal nach Amerika verschlagen worden sind und man kann wirklich nicht erraten welche die künftigen Entwicklungen sein werden. [...] Die Begründung mit der die Rockefeller Leute eine Subvention für Wien ablehnen gestatte ich mir für eine Ausrede zu erklären. Gewiss sind die Verhältnisse hier unsicher, aber nicht besonders für die Analyse. Es ist nicht sicher, dass wir die Naziwirtschaft bekommen, und selbst in Berlin haben die Nazi, wie Sie wissen, die Analyse nicht untersagt oder direkt gestört. [...] Unerfreulich erscheinen mir die vielen Versuche so viele unserer besten Leute nach Amerika zu locken, die freilich nicht alle gelungen sind. Dadurch erschlägt man Wien sicherer als es von politischer Seite geschehen kann. Von den Wienern aus ist es beinahe wie Selbstmord aus Angst vor dem Tod. Mit herzlichen Wünschen für Ihr Gedeihen, Ihr Freud« (Freud an Alexander, 14.06.1935).

Auf einer Dankeskarte für die Teilnahme an der Feier seines 80. Geburtstages vermerkt Freud: »[...] in der Hoffnung, dass Amerika noch manches vom alten Alexander übrig lassen wird« (Freud an Alexander, Mai 1936). Das Verhältnis zum Vater der Psychoanalyse mag sich nach Alexanders Auswanderung in die Vereinigten Staaten zwar verändert haben, trotzdem hielten beide miteinander Kontakt. Noch in einer Korrespondenz mit Ernest Jones vom Juli 1938 schreibt Alexander, nach der Emigration eine Postkarte von Freud erhalten zu haben mit dem Hinweis, dass es ihm in London gut gehe (Alexander an Jones, 11.07.1938).

Erst später gibt Alexander eine interessante Einschätzung über eine mögliche Entwicklung seines Verhältnisses zu Freud:

»I could imagine that he would have been 5 or 10 years younger and I, too, and we would have had another 10 years to go, that it might have developed into the same thing as with Ferenczi« (Interview zwischen Alexander und Eissler, 16.01.1954, S. 31a).

Alexander verweist hier auf den schmerzhaften Bruch zwischen Sigmund Freud und Sándor Ferenczi nach dessen starken Abweichungen von der klassischen Psychoanalyse hin zu einer *aktiven Technik* (vgl. Haynal 1989, S. 37f.).

Insgesamt stellt Alexander den Einfluss Sigmund Freuds auf seine Entwicklung in seiner Autobiografie wie folgt dar:

»He [Freud], as a person, and his work gave me the directive to resolve my own identity problem. His continuous encouragement and openly expressed expectations of me gave me a strong impetus and confidence in my work« (Alexander 1960, S. 85).

Dabei betont er wiederholt, dass er selbst nie in so starkem Maß abhängig vom Begründer der Psychoanalyse gewesen sei:

> »[M]y only desire was to learn what he is doing, and trying to do the same. Particularly in technical matters I did not aspire to run independent in those days! I have a tremendous admiration to Freud, maybe not the same type as those who lived under the spell of his personality, as the Viennese group« (Interview zwischen Alexander und Eissler, 16.01.1954, S. 10).

Aus den Auszügen der vorliegenden Korrespondenz ist ersichtlich, dass Alexander ein vertrauensvolles und enges Verhältnis zu Freud hatte und dass er von ihm über viele Jahre in schwierigen Situationen Ermutigung erfuhr. Besonders in der konfliktreichen Anfangszeit in den Vereinigten Staaten scheint er ein hohes Maß an emotionaler Unterstützung erhalten zu haben. Alexander verwendet hierfür in einem seiner Briefe den Ausdruck »Schutzimpfung« (Alexander an Freud, 6.07.1931). Er mag in Freud eine weitere wichtige Vaterfigur gefunden haben, von der er sich im Lauf der Zeit emanzipierte. Seine Bewunderung für die Arbeit und die Person Freuds blieb jedoch dauerhaft bestehen. Alexanders Einschätzung, dass ihm bei einem länger andauernden Kontakt ein ähnliches Schicksal wie den anderen Abweichlern widerfahren wäre, scheint angesichts der späteren Entwicklungen (s. Kap. 4) realistisch zu sein. Der Bruch mit Sigmund Freud ist ihm jedoch erspart geblieben, wenn er auch heftige Konflikte mit den orthodoxen Freudianern der 1940er und 1950er Jahre ausfechten musste.

2.2.7 Der Weg in die USA

Nach der Veröffentlichung des gemeinsam mit Hugo Staub veröffentlichten Buches *Der Verbrecher und seine Richter* wurde Franz Alexander von dem amerikanischen Kriminologen und Vorsitzenden der Bostoner Judge Baker Foundation, William Healy, in Berlin besucht. Healy arbeitete damals mit straffälligen Jugendlichen, interessierte sich für Alexanders Arbeit und schlug ihm eine Zusammenarbeit vor. Er sorgte außerdem dafür, dass Alexander eine Einladung zum ersten Internationalen Kongress für Psychohygiene erhielt, der im Mai 1930 in Washington D.C. stattfand. An dem Kongress nahmen ungefähr 3.500 Psychiater und Repräsentanten anderer helfender Berufe aus der ganzen Welt teil. Alexanders Vortrag wurde überwiegend positiv aufgenommen. Im Nachhinein zeigte er sich nicht nur aufgrund der schieren Größe und der guten Organisation des Kongresses beeindruckt, sondern auch aufgrund der dort herrschenden freien, positiven Grundstimmung gegenüber der Psychoanalyse (Alexander 1960, S. 94). In Verbindung mit dem Kongress fand auch die Jahressitzung der American Psychoanalytic Association (APA) in Washington D. C. statt, deren wissenschaftliche Sitzung in dem Jahr ausschließlich von europäischen Analytikern gestaltet wurde. Alexander hielt hier einen Vortrag *Über Träume mit unlustbetontem Inhalt* (Korrespondenzblatt der IPV 1930, S. 532). Neben seiner Kongressteilnahme hielt er außerdem einen Gastvortrag vor der New Yorker Psychoanalytic Society (ebd., S. 531).

Während seines Aufenthaltes in Washington D. C. erreichte Alexander per Telegramm eine Einladung von Robert Hutchins, dem Präsidenten der Universität von Chicago, mit dem Angebot, für ein Jahr eine Gastprofessur für Psychiatrie an der Medizinischen Hochschule zu übernehmen. Bereits während seiner Zeit am Berliner Psychoanalytischen Institut hatte Alexander viele Kontakte zu amerikanischen Kollegen geknüpft, die sich in Berlin analysieren und weiterbilden lassen hatten. Unter ihnen war auch Helen McLean, die Ehefrau von Franklin McLean, dem Direktor der Chicagoer Universitätsklinik. Alexander ließ sich von einem ehemaligen Schüler von Washington D. C. aus nach Chicago chauffieren, wo er die Forderung nach einer Gastprofessur für Psychoanalyse (und nicht für Psychiatrie) stellte. Nach einiger Diskussion über diesen radikalen Vorschlag sowie einer erfolgreichen öffentlichen Vorlesung vor einer größeren Menge an der Psychoanalyse interessierter Menschen willigten Robert Hutchins und Franklin McLean ein. Franz Alexander wurde nach Sándor Ferenczi in Budapest der zweite Lehrstuhlinhaber für Psychoanalyse weltweit. In seiner Autobiografie beschreibt er seinen Eindruck von den Vereinigten Staaten wie folgt: »This was indeed a country of unlimited possibilities, a country where people unimpeded by tradition were willing to try anything, even an university chair for psychoanalysis« (Alexander 1960, S. 98).

Nach seiner Heimreise besuchte Alexander Sigmund Freud in Wien, um mit ihm die Einladung nach Chicago zu besprechen. Seine Ehefrau Anita hatte sich per Telegramm bereits positiv über einen Umzug nach Chicago geäußert: »By all means accept invitation. Want to meet my infamous countryman, Al Capone!« (ebd.).

Wie bereits im vorigen Abschnitt angedeutet war Freud wenig begeistert von Alexanders Vorhaben, für längere Zeit in den USA zu arbeiten. Er zeigte sich erfreut über die Professur für Psychoanalyse. Er äußerte jedoch deutlich seine seit Langem gehegte grundlegende Skepsis gegenüber den Amerikanern, die unter anderem durch die Emigration wichtiger europäischer Psychoanalytiker wie Otto Rank, Hanns Sachs und Sandor Rado begründet gewesen sein mag (Interview zwischen Alexander und Eissler, 16.05.1953, S. 19; s. a. Gay 2006, S. 632f.).

2.3 Die Zeit in Chicago (1930–1956)

2.3.1 Anfangsschwierigkeiten

Gemeinsam mit seiner Familie kehrte Franz Alexander im Herbst 1930 nach Chicago zurück. Zum Zeitpunkt seiner Einreise hatte er sich noch nicht dazu entschlossen, in die USA auszuwandern (Collard 1975, S. 30). Das erste Jahr als Gastprofessor an der Universität von Chicago war für Franz Alexander turbulent und von Zweifeln geprägt. Aus dieser Zeit sind einige Briefe an Sigmund Freud erhalten, die einen Einblick in das Gefühlsleben Alexanders und in die Beziehung der beiden Analytiker geben.

Franz Alexander stieß gleich zu Beginn seines Aufenthaltes in Chicago auf die Ablehnung seiner ärztlichen Kollegen. Er wurde beispielsweise bei einem ersten gemeinsamen Mittagessen von der gesamten medizinischen Fakultät ignoriert. Er erfuhr außerdem, dass er, entgegen voriger Absprachen, im Fachbereich für Sozialwissenschaften ein Seminar über Persönlichkeitsentwicklung halten sollte. Erst durch das Eingreifen von Franklin McLean, dem Direktor der Universitätsklinik, wurde für Alexander ein Einführungskurs für Psychoanalyse organisiert, zu dem alle Mitglieder der medizinischen Fakultät eingeladen wurden. In diesem Seminar zur Einführung in die Psychoanalyse zeigten viele Teilnehmer offen ihre Skepsis bezüglich der Psychoanalyse und sie stellten die Wissenschaftlichkeit dieser Disziplin heftig infrage. Alexander musste hilflos zusehen, wie ein Teil seiner Hörer vor Ende des Kurses den Hörsaal verließ (Alexander 1960, S. 102). Verzweifelt schrieb er an Sigmund Freud, der ihm, anders als erwartet, Mut machte:

> »In his reply he suggested that I ask my audience at my next lecture whether they considered astronomy and paleontology real sciences, since one cannot experiment with the stars or with fossils. He was obviously more amused than irritated [...] He encouraged me to go through with this venture and do my best« (ebd.).

Er verfasste daraufhin ein Manuskript für seine Studenten, in dem er die Methode der Psychoanalyse verteidigte und ihre Position als Wissenschaft untermauerte. Alexander versandte dieses Manuskript in einem Brief vom 18. Januar 1931 an Freud und er äußert sich zu diesem Zeitpunkt optimistisch bezüglich der an der Universität von Chicago herrschenden Verhältnisse:

> »Die Fakultät zeigt jetzt wohlwollendes Interesse, das Seminar ist die best besuchte Zusammenkunft und die Diskussionen haben sich in dem Ton geändert.

Der Widerstand ist hier naiver und weniger boshaft als in Europa, er hat keine Geschichte. [...] Die allgemeine Stimmung ist jetzt hier, dass es fast als selbstverständlich gilt, dass die Psychoanalyse den Studenten der Medizin gelehrt werden soll und dass ein Zusammenarbeiten der Analyse mit den übrigen medizinischen Fächern in Forschung stattfinden soll. Wenn ich mich nicht sehr täusche, so kann es angenommen werden, dass die Univ. Chicago die Analyse endgültig einverleiben wird und es ist nur die Frage, in welcher Form sie akademisch behandelt wird. [...] Es scheint mir fast unzweifelhaft, dass hier innerhalb 2 Jahren die Pa. in akademischen Kreisen in der ursprünglichen Form vollständig und offiziell anerkannt und gelehrt wird. Der amerikanische Student der Medizin wird wohl neben Anatomie und Physiologie die Struktur und Dynamik des psychischen Apparats lernen und in der infantilen Sexualität examiniert werden. Ob die europäischen Universitäten es noch lange leisten werden können ihren Studenten all dies vorzuenthalten? Möglich, dass ich die Lage etwas zu optimistisch beurteile, aber die objektiven Zeichen sind so eindeutig, dass ich es nicht glaube« (Alexander an Freud, 18.01.1931).

Sein Optimismus mag dadurch erklärt sein, dass Alexander wenige Tage zuvor auf inoffiziellem Weg von Franklin McLean erfahren hatte, dass er das Angebot für eine ordentliche Professur erhalten sollte und er schreibt:

»Da die Gehälter der Lehrer hier nicht besonders hoch sind – Unterricht ist noch immer eine Beschäftigung zweiten Ranges – so weiss ich nicht, ob ich diese Einladung annehmen soll. Ich möchte sehr gerne Ihren Ratschlag, Herr Professor, hören. [...] Die Atmosphäre der Universität ist sehr anregend. Und gar nicht amerikanisch. Doch fühle ich diesen Schritt als sehr entscheidend und es fällt mir im Augenblick unmöglich mich zu entscheiden. Jetzt, während der anstrengenden Arbeit und im Kampfe ist mein Leben sehr ausgefüllt, aber ich fürchte, dass wenn alles ausgefochten sein wird, eine grosse Leere folgen wird« (ebd.).

In einem weiteren Brief an Sigmund Freud vom 1. Februar 1931 berichtet Alexander jedoch von »einer ausgesprochenen Niederlage« (Alexander an Freud, 1.02.1931). Die von Franklin McLean vorgeschlagene ordentliche Professur wurde während einer Fakultätssitzung unter heftigen Protesten abgelehnt und es wurden verschiedene Anschuldigungen vorgebracht, die Alexander massiv gekränkt haben:

»Es wurde zuerst erklärt, dass ich zu energisch und begabt bin und deshalb zu befürchten ist, dass ich der Analyse ungebührlichen Einfluss verschaffen würde. Nachdem dieser Einwand entkräftet war und gesagt, dass Begabung keine Gegenindikation für einen Lehrstuhl ist, kam eine hässliche persönliche Kampagne zum Vorschein:

>Ich will nur die Einladung annehmen, um nach 2 Jahren meine Reputation in Privatpraxis zu kapitalisieren<. [...] Es wurde erzählt, dass ich einen Studenten der Medizin zur Analyse überredet hätte und zu einem Kollegen geschickt habe, um davon finanziell zu profitieren. [...] Der Physiologe hat mich angegriffen, weil ich den Behaviorism beleidige. [...] Im Ganzen scheint es mir, dass dieser Ausflug in die akademische Welt zur medizinischen Fakultät nur ein neuer Beweis sein wird, dass die Psychoanalyse von der Medizin noch immer nicht angenommen werden kann. McLean hat mir gesagt, dass an dieser Sitzung er erst wirklich gesehen hat, was für tiefer Widerstand gegen die Analyse herrscht und dass die Menschen aufhören korrekt zu handeln unter dem Einfluss dieses Widerstandes« (ebd.).

Alexander wehrte sich gegen diese Vorwürfe mithilfe eines von ihm verfassten Manuskripts, in dem er seine persönliche Integrität wieder herstellt. Darin geht er vor allem explizit darauf ein, dass der Vorwurf, einen Studenten finanziell auszubeuten, nicht gerechtfertigt sei und er liefert eine ausführliche Erklärung für seine Vorgehensweise.[7] Dieses Schriftstück wurde an alle Teilnehmer der Fakultätssitzung verschickt. Auch Freud erhielt im Februar 1931 ein Exemplar mit folgendem Zusatz: »Sehr verehrter Herr Professor, beiliegend schicke ich ein Dokument, das Ihnen zeigen wird, dass nach 4 Monaten Universitätskarriere ich glücklicherweise in die Lage gekommen bin meine persönliche Integrität [...] zu verteidigen« (Alexander an Freud, Februar 1931).

Die Schwierigkeiten an der Universität blieben jedoch bestehen und die Zweifel an seiner Tätigkeit werden im selben Brief deutlich:

»Nächsten Dienstag halte ich das psychoanalytische Seminar für die Fakultät, das diesmal zu offenem Kampf führen wird. Ich habe jedoch keine andere Wahl, als das Seminar abzuhalten. Natürlich frage ich mich, ob diese ganze Unternehmung nicht ein wahnwitziger oder wenigstens äußerst naiver Versuch gewesen ist einer halbwilden unanalysierten verstockten Medizinerschaft die Pa. zu erklären« (ebd.).

Letztendlich bewies Alexander großes Durchhaltevermögen und zum Ende seines Gastaufenthaltes zeichneten sich Erfolge ab. Er wurde von einer kleineren Gruppe von Medizinern, Psychologen und Sozialwissenschaftlern zunehmend

---

7 Alexander erklärt, dass der Student R. Wilcox ihn bereits in Berlin mit der Bitte um eine Lehranalyse kontaktierte, dass er ihn an einen Kollegen verwies, diesen Kollegen aber fachgerecht supervidierte und dafür tatsächlich ein Honorar erhielt. Alexander habe aber niemals für die Behandlung eines Universitätsmitglieds ein direktes Honorar erhalten und der gesamte Vorgang sei mit dem Health Department der Universität abgesprochen gewesen.

geschätzt, sein in New York gehaltener Vortrag im Rahmen der Harvey Lecture und auch eine zehn Termine umfassende öffentliche Vorlesung wurden sehr positiv aufgenommen (Alexander 1960, S. 104).

Im Gegensatz zu der Abneigung vieler Universitätsangehöriger gegen die Psychoanalyse als Wissenschaft gab es in der Öffentlichkeit ein größeres Interesse an der Psychoanalyse, auch als Therapieform. In einem Vortrag anlässlich des 70. Geburtstags von Franz Alexander erinnert sich Helen Ross, später eine enge Mitarbeiterin, an ihre erste Begegnung mit diesem Psychoanalytiker. Sie hatte Alexander mit der Bitte um eine Analyse aufgesucht und musste erfahren, dass dieser bereits für den gesamten Herbst ausgebucht war, obwohl er gerade erst in Chicago angekommen war (Ross 1961, S. 8).

Am 8. Juni 1931 traf sich Franz Alexander mit einer Gruppe von elf Psychoanalytikern und solchen, die sich noch in der Lehranalyse befanden und gründete die Chicago Psychoanalytic Society. Gründungsmitglieder dieser Gesellschaft waren unter anderem die bereits von Alexander in Berlin ausgebildeten Analytiker Dr. Thomas French, Dr. George Mohr, Dr. Alan Finlayson und Dr. Lionel Blitzsten, der auch der erste Präsident wurde. Erste Pläne für die Gründung eines Instituts für Psychoanalyse in Chicago waren bereits zu diesem Zeitpunkt vorhanden (McLean1964, S. 34).

Die Kränkungen durch die medizinischen Kollegen waren jedoch nicht vergessen und Alexander schreibt voller Genugtuung an Freud, dass seine Gegner an der Universität zumindest zum Teil bestraft wurden:

»Nachdem die persönlichen Angriffe zurückgeschlagen waren habe ich erreicht, dass es von allen Seiten zugegeben wurde, dass der ganze Kampf der Psychoanalyse galt. [...] Das Ende war, dass ich vollständige Genugtuung erhielt und an einem offiziellen Abschiedsdinner, der Präsident und eine Reihe führender Professoren sich eindeutig für die Analyse und auch für eine zukünftige Fortsetzung des analytischen Unterrichts an der Universität ausgesprochen haben. Der Kampf ist also nicht zu Ende und im nächsten Jahre werden die Anhänger in Angriff übergehen und den Standpunkt, dass die Pa unterrichtet werden muss durch[zu]setzen versuchen. Es ist mir eine Genugtuung, dass ich eine sehr überzeugte Gruppe in der med. Fakultät hinterlassen habe« (Alexander an Freud, 6.07.1931).

2.3.2 Kriminologie in Boston

Im Anschluss an seine Gastprofessur in Chicago folgte Franz Alexander nach einem kurzen Aufenthalt in Europa im Herbst 1931 einer Einladung von William

Healy nach Boston. Er widmete sich hier der Kriminologie und analysierte eine größere Anzahl von Delinquenten. Nach anfänglicher Skepsis gegenüber William Healy[8] äußerte er sich in einem Brief an Freud in Bezug auf seinen Kollegen positiv überrascht:

> »Dr. Healy macht seine Analyse mit viel Enthusiasmus und die Analyse hat sehr gut begonnen. Ohne der späteren Entwicklung der Analyse vorgreifen zu wollen, es ist mir vollständig klar geworden, dass Sie Herr Professor, für die Beurteilung von Healys Persönlichkeit ein zu einseitiges und ungenügendes Material erhalten haben« (Alexander an Freud, 13.12.1931).

Sigmund Freud zeigte sich wenig begeistert von Alexanders Zusammenarbeit mit Healy und er änderte seine Meinung über ihn nicht. Er bezeichnete Healy in einem Brief vom 3. Januar 1932 als einen »skrupellosen Lügner« (Freud an Alexander, S. 3.01.1932). Woher genau die Abneigung stammt, bleibt allerdings unklar.

Die Arbeit in Boston scheint für Alexander nach den anstrengenden Monaten in Chicago sehr angenehm gewesen zu sein. Er beschreibt in seiner Korrespondenz mit Freud seine Arbeitsweise und er sieht seine Tätigkeit mit den Delinquenten als sehr positiv:

> »Ich arbeite jede analysierte Sitzung gleich nach Beendigung auf, und beschreibe alles was der Analysand bringt, was ich sage und die Deutungen, Kommentare und Instruktionen, die ich mache ohne sie den Analysanden mitzuteilen. Sie können sich vorstellen, Herr Professor, dass ich bereits 3 dicke Bände habe. Diese Art intensiver Aufarbeitung des Materials ist etwas neu für mich, wozu man in Privatpraxis wenig Gelegenheit hat. Es macht mir ganz besonders große Freude, die grösste, die ich seit Jahren in analytischer Arbeit gehabt habe. Es gibt der analytischen Forschung neue Möglichkeiten. Ich kann zu dem Material immer wieder zurückkehren und neue Zusammenhänge sehen. Die Sitzungen sind auf diese Weise verewigt und sind auch demonstrierbares empirisches Material geworden. Ich habe den analytischen Prozess noch nie auf so detaillierte Weise verfolgen können« (Alexander an Freud, 13.12.1931).

Das Ergebnis der Bostoner Studien veröffentlichten Healy und Alexander im Jahr 1935 in dem Werk *Roots of Crime*. In diesem Buch begeben sie sich anhand

---

8 In seinem Brief an Freud vom 6.07.1931 schreibt Alexander: »Über Healys Persönlichkeit brauche ich Ihnen nicht zu schreiben. Dass dieses Institut sonst der geeignete Platz für so ein Experiment ist, scheint mir zweifellos.«

von Fallbeispielen auf die Suche nach den Wurzeln der Kriminalität in den Vereinigten Staaten (vgl. Alexander/Healy 1935). Auch die zurückliegenden Kränkungen in Chicago werden weiterhin thematisiert:

»In den nächsten Tagen werde ich das Manuskript meines Buches ›The Medical Value of Psychoanalysis‹ einreichen in der unbescheidenen Hoffnung, dass Herr Professor es durchschauen wird. Das Buch ist ein Versuch die unmögliche Situation dokumentarisch darzulegen, dass hier in Amerika die Psychiatrie förmlich von Psychoanalyse lebt und diese Tatsache nicht zugeben will. Aber auch in der organischen Medizin wird hier besonders der psychogene Faktor zunehmend anerkannt, aber wenn es zu der nähren Beschreibung des psychogenen Faktors kommt, werden die analytischen Fragestellungen entweder einfach ignoriert oder lächerlich gemacht. Ich weiss nicht ob es die amerikanische Atmosphäre macht oder meine persönlichen Erfahrungen in Chicago aber ich möchte endlich mal die medizinische Welt auf die Knie gezwungen sehen. Ich sehe das persönliche Racheelement in der Entstehung meines Buches klar, aber ich glaube, dass es gut sublimiert wurde und der Analyse und der Medizin nützlich sein könnte. Es wird für mich deshalb von besonderem Wert sein, Ihre Meinung über meinen literarischen Kreuzzug gegen die offizielle Medizin zu hören« (Alexander an Freud, 13.12.1931).

Während seines Aufenthaltes in Boston nahm die Idee der Gründung eines Instituts für Psychoanalyse in Chicago zunehmend Formen an. Eine kleine Gruppe interessierter Chicagoer Bürger entwickelte gemeinsam mit den Mitgliedern der Chicagoer Psychoanalytic Society konkrete Pläne für ein Institut und bat Franz Alexander, die Organisation und Leitung zu übernehmen (Alexander 1960, S. 107). Wie schon in Abschnitt 2.2 beschrieben berichtete Alexander Sigmund Freud von diesen Plänen und nach einer längeren Bedenkzeit entschied er sich dafür, die ihm angebotene Position anzunehmen. Schon vor der Eröffnung soll Alexander maßgeblichen Einfluss auf die Struktur und die Ziele des Instituts genommen zu haben. Er wünschte keine Privatklinik für reiche Patienten. Vielmehr setzte er sich dafür ein, dass das Institut eine Poliklinik nach dem Berliner Vorbild umfasste, um Patienten unabhängig von ihrem finanziellen Status behandeln zu können. Dies hatte in Berlin positiv auf das Ansehen des Instituts in der Bevölkerung gewirkt (Schmidt 2010, S. 75).

Franz Alexander hatte anfangs nicht geplant, dauerhaft in den Vereinigten Staaten zu leben. Nachdem er das Angebot aus Chicago angenommen hatte, siedelte er jedoch nach einem Kongressbesuch in Wiesbaden Ende September 1932 endgültig mit seiner Familie in die Vereinigten Staaten über (Collard 1975, S. 38). Den Antrag auf die amerikanische Staatsbürgerschaft stellte Franz Alexander am 4. Januar 1933 (ebd.).

2.3.3 Die Eröffnung des Chicagoer Instituts für Psychoanalyse

Das Chicagoer Institut für Psychoanalyse wurde am 3. Oktober 1932 in der 43 East Ohio Street eröffnet. Neben einer Bibliothek, einem Seminarraum und sechs Behandlungsräumen umfasste es von Beginn an auch ein Labor zu Forschungszwecken (Chicago Daily Tribune, 30.09.1932). Festangestellt waren zunächst nur Franz Alexander als Direktor und Karen Horney als seine Stellvertreterin.[9] Weitere Mitarbeiter waren Dr. Thomas French, Dr. Helen McLean, Dr. Catherine L. Bacon und Dr. Leon J. Saul. Als Dozenten waren neben Alexander und Horney Dr. Karl Menninger und Dr. Lionel Blitzsten tätig (Korrespondenzblatt der IPV 1933, S. 465).

Als Startkapital konnten die Unterstützer und Mitinitiatoren des Instituts, allen voran Alfred Stern und Ludvig Hektoen, von der Rockefeller Stiftung die für damalige Verhältnisse außerordentlich hohe Summe von 500.000 Dollar einwerben (Pollock 1983, S. 12).[10] Finanzielle Unterstützung erhielt das Institut des Weiteren vom Rosenwald Fund und durch Spenden von Privatleuten (Mc Lean 1965, S. 249). Im Jahr 1935 warb Alexander von der Rockefeller Stiftung zusätzliche 100.000 Dollar, zahlbar über drei Jahre, an Fördergeldern ein. Alexander konnte sich und seiner Stellvertreterin nicht nur ein Gehalt zahlen, er verdiente zusätzlich in seiner Privatpraxis. Im Jahr 1935 erhielt Alexander vom Institut ein Jahresgehalt von 21.600 Dollar, eine Summe, die bei seinen Förderern zu kritischen Diskussionen führte (Brown 1987, S. 179). Nach seinen entbehrungsreichen Jahren in Berlin war ihm sehr an einem guten Auskommen gelegen.

2.3.4 Ziele des Instituts

Die Zielsetzung des Instituts beschreibt Alexander in einem Interview rückblickend wie folgt:

> »To begin with, its basic purpose is the purpose of psychoanalysis everywhere: to make available the healing service of a group of specialists to those in need. This included a low-fee out-patient service. Beyond that, its purpose was then, and still is, fourfold: 1) to advance the science of psychoanalysis through collective research;

---

9 Franz Alexander hatte zuerst Helene Deutsch gebeten, für ihn in Chicago zu arbeiten. Erst als diese ablehnte, bot er Karen Horney einen befristeten Vertrag an (vgl. Rubins 1980, S. 131).

10 Dabei darf darauf hingewiesen werden, dass zu diesem Zeitpunkt die amerikanische Wirtschaftskrise (Great Depression) herrschte.

2) to liquidate the isolation of psychoanalysis by integrating it with psychiatry and medicine; 3) to develop a historically and critically oriented teaching program for psychiatrists; 4) to give the community an adequate appreciation of psychoanalysis as a medical speciality, and also as an integral part of contemporary thought on the nature of man and the society in which he lives« (Chicago Magazine 1956, S. 27).

Die ambulante psychoanalytische Behandlung von Patienten begann direkt nach der Eröffnung des Instituts. Im ersten Quartal 1933 wurden neben den Lehranalysen 19 therapeutische Analysen und sieben Forschungsanalysen durchgeführt (Korrespondenzblatt der IPV 1933, S. 466), im zweiten Quartal 1933 stieg die Anzahl bereits auf insgesamt 53 Fälle (Korrespondenzblatt der IPV 1934, S. 127). Im Durchschnitt erhielten während Alexanders Zeit in Chicago pro Jahr ungefähr 125 Menschen eine im Vergleich zur Therapie in einer Privatpraxis günstige ambulante psychoanalytische Behandlung in der Institutsambulanz (Chicago Magazine 1956, S. 31).

Die Wissenschaft der Psychoanalyse durch Forschung weiterzuentwickeln war für Alexander die wichtigste Zielsetzung. Er war der Meinung, dass die Psychoanalyse nach einer langen Phase der grundlegenden theoretischen Entwicklung und der heftigen Auseinandersetzung mit ihren Gegnern zunehmend akzeptiert wurde und daher ihre Weiterentwicklung und weitere wissenschaftliche Fundierung notwendig war.

> »It was based on the conviction that psychoanalysis in this country was about to enter a new phase of its development; that it was emerging from a heroic into a responsible period« (Alexander 1953, S. 20).

Er beschreibt die Position der psychoanalytischen Pioniere der ersten und zweiten Generation als eine im andauernden Kampf um Akzeptanz gegen eine feindliche Umwelt befindliche, eine Position, die Alexander selbst lange Zeit innehatte. Er erkannte jedoch auch, dass sich die Psychoanalyse als Wissenschaft mit zunehmender Anerkennung Fragen nach ihrer Validität und Beweisbarkeit stellen musste und dass frühere Antworten auf diese Fragen mit dem Verweis auf die emotionale Abwehr des Fragenden nicht mehr akzeptiert werden konnten. Alexander erklärt die Wichtigkeit der Forschung wie folgt:

> »Our emphasis on research as the primary objective of our Institute in itself was a sign of a reorientation. It expressed our deep conviction that psychoanalysis is not a static body of knowledge inherited from Freud, but a developing discipline. This emphasis upon research also expresses our conviction that in our young field

new knowledge is paramount and even more important than teaching the little we know about the human mind« (ebd., S. 21).

Franz Alexander organisierte gemeinsam mit seinen Mitarbeitern während seiner Zeit in Chicago verschiedene Forschungsprojekte in den Bereichen der psychosomatischen Medizin und der Weiterentwicklung der Psychoanalyse in Theorie und therapeutischer Praxis. Er setzte sich gegen jeglichen Dogmatismus in der Psychoanalyse ein und wurde für seine Ideen bewundert, aber auch scharf kritisiert (s. Abschnitt 2.3.9 Erste Auseinandersetzungen am Institut). Sein Arbeitseifer, sein Ideenreichtum und sein Fleiß sind in einer Vielzahl an Fachartikeln und Büchern dokumentiert.

Hinsichtlich des zweiten Ziels des Instituts, der Verbindung der Psychoanalyse mit der Psychiatrie und der Medizin, organisierte Franz Alexander gleich nach der Eröffnung einen Einführungskurs in die Psychoanalyse, zu dem er Vertreter verschiedener medizinischer Fachdisziplinen einlud. Die Veranstaltung wurde regelmäßig von wichtigen Mitgliedern der medizinischen Gesellschaft besucht.[11] Das Interesse an der Verbindung von Psychoanalyse und medizinischen Fragestellungen wuchs auch unter den Teilnehmern. Alexander war neben der Leitung des Instituts von 1938 bis 1956 als Oberarzt am Cook County Hospital tätig. Im Jahr 1938 übernahm er die Professur für Psychiatrie an der Universität Illinois (Pollock 1964, S. 233). Im Jahr 1939 gründete er gemeinsam mit Helen Flanders Dunbar, Stanley Cobb, Carl Binger und anderen die Zeitschrift *Psychosomatic Medicine*, in der er regelmäßig seine Forschungsergebnisse veröffentlichte und deren Mitherausgeber er bis zu seinem Tode blieb (Grotjahn 1966, S. 391).

Im Jahr 1948 wurden die *Associated Psychiatric Faculties of Chicago (APF)* gegründet, ein Zusammenschluss der Medizinischen Fakultäten der Universität Chicago und der Universität Illinois, des Instituts für Psychosomatische und Psychiatrische Forschung und Lehre des Michael Reese Krankenhauses und des Instituts für Psychoanalyse. Ziel dieser Kooperation war die verbesserte und günstigere psychoanalytische Ausbildung von Psychiatern (Brosin 1952, S. 189). Die Aufhebung ihrer Isolation durch die Verbindung der Psychoanalyse mit der Psychiatrie und anderen Bereichen der Medizin war damit erreicht.

Die dritte Zielsetzung Alexanders, die Entwicklung eines historisch und kritisch orientierten Ausbildungsprogramms für Psychiater, war spätestens mit der Gründung der APF gelungen. Die Ausbildung am Institut wurde zunächst nach

---

11 Unter anderem besuchten Ludwig Hektoen (1863–1951), ein führender Pathologe und Morris Fishbein (1889–1976), der Herausgeber des *Journal of the American Medical Association* neben weiteren Internisten, Gynäkologen und Dermatologen die Veranstaltung.

dem Berliner Vorbild organisiert, sodass die Kandidaten zu Beginn mit der Theorie vertraut gemacht wurden, eine eigene Lehrtherapie absolvierten und im Anschluss im Rahmen der supervidierten praktischen Tätigkeit eigene Erfahrungen als Psychoanalytiker sammelten. Alexander veränderte diesen Ansatz später insofern, als dass er den Beginn der praktischen Tätigkeit vorzog, um die Theorie auf der Basis der eigenen Erfahrungen der Kandidaten vermitteln zu können (Alexander 1947, S. 606). Er sprach sich gegen eine rigide theoretische Indoktrination aus und begründet seine Veränderung des Ausbildungskonzepts wie folgt:

> »[W]e tried to avoid the danger of producing students who find in their patients only what they are prepared to find as a result of instruction in theory [...] In such an early stage as that of psychoanalysis at present, rigid indoctrination is equivalent to paralysis« (Alexander 1953, S. 22).

Während Alexanders Zeit in Chicago wurden viele Personen zu Analytikern ausgebildet, die später wichtige Positionen in Forschung und Lehre an verschiedenen Universitäten der USA einnahmen.[12] Die Ausbildung am Chicagoer Institut für Psychoanalyse genoss einen guten Ruf, sodass im Jahr 1952, 20 Jahre nach der Eröffnung, bereits 150 Kandidaten die oft viele Jahre dauernde Ausbildung absolviert hatten (Mohr 1953, S. 235).

Neben seiner vielfältigen Arbeit in Lehre und Forschung widmete sich Franz Alexander zusätzlich der vierten Zielsetzung des Instituts, die Psychoanalyse als medizinische Disziplin mit ihren Erklärungsmöglichkeiten für das menschliche Verhalten einem breiten Publikum verständlich zu machen. Die Akzeptanz von Psychoanalyse und Psychotherapie sollte gefördert, das Misstrauen abgebaut werden: »We tried to dispel any mystery and secrecy about psychoanalysis, and presented its fundamentals frankly and meaningfully« (Alexander 1960, S. 109). Die Mitarbeiter des Instituts veröffentlichten Broschüren über verschiedene psychoanalytische Themen, auch wurden öffentliche Vorlesungen und Diskussionsrunden abgehalten. Franz Alexander hielt beispielsweise Vorträge über die Auswirkungen sozialer Veränderungen auf das Individuum, über Erziehung, über den Krieg (Chicago Daily Tribune, 19.02.1939), er nahm außerdem wiederholt an Diskussionen teil, die im Rundfunk übertragen wurden.[13]

---

12 Absolventen sind viele einflussreiche Personen der amerikanischen Psychoanalyse/Psychiatrie wie zum Beispiel Roy Grinker (1900–1993), Thomas Szasz (*1920), Henry Brosin (1905–1999), Karl Menninger (1893–1990) und Heinz Kohut (1913–1981).

13 Ankündigungen dieser Diskussionen wurden in der Tageszeitung veröffentlicht (Chicago Daily Tribune, 13.04.1941; Chicago Daily Tribune, 1.03.1942).

In einem Interview aus dem Jahr 1956 zieht Alexander bezüglich des vierten Ziels seines Instituts eine positive Bilanz. Die Psychoanalyse in den Vereinigten Staaten wurde zu diesem Zeitpunkt sowohl unter Medizinern als auch in der Allgemeinbevölkerung zunehmend akzeptiert (Chicago Magazine 1956, S. 30).

2.3.5 Franz Alexander als Therapeut, Lehrer, Kollege und Direktor

Alexander muss eine enorme Anziehungskraft ausgestrahlt haben. Ehemalige Kollegen verweisen in ihren Erinnerungen auf seine jugendliche Vitalität, seinen Humor, seine Kreativität, sein Selbstbewusstsein, seine Fähigkeit zur Integration und seinen Enthusiasmus. Die gemeinsamen Mittagessen der Mitarbeiter des Instituts scheint er mit der Schilderung neuer Ideen und Beobachtungen dominiert und den Austausch untereinander genossen zu haben, wie Helen Ross in einer Rede anlässlich des 70. Geburtstags Alexanders beschreibt:

>»Alexander at the top of the table, maybe a few minutes late, always presided, usually bubbling over with his latest combination of characteristics that jigsawed into a symptom he had just seen. As he entered the door, he was describing the new syndrome, no time to lose. No fisherman ever told his admiring followers about his latest catch with greater enthusiasm, no chess player a series of successful moves with more accuracy and pleasure. Everyone listened eagerly. But Alexander listened, too, and thus was he able to elaborate and expand his findings. In this playful activity, this give and take with the staff, Alexander found many of his formulations« (Ross 1961, S. 10).

Seinen Studenten gegenüber soll er tolerant, großzügig und unterstützend aufgetreten sein (Brosin 1964, S. 15). Auch seine Geldgeber konnte er mit seinem Eifer und seiner Überzeugungskraft beeindrucken, sodass diese bei Aufsichtsratstreffen wenig Interesse an den finanziellen Belangen zeigten und sich lieber über die neuesten psychoanalytischen und psychosomatischen Theorien informieren ließen (Ross 1964, S. 5). Über die hohe Arbeitsbelastung scheint er sich nie beklagt zu haben (McLean 1964, S. 34), selbst nach einem die gesamte Stadt lahmlegenden Blizzard ließ Alexander es sich nicht nehmen, bei der Arbeit zu erscheinen. Er kam mit Langlaufskiern ins Büro (Saul 1964, S. 420).

In einem persönlichen Gespräch mit Dr. Arnold Gilberg, der bei Franz Alexander im Jahr 1962 seine Lehranalyse absolvierte und gleichzeitig von ihm in der psychiatrischen Abteilung des Mount Sinai Klinikums in Los Angeles ausgebildet wurde, erinnert sich dieser, dass Alexander großes Interesse an seinen Assistenzärzten zeigte und diese als ihm gleich gestellt behandelte. Er bewunderte Alexanders Kreativität und seine Fähigkeit, in hohem Tempo und mit klaren Worten Aufsätze zu schreiben, obwohl Englisch nicht seine Muttersprache war. Er beschreibt Alexander als Lehranalytiker wie folgt: »He was a very warm, empathic and kind man. [...] He was a very engaged and involved analyst« (Persönliches Gespräch mit Dr. Arnold Gilberg, Los Angeles, 21. 09.2010).

In einem persönlichen Gespräch erinnert seine Assistentin Dr. Hedda Bolgar, wie sie Franz Alexander während seiner Oberarztvisite an der Neuropsychiatrischen Klinik der Universität Illinois kennenlernte. Die Begegnung habe einen nachhaltigen Eindruck hinterlassen. Die Assistenzärzte diskutierten den Fall eines jungen Mannes, der von der Polizei in die Klinik gebracht worden war, weil er sich in einer Baracke versteckt hielt und sich in Lebensgefahr wähnte. Er sei in Panik gewesen, seine Familie verfolge ihn und wolle ihn töten. Während der Visite hatten sich die Ärzte bereits auf die Diagnose Paranoide Schizophrenie geeinigt, als Alexander einfach nur sagte: »Er ist Sizilianer« (Persönliches Gespräch mit Dr. Hedda Bolgar, Los Angeles, 18.09.2010).

Hedda Bolgar erinnert sich außerdem daran, dass Franz Alexander nach außen sehr selbstbewusst wirkte, jedoch nach Vorträgen wiederholt »ängstlich über seinen Auftritt« war, sich bei Hedda vergewisserte, ob er seine Aufgabe gut gemacht habe und sie fragte: »War es gut? War ich okay?« Sie erinnert sich außerdem daran, dass Alexander immer unterstützend und freundlich gewesen ist. Auseinandersetzungen habe sie selbst nicht mit ihm gehabt (ebd.).

Von anderen Kollegen wird Franz Alexander wiederholt als launisch, ungestüm, manchmal auch jähzornig und stur beschrieben (Benedek 1964, S. 10). Er muss ungeduldig gewesen sein, kein großes Interesse an administrativen Details gehabt haben. In Diskussionen scheint er lebhaft, aber auch energisch und impulsiv seinen Standpunkt vertreten und Auseinandersetzungen nicht gescheut zu haben (Brosin 1964, S. 15). Auch eine »majestätische Art« wird ihm zugeschrieben, mit der er »etwas den Eindruck eines Adeligen in einer Feudalmonarchie« machte (Schmidt 2008, S. 97). Bei seinen Mitarbeitern und Kollegen löste er durch seine charmante, aber auch sture und ungestüme Art ambivalente Gefühle aus, wie seine ehemalige Kollegin Helen McLean beschreibt: »Even when his impetous or ill-considered behavior angered one, the feelings of admiration and affection were still present. I first felt and understood the much used and misused word ambivalence in relation to Dr. Alexander« (McLean 1964, S. 35).

2.3.6 Privatleben in Chicago

Wie bereits in Abschnitt 2.2.7 beschrieben zeigte sich Alexanders Frau Anita begeistert über die Aussicht, in den Vereinigten Staaten zu leben. Sie folgte ihrem Ehemann einige Monate nach der Übernahme seiner einjährigen Gastprofessur gemeinsam mit den beiden Töchtern nach Chicago, wo die Familie zunächst in der Dorchester Avenue lebte (Korrespondenzblatt der IPV 1930, S. 552).

Alexander wurde von seiner Familie auch nach Boston begleitet. Hier scheint Anita im Frühjahr 1932 einen Erpresserbrief erhalten zu haben, indem ihr mit der Entführung der beiden Töchter gedroht wurde, sollte sie nicht präventiv ein Schutz- bzw. Lösegeld zahlen. Den Erinnerungen von Tochter Francesca zufolge reiste Anita gemeinsam mit den Kindern überstürzt nach New York ab, ohne eine Nachricht zu hinterlassen. Erst in New York angekommen teilte sie Franz Alexander telefonisch ihren Aufenthaltsort mit. Über mehrere Wochen blieb die Familie getrennt, bis Anita sich wieder sicher zu fühlen begann (F. Alexander 1987, S. 10).

Nach Chicago zurückgekehrt muss sich Franz Alexander weiter in seine Arbeit vertieft haben. Durch sein enormes Engagement und seinen Arbeitseifer war die Zeit für seine Familie sehr beschränkt. Seine Tochter erinnert sich an das Gefühl einer Distanz, sie beklagte auch, dass ihr Vater ihr selten zuhörte. Dies scheint auch eine Belastung für Anita gewesen zu sein:

> »As I look back, I realize that my father had a hard time dealing with his children. He really wasn't comfortable with us. Often his behavior was stiff, or abstracted. At the time, I felt he didn't really care about me and my sister. [...] My mother would often point out the obvious by saying, ›It doesn't matter what you tell him, he won't remember anyway.‹ Her bitterness probably stemmed from the same root, she too wanted more attention than she received. My father had a love affair with work« (ebd., S. 4).

Ein Beispiel für die Distanz zwischen Alexander und seinen Töchtern mag folgende Episode geben: Nach Francescas Abschluss von der Universität soll ihr Vater sie nicht wie von ihr gewünscht umarmt, sondern ihr zur Gratulation steif die Hand geschüttelt und immer entsprechenden Abstand zu ihr gehalten haben (ebd., S. 7). Im Gegensatz dazu erinnert die Enkelin Franz Alexanders sich daran, dass ihr Großvater, *Big Papa* genannt, ihr gegenüber warm und herzlich gewesen sei und sie durchaus umarmt habe (Persönliches Gespräch mit Ilonka Thomas, Budapest, 8.10. 2010).

Die Erziehung der Kinder war vorrangig die Aufgabe Anitas. Diese organisierte das Familienleben um den engen und oft überfüllten Zeitplan ihres Mannes herum. Franz Alexander glänzte vor allem durch Abwesenheit: »[H]e was so frequently absent, or involved in his work that a great deal of actual living was done without his presence« (F. Alexander 1987, S. 7).

Auch während der Ferien oder an Feiertagen verbrachte Alexander viele Stunden an seinem Schreibtisch. Er widmete sich vollkommen seiner Arbeit und nahm sich nur hin und wieder Zeit, mit seinen Töchtern im Winter Eislaufen zu gehen oder im Sommer Tennis zu spielen.

In den Abendstunden diskutierte Franz mit seiner Gattin häufig aktuelle kulturelle Entwicklungen. Ähnlich wie seine Eltern in Budapest veranstaltete auch er regelmäßige Abendessen, bei denen Psychoanalytiker, Mediziner und Sozialwissenschaftler zusammentrafen, um Fälle oder Forschungsfragen zu diskutieren. Anita kümmerte sich an diesen Abenden um die Ehefrauen der Gäste, während ihr Mann sich mit seinen Kollegen in sein Büro zurückzog. Francesca wurde, wie früher ihr Vater, von diesen Diskussionen ausgeschlossen (ebd., S. 11).

Trotz des Arbeitseifers unternahm Franz Alexander regelmäßig Urlaubsreisen nach Europa, wo er seine Familie, neue Freunde und alte Weggefährten besuchte und gemeinsam mit ihnen reiste. Er besuchte auch nach seiner Auswanderung die Internationalen Kongresse für Psychoanalyse, pflegte enge Kontakte nach Europa und erzählte später gerne von diesen Reisen. Seine Tochter erinnert sich wie folgt:

> »Many times he told me all the adventures he had on his European vacations traveling with May Romm, Sandor Rado and Marie Bonaparte. I was convinced after listening to them that they had eaten in every fabulous restaurant in every major city in Europe« (ebd., S. 14).

Auch innerhalb der USA verreiste Alexander gemeinsam mit seiner Familie regelmäßig (Chicago Daily Tribune, 13.08.1933; Chicago Daily Tribune, 16.04.1937). Auf der Rückreise eines mehrwöchigen Urlaubs in Kalifornien eröffnete Anita ihrer Familie, dass sie in La Jolla ein Grundstück gekauft habe und plane, dort ein Haus zu bauen. Sie hatte weder ihren Ehemann noch ihre Kinder über den Kauf informiert und verbrachte später einige Monate in Kalifornien, um den Bau des Hauses zu überwachen. Während der Jahre der Großen Depression und der Kriegsjahre verbrachten die Alexanders jeden Sommer und auch viele Weihnachtsferien in La Jolla. Hier nahm sich Franz nach einigen Stunden am Schreibtisch nachmittags häufig Zeit, um mit seiner Familie den Beach Club zu besuchen, Tennis oder Golf zu spielen und in den Abendstunden ins Kino zu gehen (F. Alexander 1987, S. 12). Auch Helen Ross beschreibt in einer

Rede anlässlich seines 70. Geburtstags Franz Alexanders Freude am Spiel, vor allem an Tennis, Gin Rummy, Bridge und Golf (Ross 1961, S. 13). Von seinen Kollegen und Freunden wurde Franz Alexander *Alex*, von engen Freunden und Angehörigen auch *Feri* genannt (Persönliches Gespräch mit Dr. Hedda Bolgar, Los Angeles, 18.09.2010).

Seine Tochter beschreibt in den Erinnerungen an ihren Vater auch seinen Charme und seine Wirkung auf das weibliche Geschlecht:

> »At parties my father would be surrounded by many ladies who, when they learned he was a physician, engaged him in conversations about their blood pressure, migraine headaches, and other symptoms. Instead of being somewhat circumspect about his ideas on these subjects, he used to respond by saying ›It seems to me that you may be suffering from some repressed rage, or repressed sexuality.‹ He had a great deal of charm, so this bull-in-the-china-shop approach was not devastating, even though it embarrassed me and caused my mother some concern« (F. Alexander 1987, S. 13).

Im Jahr 1942 erlitt Franz Alexander zwei leichte Herzinfarkte, von denen er sich jedoch rasch erholte. Seinen Arbeitseifer und seine vielseitigen Interessen scheinen diese Infarkte nicht negativ beeinflusst zu haben. In einem Nachruf beschreibt Leon J. Saul Franz Alexander wie folgt:

> »He enjoyed good food, good books, good company, good conversations. By the time he was forty he had achieved such a degree of object interest that his enthusiasm was roused by almost every conceivable topic – history, the physical sciences, the history of philosophy, the mechanics of the golf swing, the latest art exhibit or movie or humorous story« (Saul 1964, S. 420).

2.3.7 Anita Venier Alexander

Die Ehefrau Franz Alexanders, Anita, wurde nach Informationen des Einwohnermeldeamtes Triest am 9. März 1894 in Triest, Italien, unter dem Namen Anna als Tochter der allein erziehenden Mutter Giuseppina Venier geboren. Der Name Anita stellt eine Verniedlichung von Anna dar. Giuseppina Venier wurde am 11. Juni 1876 in Triest geboren. Sie heiratete am 20. Dezember 1895 Arnoldo Zitelmann und starb am 2. Mai 1954 in Mailand. Anitas Mutter war selbst eine uneheliche Tochter von Carolina Venier, geboren am 24. November 1856. Diese wiederum war die eheliche Tochter von dem Maurer Antonio Venier, geboren 1826 und Francesca Biecard, geboren 1828. Antonio Venier war der Sohn des Maurers Cristoforo Venier, der 1798 in Udine geboren wurde.[14]

Der leibliche Vater von Anita soll bereits vor ihrer Geburt bei einem Duell ums Leben gekommen sein. Er soll ein Graf und Abkömmling eines der Dogen von Venedig, Antonio Venier bzw. Francesco Venier, gewesen sein (F. Alexander 1987, S. 9). Für diese Annahme gibt es jedoch keinerlei historische Belege. Da Anita von Geburt an den Namen Venier trug, ihre Vorfahren jedoch Maurer waren, scheint eine Abstammung vom Dogen von Venedig und damit eine adlige Herkunft höchst unwahrscheinlich.

Über Anitas Aufwachsen ist wenig bekannt. Einem Zeitungsartikel anlässlich einer ihrer Ausstellungen in Chicago zufolge wurde sie von ihrer Mutter im Alter von drei Jahren in ein Kloster gegeben, um Nonne zu werden. Sie erhielt eine für damalige Verhältnisse umfassende Bildung. Sie besuchte eine Schule für Jungen, wurde täglich von Nonnen dorthin begleitet und von ihren Mitschülern durch einen Sichtschutz abgeschirmt (Chicago Daily Tribune, 8.04.1952).[15]

Wie bereits in Abschnitt 2.1.4 geschildert lernte Franz Alexander seine Ehefrau während des Ersten Weltkriegs kennen, nachdem Anita schwer krank von den nach Rom geflüchteten Nonnen im Kloster zurückgelassen worden war. Während der ersten Ehejahre in Berlin scheint Anita neben der Erziehung der zwei Töchter mit ihren Übersetzungsarbeiten die Familie ernährt und Franz Alexander dadurch seine Ausbildung am BPI ermöglicht zu haben. Mit Aufnahme seiner Lehrtätigkeit in den USA war es nicht mehr nötig, dass Anita weiter zum Lebensunterhalt der Familie beitrug. Bereits als Kind hatte sie sich für das Malen begeistert. In Chicago richtete sie sich wenige Meter von ihrem Wohnhaus in Northfield ein Atelier ein, in dem sie malte und Keramiken herstellte (Chicago Daily Tribune, 31.05.1952).

Im Jahr 1933 stellte Anita in einer Galerie erstmalig in Chicago ihre Bilder aus (Chicago Daily Tribune, 19.12.1933). Gemeinsam mit Maude Phelps Hutchins, der Ehefrau des Präsidenten der Universität von Chicago, und weiteren Künstlern und Kunstinteressierten gründete sie die *Neoterics*, eine Gemeinschaft von Chicagoer Künstlern, die sich monatlich traf, um über Kunst zu diskutieren und um gemeinsame Ausstellungen zu organisieren (Time Magazine, 3.02.1936). Anita wurde Präsidentin des Clubs (Chicago Daily Tribune, 4.03.1936). Es folgten

---

14 Mitteilung des Einwohnermeldeamtes von Triest.

15 Die Darstellung von Anitas Kindheit und ihre adlige Herkunft lassen sich historisch nicht belegen. Es ist jedoch anzunehmen, dass sie im Sinne von Otto Ranks *Der Mythos von der Geburt des Helden* gute Gründe für die Veränderung ihrer Biografie gehabt haben mag.

zahlreiche Gruppen- und Einzelausstellung in Chicago[16] und in New York City (New York Times, 5.03.1934; New York Times, 20.06.1937). Anitas Tochter Francesca erinnert sich in ihren Aufzeichnungen über ihren Vater daran, wie stolz er auf seine Ehefrau gewesen ist (F. Alexander 1987, S. 13). Sie beschreibt die Beziehung zwischen ihren Eltern wie folgt:

>»She played a peculiar role in relation to my father in that she was his constant support, and confidant, yet she also felt she was the one to make sure that he did not develop an overwhelming sense of self-importance. Mother liked to tell him and us the truth, especially if the truth could be somewhat negative or critical« (ebd., S. 8).

Wie zur damaligen Zeit üblich ermöglichte Anita ihrem Ehemann seine Karriere und kümmerte sich um die Kindererziehung. Sie nahm am gesellschaftlichen Leben in Chicago teil und begleitete ihren Gatten regelmäßig zu Abendveranstaltungen und Vorträgen. Gleichzeitig ist anzunehmen, dass sie sich über ihre Kunst selbst zu verwirklichen versuchte.

Anita Venier Alexander scheint eine Frau mit einem eigenen, starken Willen gewesen zu sein. Dies lässt sich beispielsweise an ihrem spontanen Grundstückskauf in Kalifornien (siehe vorherigen Abschnitt) und an ihrer Weigerung, die Hochzeit ihrer Tochter zu besuchen (siehe Abschnitt 2.2.5), belegen. Ihre Durchsetzungsfähigkeit lässt sich auch anhand folgender Anekdote verdeutlichen, die sich während Alexanders Aufenthalt am Center for Advanced Studies in the Behavioral Sciences in San Francisco im Jahr 1955 zugetragen hat und die von einem damals anwesenden Wissenschaftler beobachtet wurde:

>»Seine Frau kam nachmittags oft zum Center und malte oder zeichnete auf dem Gelände. Wenn sie heimgehen wollte, kam sie dorthin, wo Franz sich gerade aufhielt, und sagte laut: ›Franz, es ist Zeit, nach Hause zu gehen.‹ Einmal reagierte er nicht sofort auf diese Ankündigung, und sie trat zu ihm, nahm ihn beim Ohr und zog ihn buchstäblich am Ohrläppchen aus dem Raum« (Collard 1975, S. 74).

Nach den Erinnerungen ihrer Enkelin scheint Anita eine schwierige Person gewesen zu sein. Die Beziehung zwischen Alexander und seiner Frau sei »stürmisch« gewesen. Es kann nicht einfach gewesen sein, mit ihr zurechtzukommen. Alexander hat in beruflichen und theoretischen Diskussionen keine

---

16 In der Chicago Daily Tribune wurde regelmäßig auf Ausstellungen von Anita Venier Alexander hingewiesen (u.a. am 17.05.1935, 10.05.1940, 05.11.1935, 13.06.1943, 25.06.1944, 09.02.1950, 17.04.1952, 12.02.1953).

Auseinandersetzung gemieden, in Bezug auf seine Ehefrau soll er jedoch kon-
fliktscheu gewesen sein (Persönliches Gespräch mit Ilonka Thomas, Budapest,
8.10.2010). Seine Tochter Francesca erinnert sich in ihrem Aufsatz über ihren
Vater an ihre Enttäuschung darüber, dass er sich dem Willen von Anita beugte
und nicht zu ihrer Hochzeit erschien: »It was, however, a major disappoint-
ment to me that my father's lack of courage took this moment to erupt. [...]
My father apologized to us saying, ›You know how your mother is, and I have
to live with her‹« (F. Alexander 1987, S. 15).

In der Erziehung soll Anita streng gewesen sein und vieles verboten haben.
Ilonka Thomas, die Enkelin, habe beispielsweise selten einfach spielen dürfen.
Sie habe als Kind stattdessen Reitstunden, Klavierunterricht und Fremdspra-
chenunterricht erhalten. Dies sei auch der Wille ihres Großvaters gewesen.
Ihre Großmutter, *Big Mama*, war ihren Erinnerungen zu Folge nur schwer
zufriedenzustellen.

In der Familie trug Anita Venier Alexander den Spitznamen »the difficult
one« (Persönliches Gespräch mit Ilonka Thomas, Budapest, 8.10.2010). Sie soll
im Bezug auf die Verwandten ihres Ehemannes immer sehr distanziert gewesen
sein, sodass diese Anita kaum kennenlernen konnten (Persönliches Gespräch mit
Eva Weissmann, Cleveland, 23.09.2010).

Anita entwickelte nach dem Tod ihres Mannes eine Demenzerkrankung. Sie
lebte allein in Palm Springs. In den späten 70er Jahren scheint sie zunehmende
Betreuung benötigt zu haben. Noch bevor ein gesetzlicher Betreuer eingesetzt
werden konnte, soll Anita Autos, Schmuck und Immobilien verschenkt haben.
Sie lebte bis zu ihrem Tod am 12. November 1984 in einem Pflegeheim in Santa
Monica und ist auf dem Holy Cross Friedhof in San Diego neben ihrem Ehemann
begraben (Persönliches Gespräch mit Ilonka Thomas, Budapest, 8.10.2010).

2.3.8 Die Töchter

Die älteste Tochter Silvia, im Jahr 1921 geboren, soll eine Schönheit und ihrer
Mutter sehr ähnlich gewesen sein. Ihre Eltern sollen keine Erwartungen im Hinblick auf eine Karriere an sie gestellt und sie dem traditionellen Frauenbild der
damaligen Zeit nach erzogen haben. Sie hat nach Abschluss der High School
ein Jahr an der Universität von Wisconsin und im Anschluss am Mills College
für Frauen in der Nähe von San Francisco studiert, ihr Studium jedoch nicht
abgeschlossen. Nach ihrer Rückkehr nach Chicago hat sie an der Universität
gearbeitet und dort ihren ersten Ehemann und Vater ihrer Tochter Ilonka kennengelernt. Franz und Anita scheinen gegen die Verbindung gewesen zu sein, da

die Herkunftsfamilie ihres Schwiegersohnes nicht adäquat war. Nach der Trennung von ihrem Ehemann lebte Silvia mit ihrer Tochter wieder bei ihren Eltern. Insgesamt war Silvia in ihrem Leben fünf Mal verheiratet. Sie scheint, ähnlich wie ihre Mutter, keine einfache Person gewesen zu sein. Silvia verstarb im Alter von 82 Jahren am 4. Juni 2003 an einer Lungenerkrankung in Reno, Nevada. Sie wurde neben ihren Eltern auf dem Holy Cross Friedhof in San Diego begraben. Silvias Tochter Ilonka lebt heute in Kanada (ebd.).

Die im Jahr 1926 geborene jüngere Tochter Francesca, auch Kiki genannt, wurde von ihren Eltern wie ein Junge erzogen. Von ihr wurde im Gegensatz zu ihrer Schwester erwartet, dass sie Karriere macht, am besten im Bereich der Medizin. Ihr Vater erhoffte sich wohl, dass sie eines Tages ebenfalls Direktorin des Chicagoer Instituts für Psychoanalyse werden würde (F. Alexander 1987, S. 8). Sie studierte an der Universität von Chicago Englisch und promovierte später an der Universität von Südkalifornien im Bereich der Soziologie. Noch vor dem Umzug nach Los Angeles veröffentlichte sie gemeinsam mit ihrem Vater eine Broschüre für Kinder über den Umgang mit Angst (siehe Alexander/F. Alexander 1954). In Los Angeles entwickelte sich zwischen Kiki und der ehemaligen Assistentin Alexanders, Hedda Bolgar, ein sehr enges Verhältnis. Hedda scheint eine Art Mutterersatz für Alexanders Tochter gewesen zu sein (Persönliches Gespräch mit Dr. Hedda Bolgar, Los Angeles, 18.09.2010). Kiki lehrte am Fachbereich Soziologie der Universität von Südkalifornien und später an der California State University. Noch heute wird dort ein nach ihr benanntes Stipendium vergeben (URL: http://www.calstatela.edu/academic/soc/scholarships.htm [Stand: 17.02.2011]).

Francesca heiratete in den 60er Jahren Jack Levine. Anstelle ihres Vaters begleitete George Mohr, ein guter Freund und Kollege Franz Alexanders, sie zu ihrer Hochzeit. Aus der Ehe ging im Jahr 1968 ein Sohn, Alex, hervor. Dieser lebt in Kalifornien und ist als Professor im Fachbereich der Chemie und Biochemie an der UCLA tätig. Francesca starb im September 1992 im Alter von 65 Jahren in Santa Monica an Krebs.

2.3.9 Erste Auseinandersetzungen am Institut

Unter Franz Alexanders Leitung entwickelte sich das Chicagoer Institut für Psychoanalyse zu einem über die Stadt- und Landesgrenzen hinaus bekannten und beliebten Ausbildungs- und Forschungszentrum. Durch seine als hervorragend beschriebenen integrativen Fähigkeiten (Benedek 1964, S. 9) gelang es ihm, die verschiedenen Kollegen und Mitarbeiter trotz Meinungsverschiedenheiten hinsichtlich ihrer theoretischen Positionen zu einem Team zusammenzuführen und gemeinsam mit ihnen ein Forschungsprogramm im Bereich der psychosomatischen Medizin zu organisieren (Brosin 1964, S. 19). Die aus der kollektiven Forschungsarbeit entstandenen zahlreichen wissenschaftlichen Publikationen verschafften Franz Alexander und dem Institut zunehmende Bekanntheit und Anerkennung, die durch seine weiteren vielfältigen Veröffentlichungen noch verstärkt wurden.

Trotz seiner integrativen Bemühungen sorgten einzelne Ideen Franz Alexanders jedoch unter seinen Mitarbeitern und Kollegen wiederholt für Konflikte. Durch die Unabhängigkeit des Instituts von der Chicagoer Psychoanalytic Society konnte Alexander als Direktor zwar viele eigene Entscheidungen treffen, seine Mitarbeiter und Geldgeber musste er dennoch von seinen Ansichten und Ideen überzeugen.

Erste Auseinandersetzungen bezüglich der Ausrichtung von Lehre und Forschung am Institut gab es bereits wenige Monate nach der Eröffnung. Damals wandte sich Lionel Blitzsten, der seine psychoanalytische Ausbildung schon bei Alexander in Berlin genossen hatte, an die Amerikanische Psychoanalytische Vereinigung (APA).[17] Blitzsten war unter anderem gegen Alexanders Vorhaben, die psychoanalytische Therapie zu verkürzen und im Bereich der psychosomatischen Medizin zu forschen. Er war außerdem dagegen, Ausbildungskandidaten für die Behandlung von Forschungspatienten einzusetzen und er übte Kritik am Auswahlverfahren für Kandidaten. Das Chicagoer Institut erhielt einen offiziellen Besuch von Dr. Lawrence S. Kubie und Dr. Clarence P. Oberndorf von der APA, um die Kontroverse aufzuklären, die die Atmosphäre am Chicagoer Institut zu vergiften drohte. Die APA entschied zugunsten von Lionel Blitzsten und Franz Alexander erklärte sich bereit, seine Vorgehensweise zu verändern.

Alexander scheint der APA damals nachgegeben zu haben. Das Institut war jedoch formal von der Psychoanalytischen Gesellschaft von Chicago und damit auch von der APA unabhängig. Er kehrte daher schnell zu seinen ursprünglichen Praktiken zurück und ignorierte somit die Empfehlungen der APA. Blitzsten, der Gründungsmitglied der Chicagoer Psychoanalytic Society und vor Alexander der einzige Psychoanalytiker in Chicago gewesen war, trat aus Protest von seinem vielfältigen Engagement innerhalb des Instituts zurück, war jedoch weiterhin als Lehranalytiker tätig (Rubins 1980, S. 175).

---

17 Die im Jahr 1911 gegründete APA war zum damaligen Zeitpunkt (1932) ein Zusammenschluss der vier psychoanalytischen Gesellschaften in den USA: Der New Yorker Psychoanalytic Society, der Washington-Baltimore Psychoanalytic Society, der Bostoner und der Chicago Psychoanalytic Society. Die APA beaufsichtigte die Aktivitäten der lokalen Gesellschaften (vgl. APA 1938).

In seiner Autobiografie beschreibt Alexander die ersten Jahre am Chicagoer Institut als durch eine »Atmosphäre der Akzeptanz« geprägte Zeit (Alexander 1960, S. 112). Die Kontroverse mit Lionel Blitzsten findet keine Erwähnung. Als einzigen größeren Konflikt benennt Alexander selbst Differenzen mit seiner Stellvertreterin Karen Horney, deren Abneigung gegen Sigmund Freud ihm erst spät aufgefallen sei (ebd., S. 109). Dies darf jedoch bezweifelt werden, da zumindest Sigmund Freud seine Abneigung gegen Karen Horney in seinen Briefen an Franz Alexander schon frühzeitig überaus deutlich gemacht hat. So schreibt er in einem Brief vom 3. Februar 1932: »Ich hätte Ihnen eine bessere europäische Gehilfin gewünscht als Frau Horney; Sie müssen sie ja besser kennen als ich« (Freud an Alexander, 3.02.1932).

In einem Interview mit Kurt Eissler erinnert sich Alexander außerdem daran, mit Sigmund Freud persönlich über seine Wahl von Karen Horney gesprochen zu haben. Während Freud in diesem Gespräch ausdrücklich darauf hinwies, dass er Horney für nicht vertrauenswürdig erachte, erklärte Alexander seine Wahl wie folgt:

> »I told him that I knew her from the beginning since I went to Berlin. She was one of the founding members (of the Berlin Society) and I always was impressed by her realistic approach and by her independence of thought and that she was very intellectually« (Interview zwischen Alexander und Eissler, 16.05.1953)

In einem Brief vom 3. Juni 1934 schreibt Freud über Karen Horney:

> »Nachträglich kann ich Ihnen gestehen dass ich über Ihre Wahl von Dr. Horney sehr überrascht war. Sie haben doch lange Jahre in Berlin in ihrer Nähe gelebt und sie hat mich über sich getäuscht. Ihre Bösartigkeit war noch ausgeprägter als ihre Gerissenheit und ihre Opposition gegen wichtige Lehren der Analyse ganz unverhohlen. Dies geht wahrscheinlich auf persönliche Feindschaft gegen mich zurück. Ich hatte ihr nie etwas Böses getan, aber sie hatte versucht, meinen Sohn Ernst unter Berufung auf den Bankrott ihres Mannes um die Bezahlung ihrer Einrichtung zu bringen und ich glaube, er wehrte sich dagegen. Mir schrieb sie kurz vor ihrer Abreise nach Chicago – oder war es nach ihrer Ankunft? – einen Brief, der nur bedeuten konnte, sie werde brav sein. Ich habe nicht geantwortet, vielleicht hätte ich es tun sollen. Aber die Frau, von der ich noch anderes weiß, war mir so zuwider« (Freud an Alexander, 3.06.1934).

In der Auseinandersetzung um ihren guten Freund Lionel Blitzsten scheint Karen Horney nicht auf der Seite Franz Alexanders gewesen zu sein, sie hielt sich während der Kontroverse jedoch bedeckt. Für ihr Ausscheiden aus dem Institut im September 1934 werden verschiedene Gründe genannt. Alexander selbst berichtet in einem Interview folgende Einschätzung:

>»When I asked her to leave the institute (it was still a very friendly interview) I told her I believe that she can not tolerate any male authority and that her attacks on Freudian concepts are not all scientifically founded, partially yes, partially emotional and that she started with me the same thing here« (Interview zwischen Alexander und Eissler, 16.05.1953).

Die Verweigerung einer Vertragsverlängerung wird von anderer Seite eher mit Horneys diversen Affären mit Supervisanden und Analysanden begründet (Paris 1996, S. 268). Franz Alexander und Karen Horney blieben jedoch auch nach ihrem Weggang nach New York weiterhin befreundet (Rubins 1980, S. 185).

2.3.10 Zunehmende Konflikte

Alexanders Weigerung, die Empfehlungen der APA zu berücksichtigen, wurde von den meisten Mitarbeitern des Instituts zunächst akzeptiert. Er trieb die gemeinsamen Forschungsarbeiten voran und sein Arbeitseifer lässt sich durch eine große Anzahl an veröffentlichen Fachartikeln und Büchern belegen. Bereits im Jahr 1932 veröffentlichte Alexander das Buch *The Medical Value of Psychoanalysis*, im Jahr 1942 das Buch *Our Age of Unreason*, in dem er sich mit historischen, politischen und soziologischen Fragestellungen auseinandersetzt. Im Jahr 1946 publizierte er gemeinsam mit dem Nachfolger Karen Horneys, Dr. Thomas Morton French, das Buch *Psychoanalytic Therapy, Principles and Application*. Es folgten im Jahr 1948 *Fundamentals of Psychoanalysis*, im Jahr 1950 *Psychosomatic Medicine* und im Jahr 1952 die gemeinsam mit Helen Ross herausgegebene Schrift *Dynamic Psychiatry*. Alexander war außerdem in verschiedenen Organisationen aktiv. Von 1938 bis 1939 war er trotz vergangener Konflikte Präsident der APA, von 1947 bis 1948 war er Präsident der American Society for Research in Psychosomatic Medicine (Pollock 1964, S. 233).

In Analytiker-Kreisen sorgte vor allem das Buch *Psychoanalytic Therapy, Principles and Application* für Kontroversen. Franz Alexander, Thomas M. French und weitere Kollegen des Chicagoer Instituts beschreiben hier die Ergebnisse einer siebenjährigen Forschungsarbeit und führen die Prinzipien der Flexibilität und der emotional korrigierenden Erfahrung in der Therapie ein. Der Inhalt dieser Schrift wird ausführlich in Kapitel 4 dargestellt und diskutiert. Nach der Veröffentlichung wurde Alexander von vielen Kollegen für seine Ideen kritisiert, die Psychoanalyse als Therapieform zu verändern bzw. weiterzuentwickeln. Konservative Psychoanalytiker sahen die Reinheit der Psychoanalyse gefährdet. Martin Grotjahn, ein Weggefährte Alexanders, beschreibt dies wie folgt:

>»During these discussions, Franz Alexander became controversial, symbolizing for some progress, and for others decreased analytic purity. It might be said that Sigmund Freud disturbed the sleep of the world, and Franz Alexander disturbed the sleep of the psychiatrists and psychoanalysts. This is not easily forgiven« (Grotjahn 1964, S. 26).

Die beschriebenen theoretischen Differenzen innerhalb der amerikanischen Psychoanalytiker-Szene und die damit verbundenen Anfeindungen und Konflikte waren interessanterweise nicht die entscheidenden Gründe für Alexander, Chicago zu verlassen und nach Los Angeles zu ziehen. Der Weggang aus Chicago wird vielmehr mit Diskussionen über die zunehmende Formalisierung und Standardisierung der Ausbildung begründet, die erstmalig bereits Anfang der dreißiger Jahre geführt wurden (siehe vorheriger Abschnitt).

Alexander hatte sich von Anfang an für eine flexible Ausbildung ausgesprochen. Er betonte die Wichtigkeit der praktischen Erfahrung und setzte sich dafür ein, dass die Ausbildungskandidaten frühzeitig mit der Arbeit am Patienten beginnen konnten, um anhand des dort gelieferten Materials an die theoretischen Hintergründe herangeführt zu werden (Alexander 1947, S. 606). Hinsichtlich der Lehranalyse war er der Meinung, dass sich eine rigide Festlegung der zu absolvierenden Anzahl von Stunden negativ auf die Qualität der Ausbildung auswirken könnte. Er plädierte für eine jeweils individuelle Entscheidung des Lehrtherapeuten darüber, wie häufig ein Kandidat wöchentlich zur Analyse erscheinen sollte und wann ein Kandidat seine Lehranalyse beenden kann (Alexander 1960, S. 116).

In der APA herrschte hingegen die Meinung, dass eine weitere Standardisierung der Ausbildung und insbesondere der Lehrtherapie dringend notwendig war. Begründet wurde dies durch den steigenden Bedarf an Psychoanalytikern nach dem Ende des Zweiten Weltkriegs und dem daraus resultierenden Mangel an Lehranalytikern, der zu verkürzten Lehranalysen führen konnte. Am Chicagoer Institut wurden beispielsweise nach dem Krieg 15 Mal mehr Kandidaten aufgenommen als zuvor, während sich die Anzahl der Lehranalytiker nur verdreifachte (Brosin 1952, S. 190). Im Jahr 1950 wurden von einem Gremium die *Standards for the Training of Physicians in Psychoanalysis* (vgl. APA 1950) veröffentlicht, im Jahr 1956 wurden diese nochmals modifiziert. Die Lehranalyse sollte mindestens 300 Stunden umfassen und mindestens vier Mal pro Woche stattfinden (vgl. APA 1956).

In seiner Autobiografie beschreibt Alexander, dass er sich gemeinsam mit einigen

Mitgliedern seines Instituts gegen die Standardisierung aussprach und dass dadurch die Einheit der APA zunehmend gefährdet wurde. Um eine Teilung der APA zu vermeiden will er sich mit zwei wichtigen Mitgliedern der Organisation getroffen haben. Die Vertreter der APA waren nur zu wenigen Kompromissen hinsichtlich Alexanders Vorschlägen einer weniger strengen Formalisierung bereit. Alexander wollte die APA jedoch nicht schwächen und erklärte sich schließlich dazu bereit, die geforderte Standardisierung anzunehmen (Alexander 1960, S. 117).

Ehemalige Mitarbeiter des Instituts haben die damaligen Vorgänge jedoch anders in Erinnerung. Als strikter Gegner der Formalisierung und Vereinheitlichung der Ausbildung soll Alexander den Kollegen am Institut im Jahr 1951 den Austritt aus der APA vorgeschlagen haben, um der vorgeschlagenen Reglementierung zu entgehen. Dieser Antrag wurde von den Kollegen und Mitgliedern jedoch einstimmig abgelehnt (Collard 1975, S. 73). Für Alexander muss dies eine herbe Enttäuschung gewesen sein (McLean 1965, S. 249). Es kann angenommen werden, dass der Grundstein für seine Entscheidung, Chicago zu verlassen, zu dieser Zeit gelegt wurde.

2.3.11 Der Weg nach Los Angeles

Franz Alexander nahm sich eine Auszeit von seinen Verpflichtungen in Chicago und verbrachte während der Jahre 1954 und 1955 einige Monate am im September 1954 gegründeten *Center for Advanced Studies in the Behavioral Sciences* (CASBS) in San Francisco. Das CASBS wurde mit finanzieller Unterstützung der Ford Stiftung gegründet, gehört heute zur Stanford University und hat das Ziel, den Austausch von herausragenden Vertretern verschiedener Wissenschaftsdisziplinen zu fördern und ihnen die Möglichkeit zu geben, sich frei von Abgabeterminen, Lehrverantwortung und administrativen Verpflichtungen mit neuen Fragestellungen auseinanderzusetzen (URL: http://www.casbs.org/index.php?act=page&id=105 [Stand: 17.03.2010]).

Franz Alexander war einer der ersten Stipendiaten. Er widmete sich während seiner Zeit am CASBS der Fertigstellung seines Buches *Psychoanalysis and Psychotherapy* (veröffentlicht 1956) und beschäftigte sich unter anderem mit der mathematischen Kommunikationstheorie, einem Teilgebiet der Informationstheorie (Romm 1964, S. 65). Durch den Kontakt mit anderen herausragenden Wissenschaftlern scheint Alexander seine eigenen Perspektiven erweitert zu haben. Thomas Collard zeichnet in seiner Arbeit über Franz Alexanders Auftreten am CASBS ein differenziertes Bild, das durch Zeitzeugenberichte untermauert wird. Alexander soll einerseits als »interdisziplinärer Mittler, der für die Ideen aller vertreten Wissenschaftler besonders offen und interessiert war« aufgetreten sein und »mit seiner geistreichen Konversation« die Tischrunde beherrscht haben. Andererseits soll er nach seiner Ankunft in Stanford durch seine selbstbewusste Art »prompt auf einige Zehen« getreten sein. In einem Seminar über den möglichen Einfluss informationstheoretischer Modelle auf die Psychoanalyse soll Alexander »die dominierende Gestalt« gewesen sein, wie sich R. Duncan Luce von der Universität von Kalifornien, Irvine, erinnert:

> »Ich sehe ihn noch vor mir, zurückgelehnt, die Zigarre in der Hand, wie er seine Erlebnisse ausspann, so wie dies ältere erfolgreiche Staatsmänner oft tun – in seinem Fall waren es klinische Erfahrungen. Dies pflegte bei Gerard und Frenkel-Brunswick Anwandlungen von Frustration hervorzurufen, denn sie wollten sich auf theoretische und methodische Fragen konzentrieren und sie auf einem einigermaßen hohen Abstraktionsniveau behandeln. Alexander zeigte wenig Neigung zu solchen Diskussionen und blockierte sie meist erfolgreich« (zitiert nach Collard 1975, S. 74).

Das Angebot, am neu gegründeten Mount Sinai Hospital in Los Angeles eine Abteilung für Psychiatrie aufzubauen und zu leiten, muss Alexander bereits vor seiner Zeit in San Francisco erreicht haben. Die endgültige Entscheidung dazu, Chicago zu verlassen und im Alter von 65 Jahren in Kalifornien nochmals neu zu beginnen, scheint dann am CASBS gefallen zu sein (Los Angeles Times, 13.05.1955). In einem Brief an seine Kollegin Helen Ross beschreibt Alexander, dass er während seiner Zeit am CASBS wiederholt in Los Angeles gewesen sei, um die neue Abteilung zu organisieren, um Personal anzuwerben und um Gelder zu beschaffen. Die häufige Teilnahme an Veranstaltungen mit potenziellen Geldgebern scheint Alexander angestrengt zu haben, sodass er seine Aktivitäten in diesem Bereich reduzierte (Alexander an Ross, 12.12.1955).

Alexander kehrte Anfang Januar 1956 für wenige Monate nach Chicago zurück. Er organisierte während dieser Zeit unter anderem seine Nachfolge und lud verschiedene Kollegen dazu ein, ihm nach Los Angeles zu folgen. Hedda Bolgar erinnerte sich in einem persönlichen Gespräch daran, dass Franz Alexander sie während des Jahres 1956 mehrfach anrief, um sie davon zu überzeugen, in Los Angeles seine Assistentin zu werden. Sie berichtete, dass ihr die Entscheidung nicht leicht gefallen sei. Viele Kollegen hätten ihr davon abgeraten, da er ein »komplizierter Mann« war und durch seine Ideen für viele Analytiker zum Außenseiter geworden war (Persönliches Gespräch mit Dr. Hedda Bolgar, Los Angeles, 18.09.2010). Neben Hedda Bolgar folgten Dr. George Mohr und Dr. Richard Renneker Franz Alexander nach Kalifornien. Neuer Direktor des Chicagoer Instituts wurde Dr. Gerhart Piers. Alexander blieb dem Institut als Ehrenmitglied des Vorstands weiterhin verbunden (Chicago Daily Tribune, 31.01.1963).

Anlässlich seines Abschieds wurde am 12. Oktober 1956 in Chicago ein Bankett ausgerichtet, an dem laut George H. Pollock ungefähr 400 Absolventen, Mitarbeiter, Kollegen, Freunde und Repräsentanten wichtiger Institutionen teilnahmen. Alexander hielt auf diesem Dinner eine Abschiedsrede, in der er die Gründe für seinen Neuanfang in Los Angeles in einem Alter, in dem andere Menschen in den verdienten Ruhestand gehen, benannte. Seine durch die Konflikte mit der APA entstandene Enttäuschung über die Mitarbeiter und Kollegen am Chicagoer Institut scheint er nicht erwähnt zu haben. Vielmehr erklärte er, erneut Opfer seiner »Wanderlust« geworden zu sein und sich auf die Suche nach neuen Horizonten begeben zu müssen. Dieses Bestreben habe er in seinem Leben bereits verspürt, als er von Budapest nach Berlin und später von Berlin nach Chicago übersiedelte (Pollock 1964, S. 234).

Seine ehemalige Kollegin Therese Benedek erinnert sich daran, dass sie Alexanders Worten damals nur bedingt Glauben schenkte. Im Nachhinein erklärt sie sich seinen Abschied aus Chicago wie folgt:

> »Now, retrospectively, I could explain it as an action motivated by his desire to expand his youth, expand in time. Now I can understand his desire and his hope to recreate an experience of the past, his early years in Chicago, by a new beginning in Los Angeles. In the same sense, the beginning in Chicago was a reliving and recreating of the first impact of psychoanalysis, discovering it as a field of action, profession and avocation [...] For Alexander it represented the new frontier, the loosening of the grip of the past, a promise of limitless possibilities [...] He enjoyed every minute of it. His enthusiasm and energy were boundless. In the early years as well as the later ones he could be irascible and irritating, but he was never bitter, never lost his optimism, his confidence in people, his conviction that he was striving for the right goals« (Benedek 1964, S. 10).

2.4 Die letzten Jahre in Los Angeles (1956–1964)

2.4.1 Arbeitsreiche Jahre in Los Angeles

Das von der russisch-polnischen jüdischen Gemeinde von Los Angeles finanzierte Mount Sinai Krankenhaus wurde nach seiner Fertigstellung im Jahr 1955 am Beverly Boulevard im Herzen von Beverly Hills eröffnet (Los Angeles Times, 13.05.1955). In dem achtstöckigen Gebäude standen insgesamt 253 Betten in verschiedenen Fachabteilungen zur Verfügung. Die psychiatrische Abteilung, deren Leitung Franz Alexander offiziell im November 1956 übernahm, wurde im Januar 1956 eröffnet. Die Station befand sich in der dritten Etage des Gebäudes und umfasste 42 Betten. Zusätzlich zur stationären Behandlung wurden ab Juli 1956 auch ambulante Patienten versorgt. Am Mount Sinai Krankenhaus befand sich zu diesem Zeitpunkt die einzige Psychiatrie der Vereinigten Staaten westlich von Chicago (Los Angeles Times, 27.12.1955).

Neben seiner Tätigkeit als Leiter der Psychiatrie widmete sich Franz Alexander der wissenschaftlichen Untersuchung des therapeutischen Prozesses, für die er von der Ford Stiftung 250.000 Dollar an Forschungsgeldern eingeworben hatte. Hierfür richtete er innerhalb der Klinik das *Psychiatric and Psychosomatic Research Institute* ein, dessen Leitung er ebenfalls übernahm. Alexander untersuchte den psychotherapeutischen Prozess unter anderem mithilfe von Filmaufnahmen, externen Beobachtern und physiologischen Messungen. So wurden beispielsweise Therapiestunden aufgezeichnet, um sowohl verbale als auch nonverbale Inhalte zu evaluieren und dadurch ein besseres Verständnis der emotionalen Beziehung zwischen Therapeut und Analysand zu erhalten. Gleichzeitig wurden während dieser Sitzungen physiologische Messungen (Herzfrequenz, elektrodermale Aktivität) bei Therapeut und Patient erhoben. Die Kommentare von den drei Beobachtern der Sitzungen wurden ebenfalls aufgezeichnet (Los Angeles Times, 21.04.1958). Erste Gedanken zu diesen Versuchen veröffentlichte Alexander bereits im Jahr 1958 in einem Aufsatz, in dem er sich mit noch unerforschten Gebieten der Psychoanalyse und Psychotherapie auseinandersetzt und die objektive Beobachtung als zukunftsweisendes Mittel zum besseren Verständnis des therapeutischen Prozesses beschreibt (Alexander 1958, S. 314).[18]

Auch außerhalb der Klinik war Alexander wie gewohnt sehr aktiv. An der Universität von Südkalifornien wurde er Professor für Klinische Psychiatrie, am Südkalifornischen Psychoanalytischen Institut war er als Lehranalytiker und Supervisor tätig (Pollock 1964, S. 234). Er nahm an verschiedenen Vortragsreihen und Rundfunkdiskussionen in den USA teil (siehe Los Angeles Times, 20.04.1958; Los Angeles Times, 30.07.1960; Los Angeles Times, 27.09.1960) und reiste zu Vorträgen wiederholt nach Europa.[19] Gemeinsam mit Sandor Rado, Frieda Fromm-Reichmann und mehr als 70 weiteren Kollegen gründete

---

18 Mithilfe einer weiteren Versuchsanordnung wurde der Einfluss von Filmen mit einem emotionalen Grundthema wie Angst, Liebe oder Aggressivität auf Analysanden und Versuchspersonen, die sich nicht in Therapie befanden, überprüft. Das emotionale Thema der Filme wurde jeweils an die unbewussten Konflikte der Teilnehmer angepasst. Die Konfrontation sollte den therapeutischen Prozess beschleunigen (vgl. Los Angeles Times, 22.03.1959).

19 Im Sommer 1956 hielt Franz Alexander Vorträge in Frankfurt und Heidelberg anlässlich des 100. Geburtstags von Sigmund Freud. Im Jahr 1958 leitete er auf dem Internationalen Kongress für Psychoanalyse in Barcelona ein Symposium über Psychoanalyse.

er im Jahr 1956 die Academy of Psychoanalysis, die ein Forum für den offenen wissenschaftlichen Austausch zwischen Psychoanalytikern bieten und sich der Konformität der APA widersetzen sollte (Alexander 1964, S. 1). Er hielt außerdem engen Kontakt mit dem Chicagoer Institut, an dem weiter im Bereich der psychosomatischen Medizin geforscht wurde. Im Jahr 1968 erschien das Buch *Psychosomatic Specifity. Experimental Study and Results*, das von Franz Alexander (posthum), Thomas M. French und George H. Pollock herausgeben wurde. Noch im Alter von 70 Jahren soll Alexander bis zu 17 Stunden pro Tag gearbeitet und seine jüngeren Kollegen damit sehr beeindruckt haben (Romm 1964, S. 67).

Anlässlich seines 70. Geburtstages wurde Franz Alexander zu Ehren vom 10. bis zum 11. November 1961 ein zweitägiges Symposium mit Bankett im Ambassador Hotel in Los Angeles abgehalten. Inhaltlich wurden verschiedene psychoanalytische Themen diskutiert, beispielsweise der Einfluss der Psychoanalyse auf die Ausbildung von Medizinern, auf die psychosomatische Forschung oder auf die Psychotherapie. Finanziert wurde die Veranstaltung unter anderem vom Mount Sinai Krankenhaus und der Universität von Südkalifornien, von ca. 120 amerikanischen Kollegen und Weggefährten sowie von verschiedenen europäischen Professoren wie Michael Balint, Manfred Bleuler, Medard Boss und Alexander Mitscherlich (vgl. Franz G. Alexander 70. Birthday Celebration (Programmheft); siehe auch Los Angeles Times, 9.11.1961).

Während seiner Zeit in Los Angeles publizierte Franz Alexander im Jahr 1960 seine zum Teil autobiografische Schrift *The Western Mind in Transition*, im Jahr 1961 *The Scope of Psychoanalysis. Selected Papers of Franz Alexander, 1921–1961*. Posthum wurde sein gemeinsam mit Sheldon T. Selesnick geschriebenes Buch *The History of Psychiatry: An Evaluation of Psychiatric Thought and Practice from Prehistoric Times to the Present* (1966) veröffentlicht, ebenso *Psychoanalytic Pioneers* (1966), das von Franz Alexander, Samuel Eisenstein und Martin Grotjahn herausgegeben wurde.

2.4.2 Privatleben in Los Angeles

In Los Angeles lebte Franz Alexander von 1958 bis 1961 zusammen mit seiner Tochter Silvia und seiner Enkelin Ilonka in Westwood/Bel Air. Silvia war erneut zurück zu ihren Eltern gezogen, nachdem ihre dritte Ehe geschieden worden war. Anita war zu dieser Zeit bereits nach Palm Springs in das 1958 fertig gestellte neue Eigenheim der Alexanders umgezogen. Das Sommerhaus in La Jolla war zuvor verkauft worden, da Anita an rheumatoider Arthritis litt und das Wüstenklima von Palm Springs dem feuchten Klima an der Küste vorzog. Sie scheint es zu dieser Zeit leid geworden zu sein, ihren Ehemann auf gesellschaftliche Empfänge mit seinen Kollegen zu begleiten (F. Alexander 1987, S. 14). Franz Alexander arbeitete von Montag bis Donnerstag in Los Angeles und verbrachte die Wochenenden in Palm Springs. Ab 1961 lebte er während der Woche im Chateau Marmont, Hollywood (Persönliches Gespräch mit Ilonka Thomas, Budapest, 8.10.2010).

Dr. Arnold Gilberg, ein ehemaliger Analysand und Auszubildender Franz Alexanders vom Mount Sinai Krankenhaus, beschrieb Alexander in einem persönlichen Gespräch wie folgt:

>>He was a very interesting man ... He was an unusual person. He was kind of charismatic ... He dressed perfectly. He had a chauffeur ... He was a big poker player. He loved poker. He played a lot of poker and golf. He liked playing in the sun and getting very tanned. And smoking cigar. He was very big in enjoying life<< (Persönliches Gespräch mit Dr. Arnold Gilberg, Los Angeles, 21.09.2010).

Eine weitere Erinnerung an Franz Alexander beschreiben sowohl seine Tochter Kiki als auch seine ehemalige Assistentin, Dr. Hedda Bolgar. Alexander scheint nicht gerne alleine gegessen zu haben. Er habe häufig seine Tochter oder seine Assistentin angerufen und sie darum gebeten, mit ihm zu Abend zu essen (F. Alexander 1987, S. 14). Sein Lieblingsrestaurant in Los Angeles soll das *Dominics* direkt gegenüber dem Mount Sinai Krankenhaus gewesen sein. Dort wurde nur Steak mit Beilagen serviert. Hedda Bolgar erinnerte sich mehr als 40 Jahre später noch lebhaft an diese Abende – sie ist Vegetarierin (Persönliches Gespräch mit Dr. Hedda Bolgar, Los Angeles, 18.09.2010).

2.4.3 Das Ende

Alexanders Zeit in Los Angeles soll nicht immer einfach gewesen sein. Die Arbeit im Forschungsprojekt zum psychotherapeutischen Prozess am Mount Sinai Krankenhaus verlief nicht nach seinen Wünschen. Auch soll es finanzielle Engpässe bei der Bezahlung seiner Mitarbeiter gegeben haben (Collard 1975, S. 77). Alexander scheint sich wiederholt isoliert gefühlt und sich mit dem Gedanken an den Ruhestand auseinandergesetzt zu haben. So schreibt er in einem Brief an seine Weggefährtin Helen Ross:

>>I often think that I should begin to consider my record closed. I definitely feel the strain of trying to add to it. [...] More and more I feel isolated and therefore I am looking forward with anticipation to seeing you in Chicago<< (Alexander an Ross, 22.02.1961).

Helen McLean erinnert sich in ihrem Nachruf an ihre letzte Begegnung mit Alexander. Beim gemeinsamen Abendessen soll er von seinem Wunsch gesprochen haben, sich in der Schweiz niederzulassen und seinen Ruhestand mit seinen Freunden beim Gespräch im Café zu genießen. Gleichzeitig soll er mit großem Enthusiasmus von neuen, ambitionierten Forschungsprojekten gesprochen haben (McLean 1964, S. 37).

In den Ruhestand zu gehen, kann zum damaligen Zeitpunkt keine ernsthafte Option für den 73-jährigen Alexander gewesen sein. Noch im März 1964 plante er, die Leitung der psychiatrischen Abteilung am Mount-Sinai Krankenhaus abzugeben und sich Vollzeit einem Forschungsprojekt an der Universität von Südkalifornien zu widmen. Im September 1964 sollte er den Ruf an den eigens für ihn eingerichteten *Franz-Alexander-Lehrstuhl für Psychoanalyse* der Universität von Südkalifornien annehmen. Sein Traum, der Psychoanalyse zu akademischer Anerkennung zu verhelfen, sollte damit endgültig in Erfüllung gehen. Er arbeitete an der Veröffentlichung der Korrespondenz zwischen Sigmund Freud und Eugen Bleuler[20] und war Präsident der Academy of Psychoanalysis. Er war Mitherausgeber der Zeitschriften *Behavioral Sciences, Comprehensive Psychiatriy, Excerpta Medica, Psychosomatic Medicine* und *Psychoanalytic Quarterly* (Pollock 1964, S. 233).

In der Woche vor seinem Tod soll Alexander an einer Erkältung gelitten haben. Seine Assistentin Dr. Hedda Bolgar erinnerte sich in einem persönlichen Gespräch daran, dass er Los Angeles früher als gewohnt verließ, da er sich nicht wohl gefühlt habe. Am Samstag habe Hedda mit ihm telefoniert und ihn gefragt, wie es ihm gehe. Er habe geantwortet: »I am much better. I was a good boy, I didn't go into the pool, like you said I shouldn't« (Persönliches Gespräch mit Dr. Hedda Bolgar, Los Angeles, 18.09.2010).

In der Nacht von Samstag auf Sonntag, den 8. März 1964 verstarb Alexander dann plötzlich und unerwartet an den Folgen des Infektes, wahrscheinlich an einem Herzinfarkt (Los Angeles Times, 9.03.1964).

---

20 Veröffentlicht wurde der Briefwechsel im Januar 1965 (Alexander/Selesnick 1965) in den Archives of General Psychiatry. Zuvor war Alexander zweimal nach Zürich zu Manfred Bleuler gereist (vgl. Collard 1975, S. 80).

3. Theoretische Grundlagen

3.1 Die Prinzipien der klassischen Psychoanalyse

Einen vollständigen Überblick über die Entwicklung der psychoanalytischen Technik und ihre Grundprinzipien zu geben, würde den Rahmen dieser Arbeit weit überschreiten. Es sollen daher nur knapp die wichtigsten Entwicklungsschritte in Bezug auf die Technik und das Setting sowie die veränderte Gewichtung verschiedener Wirkfaktoren dargestellt werden. Des Weiteren wird ein kurzer Überblick über die Schrift *Entwicklungsziele der Psychoanalyse* (1924) von Otto Rank und Sándor Ferenczi gegeben, da deren Ideen Franz Alexander maßgeblich inspiriert haben.

3.1.1 Die Entwicklung der psychoanalytischen Therapie

Die kathartische Methode

Die von Josef Breuer und Sigmund Freud in den *Studien zur Hysterie* (1895) beschriebene kathartische[21] Methode kann als eine Weiterentwicklung bzw. Abwandlung der damals gängigen Behandlung hysterischer Patientinnen mit Hypnose betrachtet werden. Die Hypnose wurde um eine bewusste Aussprache ergänzt. Mit dieser Methode sollten jeweils die Erinnerungen an den das hysterische Symptom auslösenden Moment gefunden und diese Situation mit den dazugehörigen Affekten ausgesprochen werden. Im Anschluss ver-

---

21 Katharsis (griechisch): Reinigung oder Sühnung

schwanden die hysterischen Symptome. Breuer und Freud beschreiben bezüglich der Wirkfaktoren dieser Methode,

> »dass die einzelnen hysterischen Symptome sogleich und ohne Wiederkehr verschwanden, wenn es gelungen war, die Erinnerung an den veranlassenden Vorgang zu voller Helligkeit zu erwecken, damit auch den begleitenden Affekt wachzurufen [...] Affektloses Erinnern ist fast immer völlig wirkungslos; der psychische Prozess, der ursprünglich abgelaufen war, muss so lebhaft wie möglich wiederholt, in statum nascendi gebracht und dann > ausgesprochen < werden« (Breuer/Freud 1895, S. 30).

Der zentrale Wirkfaktor in der Therapie war zum damaligen Zeitpunkt das *Abreagieren*, mit dem eine reinigende Wirkung verbunden war. Die Besserung der hysterischen Symptome durch diese »Reinigung« war jedoch, anders als in dem Zitat beschrieben, in der Regel nur von kurzer Dauer.

Freud konnte durch die Nutzung der kathartischen Methode verschiedene wichtige Erkenntnisse gewinnen. So entdeckte er, dass der Ursprung hysterischer Symptome häufig in der Vergangenheit der Patienten liegt[22], dass diese in der Vergangenheit liegenden Erfahrungen vollständig verdrängt werden und ein Widerstand das Erinnern verhindert (ebd., S. 284) und dass das Abreagieren nur kurzfristige therapeutische Erfolge zeigt[23].

Suggestion im Wachzustand – die »Drucktechnik«

Sigmund Freud entwickelte die Drucktechnik Ende des Jahres 1892 im Rahmen der Behandlung seiner Patientin Miss Lucy R., die nicht hypnotisierbar war und bei der die kathartische Methode daher nicht zur Anwendung kommen konnte. Hilfreich war hier die Erinnerung an seinen Besuch bei Hippolyte Bernheim in Nancy im Jahr 1889. Bernheim konnte damals beweisen, dass eine Patientin ihre Erfahrungen unter Hypnose nicht vergessen hatte und dass diese Erfahrungen mittels eines einfachen Handgriffs erinnert werden konnten (ebd., S. 128). Freud nutzte dieses Mittel bei der Befragung seiner Patientin und sobald sich

---

22 Schon im Jahr 1893 prägten Breuer und Freud den Satz: »Der Hysterische leidet größtenteils an Reminiszenzen« (Breuer/Freud 1895, S. 31).

23 In den Falldarstellungen der Studien über Hysterie finden sich wiederholt Hinweise darauf, dass die Patientinnen nach der Behandlung für »einige Stunden ganz wohl und gegenwärtig« waren, dass es dann jedoch zu einer Verschlechterung bzw. neuen Symptombildung kam (vgl. Breuer/Freud 1895, S. 89). In einem späteren Aufsatz beschreibt er, dass er vor allem bei schweren Fällen die in der Hypnose erfolgte »Suggestion wieder abbröckeln« sah und bald darauf »das Kranksein oder ein dasselbe Ersetzendes wieder da« war (Freud 1905, S. 113).

die Suche nach der auslösenden Situation eines Symptoms unbefriedigend gestaltete, ging er folgendermaßen vor:

> »Ich legte der Kranken die Hand auf die Stirne oder nahm ihren Kopf zwischen meine beiden Hände und sagte: ›Es wird Ihnen jetzt einfallen unter dem Drucke meiner Hand. Im Augenblicke, da ich mit dem Drucke aufhöre, werden Sie etwas vor sich sehen oder wird Ihnen etwas als Einfall durch den Kopf gehen, und das greifen Sie auf. Es ist das, was wir suchen‹« (ebd., S. 129).

Die Drucktechnik wurde von Freud nur über einen relativ kurzen Zeitraum verwendet. Er konnte bald erkennen, dass durch Suggestion allein nicht der traumatische Ursprung der Beschwerden seiner Patientinnen gefunden werden konnte, und er entwickelte seine Methode daher weiter.

Die freie Assoziation

Eine ausführliche Darstellung der Technik der freien Assoziation wird erstmals in dem Text *Die Freudsche psychoanalytische Methode* gegeben (Freud 1904, S. 102ff.). Mithilfe dieser Methode erhoffte Freud, sich einen Zugang zum unbewussten pathogenen Material seiner Patientinnen zu verschaffen, ohne die Hypnose einsetzen zu müssen. Er formulierte später die psychoanalytische Grundregel, die besagt, dass der Patient in der Analyse alles sagen sollte, was ihm in den Sinn kommt, ohne Kritik daran zu üben:

> »Sagen Sie also alles, was Ihnen durch den Sinn geht. Benehmen Sie sich so wie zum Beispiel ein Reisender, der am Fensterplatze des Eisenbahnwagens sitzt und dem im Inneren Untergebrachten beschreibt, wie sich vor seinen Blicken die Aussicht verändert. Endlich vergessen Sie nie daran, dass Sie volle Aufrichtigkeit versprochen haben, und gehen Sie nie über etwas hinweg, weil Ihnen dessen Mitteilung aus irgendeinem Grunde unangenehm ist« (Freud 1913, S. 194f.).

Freud begann außerdem, Träumen eine wichtige Bedeutung beizumessen und er nutzte diese intensiv als Quelle für seine Selbstanalyse (Freud 1900, S. 125ff.). Er interessierte sich des Weiteren für die sogenannten Fehlleistungen seiner Patienten, für Phänomene wie das Versprechen, Vergessen, Verlesen, Verschreiben oder das Verlieren.[24]

---

24 Eine ausführliche Beschreibung dieser Fehlleistungen findet sich in der Schrift *Zur Psychopathologie des Alltagslebens* (Freud 1901).

Die Rekonstruktion der Vergangenheit der Patienten war zur damaligen Zeit für Freud ein zentraler Bestandteil der Therapie. Die »Aufgabe der Kur« war es, gegen alle Widerstände »die Amnesien aufzuheben«, Erinnerungslücken zu schließen und letztendlich »alle Verdrängungen rückgängig zu machen« und damit eine Besserung zu erzielen (Freud 1904, S. 105). Das Abreagieren war weiterhin wichtig, die Einsicht und das Erinnern jedoch von zentraler Bedeutung.

Übertragung und Übertragungsneurose

Das Phänomen der Übertragung nahm bald nach seiner Entdeckung einen zentralen Stellenwert in der psychoanalytischen Behandlung ein.[25] In seinem Aufsatz *Zur Dynamik der Übertragung* (1912b) beschreibt Freud die Mechanismen, die für die Bildung der Übertragung verantwortlich sind. Bei jedem Menschen entwickelt sich durch das Zusammenspiel von Anlagen und (frühkindlichen) Erfahrungen eine bestimmte Art und Weise, »wie er das Liebesleben gestaltet, welche Triebe er dabei befriedigt und welche Ziele er sich setzt«. Dadurch entstehen bei jedem Menschen bestimmte Erfahrungen (»Klischees«), die während des Lebens immer dann wiederholt werden, wenn die äußeren Umstände es gestatten. Freud teilt nun diese »das Liebesleben bestimmenden Regungen« in einen der Realität zugewandten, bewussten Anteil und in einen »in der Entwicklung aufgehaltenen«, »von der Realität abgehaltenen«, »nur in der Phantasie« vorhandenen oder sogar »gänzlich im Unbewußten verbliebenen« Anteil ein. Wer in der Realität keine ausreichende Befriedigung seiner Liebesbedürftigkeit findet, der belegt

---

25 Das Übertragungsphänomen findet sich schon vor der Entdeckung der Psychoanalyse bei dem Begründer des *animalischen Magnetismus*, Franz Anton Mesmer (1734–1815), der »intensive Vorstellungen von Hoffnung und Lebensglauben« bei seinen Patienten weckte und dadurch Heilung erzielen konnte (Rattner/Danzer 2000, S. 217). Der Begriff *Übertragung* wird bereits in den *Studien zur Hysterie* (1895) erwähnt. In dem Aufsatz *Zur Psychotherapie der Hysterie* (1895) sucht Freud eine Erklärung dafür, dass in manchen Fällen trotz Anwendung der Drucktechnik kein brauchbares Material mehr von den Patientinnen genannt wird. Er erklärt dieses Phänomen damit, dass a) »wirklich nichts zu holen« ist, dass b) man »auf einen erst später überwindbaren Widerstand gestoßen« ist oder dass c) »das Verhältnis des Kranken zum Arzte gestört ist« (ebd., S. 318). Hier wiederum verweist Freud auf verschiedene Gründe für ein schwieriges Verhältnis zwischen Arzt und Patientin und als eine mögliche Erklärung führt er an, dass die Patientin »aus dem Inhalte der Analyse auftauchende peinliche Vorstellungen auf die Person des Arztes *überträgt*« und dass diese »falsche Verknüpfung« sogar »ein regelmäßiges Vorkommnis« in manchen Analysen ist (ebd., S. 319). Zu diesem Zeitpunkt nahm die Übertragung jedoch noch keinen besonderen Stellenwert in der Behandlung ein.

jede neu auftretende Person (und damit auch den Analytiker) mit »libidinösen Erwartungsvorstellungen« der bewussten und unbewussten Anteile. Die Erwartungsvorstellungen entsprechen dabei den oben beschriebenen Klischees und orientieren sich somit an früheren Bezugspersonen. Auf den Therapeuten werden daher häufig Übertragungen vorgenommen, die am Modell der »Vater-Imago«, aber auch der »Mutter- oder Bruder-Imago usw.« orientiert sind (Freud 1912b, S. 159f.). Der Patient nimmt den Analytiker durch seine biografischen Erfahrungen und Prägungen also zumeist verfälscht wahr.[26]

Die Bedeutung der Übertragung für die Therapie mit all ihren Schwierigkeiten wird von Freud wie folgt zusammengefasst:

»In der Aufspürung der dem Bewußten abhanden gekommenen Libido ist man in den Bereich des Unbewußten eingedrungen. Die Reaktionen, die man erzielt, bringen nun manches von den Charakteren unbewußter Vorgänge mit ans Licht, wie wir sie durch das Studium der Träume kennengelernt haben. Die unbewussten Regungen wollen nicht erinnert werden [...] Der Kranke spricht ähnlich wie im Traume den Ergebnissen der Erweckung seiner unbewußten Regungen Gegenwärtigkeit und Realität zu; er will seine Leidenschaften agieren, ohne auf die reale Situation Rücksicht zu nehmen. Der Arzt will ihn dazu nötigen, diese Gefühlsregungen in den Zusammenhang der Behandlung und in den seiner Lebensgeschichte einzureihen, sie der denkenden Betrachtung unterzuordnen und nach ihrem psychischen Werte zu erkennen. Dieser Kampf zwischen Arzt und Patienten, zwischen Intellekt und Triebleben, zwischen Erkennen und Agierenwollen spielt sich fast ausschließlich an den Übertragungsphänomenen ab. Auf diesem Felde muß der Sieg gewonnen werden, dessen Ausdruck die dauernde Genesung von der Neurose ist. Es ist unleugbar, daß die Bezwingung der Übertragungsphänomene dem Psychoanalytiker die größten Schwierigkeiten bereitet, aber man darf nicht vergessen, daß gerade sie uns den unschätzbaren Dienst erweisen, die verborgenen und vergessenen Liebesregungen des Kranken aktuell und manifest zu machen« (ebd., S. 167f.).

Das Wiederaufleben des auf der Vergangenheit basierenden neurotischen Verhaltens in der Beziehung zwischen Arzt und Patient stellt die Basis für die Ent-

---

26 Weitere Anmerkungen und Ausführungen Freuds zur Übertragung und zum Umgang mit der Übertragungsliebe finden sich unter anderem in dem Aufsatz *Bemerkungen über die Übertragungsliebe* (1915) sowie in den *Vorlesungen zur Psychoanalyse* (27. Sitzung (*Die Übertragung*) und 28. Sitzung (*Die Analytische Therapie*), beide 1917). Für die Zwecke dieser Arbeit soll die oben genannte Darstellung ausreichend sein. Für eine Diskussion des Übertragungsbegriffs siehe auch Rattner/Danzer 2000, S. 217ff.

wicklung einer *Übertragungsneurose*[27] dar. Diese Neurose darf als eine mildere Form der ursprünglichen Neurose aufgefasst werden und sie kann für die Therapie gewinnbringend genutzt werden. Dem Analytiker soll es gelingen,

> »allen Symptomen der Krankheit eine neue Übertragungsbedeutung zu geben, seine gemeine Neurose durch eine Übertragungsneurose zu ersetzen, von der er durch die therapeutische Arbeit geheilt werden kann. Die Übertragung schafft so ein Zwischenreich zwischen der Krankheit und dem Leben, durch welches sich der Übergang von der ersteren zum letzteren vollzieht. Der neue Zustand hat alle Charaktere der Krankheit übernommen, aber er stellt eine artifizielle Krankheit dar, die überall unseren Eingriffen zugänglich ist. Er ist gleichzeitig ein Stück des realen Lebens, aber durch besonders günstige Bedingungen ermöglicht und von der Natur eines Provisoriums. Von den Wiederholungsreaktionen, die sich in der Übertragung zeigen, führen dann die bekannten Wege zur Erweckung der Erinnerungen, die sich nach Überwindung der Widerstände wie mühelos einstellen« (Freud 1914a, S. 214).

Im psychoanalytischen Prozess soll die zu Behandlungsbeginn vorliegende Neurose in eine Übertragungsneurose umgewandelt werden. Mithilfe der aufdeckenden Arbeit lassen sich dann anhand dieser neuen Neurose Rückschlüsse auf die ursprüngliche, infantile Neurose ziehen und erst durch die »Rückführung auf die Vergangenheit des Kranken« (Freud 1926b, S. 318) lässt sich diese auflösen.

Später plädierte Freud dafür, die Übertragungsneurose einzugrenzen und zu kontrollieren. Das Verdrängte sollte weniger in der Übertragung wiederholt und ausagiert, sondern vielmehr erinnert werden. Ein gänzlicher Verzicht auf die Bildung einer Übertragungsneurose war jedoch nicht möglich.

> »Der Arzt hat sich bemüht, den Bereich dieser Übertragungsneurose möglichst einzuschränken, möglichst viel in die Erinnerung zu drängen und möglichst wenig zur Wiederholung zuzulassen. [...] In der Regel kann der Arzt dem Analysierten diese Phase der Kur nicht ersparen; er muss ihn ein gewisses Stück seines vergessenen Lebens

---

27 Der Begriff *Übertragungsneurose* wird von Freud auch in Hinblick auf die Nosologie verwendet. Hier unterschied Freud anfangs zwei Formen der Psychoneurosen (Neuropsychosen) von den Aktualneurosen. Unter Übertragungsneurosen verstand er diejenigen Störungen, deren Betroffene eine gute Fähigkeit zur Übertragung mitbringen und die daher einer psychoanalytischen Behandlung gut zugänglich sind. Die Angsthysterie, die Konversionshysterie und die Zwangsneurose gehören laut Freud zu dieser Kategorie, während die Betroffenen von narzisstischen Neurosen (die später die Paranoia, die Schizophrenie und manisch-depressive Erkrankung umfassten) aufgrund ihrer mangelnden Übertragungsfähigkeit nicht oder nur eingeschränkt psychoanalytisch behandelbar sind (vgl. Laplanche/Pontalis 1973, S. 328).

wiedererleben lassen und hat dafür zu sorgen, dass ein Maß von Überlegenheit erhalten bleibt, kraft dessen die anscheinende Realität doch immer wieder als Spiegelung einer vergessenen Vergangenheit erkannt wird. Gelingt dies, so ist die Überzeugung des Kranken und der von ihr abhängige therapeutische Erfolg gewonnen« (Freud 1920, S. 228f.).

Insgesamt ist die Entdeckung des Übertragungsgeschehens von zentraler Bedeutung für die Entwicklung der psychoanalytischen Therapie. In der Übertragungsneurose kann sich das erwachsene Ich mit einer schwächeren Neuauflage seiner früheren Konflikte auseinandersetzen, diese bewältigen und dadurch ein inneres Wachstum erlangen.

Die Gegenübertragung

Der Begriff *Gegenübertragung* wurde von Freud erstmalig auf dem Zweiten Internationalen Psychoanalytischen Kongress in Nürnberg im Jahr 1910 problematisiert (Freud 1910, S. 126). Insgesamt findet dieses Phänomen nur wenig Raum in Freuds umfassendem Werk. Unter der Gegenübertragung wird die »Gesamtheit der unbewussten Reaktionen des Analytikers auf die Person des Analysanden und ganz besonders auf dessen Übertragung« (Laplanche/Pontalis 1973, S. 164) verstanden. Um diese Reaktionen möglichst einzugrenzen, fordert Freud von allen Psychoanalytikern die Durchführung einer Selbstanalyse, um die eigenen Anteile an der komplizierten Beziehung zwischen Arzt und Patient verstehen zu können.

3.1.2   Verdrängung und Widerstand

Verdrängung

Das Konzept der Verdrängung kann als ein Grundpfeiler des psychoanalytischen Theoriegebäudes betrachtet werden. Es hat sich historisch frühzeitig aus der Entdeckung des Widerstandes heraus entwickelt[28] und seine Funktion besteht darin,

---

28 Schon in den *Studien über Hysterie* beschreibt Freud in seinem Aufsatz *Zur Psychotherapie der Hysterie*, dass er bei seiner Arbeit »eine psychische Kraft bei dem Patienten zu überwinden habe, die sich dem Bewusstwerden (Erinnern) der pathogenen Vorstellungen widersetze« (1895, S. 284) und er zieht daraus die Schlussfolgerung, dass mit dem Ich unverträgliche Regungen abgewehrt bzw. verdrängt werden: »An das Ich des Kranken war eine Vorstellung herangetreten, die sich als unverträglich erwies, die eine Kraft der Abstoßung von Seiten des Ich wachrief, deren Zweck die Abwehr dieser unverträglichen Vorstellung war.« Diesen Vorgang bezeichnete er als »Zensur« (ebd., S. 285).

eine bestimmte Vorstellung oder Triebregung »vom Bewußtwerden abzuhalten« (Freud 1915b, S. 125). Die Leistung der Verdrängung wird von Freud einem *Zensor* des Ich zugeschrieben, der an der Grenze zwischen Unbewusstem und Vorbewusstem bzw. Bewusstem selektiv Triebregungen verdrängt oder ins Bewusstsein einlässt (ebd., S. 139). Später, mit der Entwicklung der Konzepte des Es und Über-Ich, wird auch letzterem eine Rolle bei der Verdrängungsarbeit zugedacht, wobei das Über-Ich letztendlich einen Teil des Ich darstellt (Freud 1923, S. 318). Die Verdrängung steht in Zusammenhang mit dem Unbewussten. Hier merkt Freud an, »dass alles Verdrängte unbewußt ist, aber nicht alles Unbewußte ist auch verdrängt« (ebd., S. 287). Und an anderer Stelle: »Das Unbewußte hat den weiteren Umfang; das Verdrängte ist ein Teil des Unbewußten« (Freud 1915b, S. 125). Er ging außerdem davon aus, dass es verschiedene Phasen der Verdrängung geben kann, die *Urverdrängung*, die *eigentliche Verdrängung* und das *Nachdrängen* (Freud 1915c, S. 109).

Der Mechanismus der Verdrängung kommt dann zum Tragen, wenn die Vorstellung bzw. Repräsentanzen bestimmter Triebe oder Affekte nicht mit dem Erleben des Ich in Einklang zu bringen sind. Durch die Verdrängung ins Unbewusste gehen diese Triebrepräsentanzen jedoch nicht verloren, sondern sie wuchern »dann sozusagen im Dunkeln und finden extreme Ausdrucksformen«, bilden »Abkömmlinge« und »Verknüpfungen«. Diese können, weil entstellt, an der Zensur vorbei ins Bewusstsein dringen und sie zeigen sich dann beispielsweise in Fehlleistungen oder in Träumen. In der psychoanalytischen Behandlung lassen sich diese verfremdeten Abkömmlinge dann nach der Überwindung verschiedener Widerstände bis zum ursprünglich verdrängten Inhalt zurückverfolgen (ebd., S. 110).

Widerstand

Auch der Begriff des Widerstandes findet schon frühzeitig in Freuds Werk Erwähnung[29] und in seinen späteren Schriften weist er immer wieder auf dieses Phänomen hin. Mit dem Begriff Widerstand lässt sich all das bezeichnen, »was in den Handlungen und Worten des Analysierten sich dem Zugang zu seinem Unbewußten entgegenstellt« (Laplanche/Pontalis 1973, S. 622). Er ist allgegenwärtig in der psychoanalytischen Behandlung:

---

29 Bereits in einem Brief an seinen Freund Fließ erwähnt Freud, dass er seine »sämtlichen ziemlich verfahrenen Fälle durch einen Gedanken über den Widerstand sanieren« konnte (Freud 1950, S. 195). Auch bei der Beschreibung des Falles der Elisabeth von R. beginnt Freud, »dem Widerstande, den die Kranke bei der Reproduktion ihrer Erinnerung zeigte, eine tiefere Bedeutung beizulegen und die Anlässe sorgfältig zusammenzustellen, bei denen er sich besonders auffällig verriet« (Breuer/Freud 1895, S. 173).

»Der Widerstand begleitet die Behandlung auf jedem Schritt; jeder einzelne Einfall, jeder Akt des Behandelten muß dem Widerstande Rechnung tragen, stellt sich als ein Kompromiß aus den zur Genesung zielenden Kräften und den angeführten, ihr widerstrebenden, dar« (Freud 1912b, S. 163).

Er verbirgt sich in den verschiedensten Ausdrucks- und Verhaltensweisen und er zeigt sich beispielsweise darin, dass einem Analysanden nichts mehr einfällt[30], aber auch in vermeintlichen Fehlhandlungen wie dem Zuspätkommen oder dem Vergessen einer Therapiesitzung (vgl. Rattner/Danzer 2000, S. 227). In *Hemmung, Symptom und Angst* (1926a) beschreibt Freud fünf verschiedene Arten des Widerstands. Die im vorigen Abschnitt beschriebene Verdrängung bestimmter Strebungen oder Triebe, die kontinuierlich aufrecht erhalten werden muss, um die Inhalte vom Bewusstsein fernzuhalten, wird als *Verdrängungswiderstand* bezeichnet (Freud 1926a, S. 295). Der *Übertragungswiderstand* ist ebenfalls von Bedeutung und findet seinen Ausdruck sowohl bei heftiger positiver, als auch bei negativer Übertragung. Sowohl eine zärtliche Zuneigung bis hin zur Verliebtheit als auch eine kritische Abneigung, eine angriffslustige oder feindselige Haltung stehen der Behandlung im Weg (Freud 1917a, S. 426) und stellen einen Widerstand gegen die Aufdeckung von verdrängtem Material dar[31].

Einen weiteren, starken Widerstand stellt der *Krankheitsgewinn* eines Patienten dar. Mit diesem Begriff lassen sich, kurz gesagt, all jene Befriedigungen beschreiben, die ein Patient aus seiner Erkrankung zieht (vgl. Laplance/Pontalis 1973, S. 274).[32] Die bisher genannten Formen des Widerstands werden den Leistungen des Ich zugeschrieben (Freud 1926a, S. 298). Der *Widerstand des Unbewussten* zeichnet sich dadurch aus, dass es im Verlauf der Behandlung trotz Aufgabe des Ich-Widerstands problematisch ist, die Verdrängung wirklich aufzuheben (ebd.). Als Ursache für diese Schwierigkeit gibt Freud die »Macht des Wiederholungszwanges« an. Hiermit ist gemeint, dass der Analysand vergessenes oder verdrängtes Material nicht bewusst erinnern kann und es daher in der Über-

---

30 In diesem Fall ist nach Freud »ein starker Widerstand […] in die Front gerückt, um die Neurose zu verteidigen; man nehme die Herausforderung sofort an und rücke ihm an den Leib« (Freud 1913, S. 197).

31 Zum Umgang mit der Übertragung merkt Freud Folgendes an: »Solange nun die Mitteilungen und Einfälle des Patienten ohne Stockung erfolgen, lasse man das Thema der Übertragung unberührt. Man warte mit dieser heikelsten aller Prozeduren, bis die Übertragung zum Widerstande geworden ist« (Freud 1913, S. 199).

32 Eine genauere Beschreibung des Krankheitsgewinns findet sich beispielsweise in der Vorlesung *Die gemeine Nervosität* (Freud 1917c, S. 371f.) sowie in *Hemmung, Symptom und Angst* (Freud 1926a, S. 244).

tragung ausagiert: »Er wiederholt es, ohne [...] zu wissen, daß er es wiederholt«. Freud fügt noch an, dass »je größer der Widerstand ist, desto ausgiebiger wird das Erinnern durch das Agieren (Wiederholen) ersetzt« (Freud 1914a, S. 210f.). Die fünfte Art des Widerstands wird dem *Über-Ich* zugeschrieben. Hier wird angenommen, dass bestimmte Patienten mit einer sogenannten »negativen therapeutischen Reaktion«[33] sich ihrer Genesung unbewusst widersetzen, um sich der »Strafe des Leidens« aufgrund eines Schuldgefühls auszusetzen. Die Patienten spüren bewusst nicht ihr Schuldgefühl, sondern nur ihre Krankheit. Ein Aufdecken des Schuldgefühls gestaltet sich hier als besonders problematisch (Freud 1923, S. 316).

3.1.3 Abreagieren, Deuten, Durcharbeiten

Abreagieren

Mit dem Terminus *Abreagieren* wird ein Vorgang während der psychoanalytischen Behandlung (und deren Vorläufern) bezeichnet, in dem sich ein Patient von einem mit einer bestimmten (traumatischen) Erfahrung verbundenen Affekt befreit (Laplanche/Pontalis 1973, S. 20). Es besteht die Grundannahme, dass auf die Wahrnehmung verschiedener Eindrücke jeweils eine mehr oder minder starke affektive Reaktion erfolgt. Ist diese Reaktion stark genug ausgeprägt, verschwindet der Affekt spontan bzw. wird abgeschwächt, bspw. durch »sich austoben, ausweinen« (Breuer/Freud 1895, S. 32). Wird die Reaktion jedoch unterdrückt und nicht ausgelebt, so bleibt der Affekt an das Erlebnis geknüpft und schafft so »das Material für eine Retentionshysterie«. In der Therapie muss dann eine »nachträgliche Erledigung«, das Abreagieren, herbeigeführt werden, um den gespeicherten Affekt zu reduzieren (ebd., S. 181). Dies lässt sich durch die Sprache bzw. das Aussprechen (zum Beispiel als Klage oder Beichte), aber auch durch nachträgliches Erinnern und eine damit verbundene Neubewertung des Erlebnisses erreichen (ebd., S. 33).

Deuten

Die Deutung ist ein Kernstück der psychoanalytischen Behandlung. Sie wird genutzt, um Widerstände zu überwinden, die sich im Laufe der Behandlung

---

33 Diese Patienten vertragen weder Lob noch Anerkennung und es kommt regelmäßig zu einer Verschlechterung der Symptomatik, sobald Hoffnung und Zuversicht vonseiten des Therapeuten geäußert werden. Jede leichte Besserung ruft sofort ein Verschlimmern des Leidens hervor (vgl. Freud 1923, S. 316).

entwickelt haben, um unbewusstem Material ins Bewusstsein zu verhelfen und damit Verdrängtes wieder zugänglich zu machen. Aufgabe der Deutung ist es, » aus den Erzen der unbeabsichtigten Einfälle den Metallgehalt an verdrängten Gedanken « (Freud 1904, S. 104) darzustellen. Gedeutet werden sollen

> » nicht allein die Einfälle des Kranken, sondern auch seine Träume, die den direktesten Zugang zur Kenntnis des Unbewußten eröffnen, seine unbeabsichtigten wie planlosen Handlungen (Symptomhandlungen) und die Irrungen seiner Leistungen im Alltagsleben (Versprechen, Vergreifen, u. dgl) « (ebd.).

Historisch war es zunächst die Aufgabe des Therapeuten, aus dem gelieferten Material des Patienten auf dessen verdrängte Regungen zu schließen und die so gewonnen Einsichten zum geeigneten Zeitpunkt mitzuteilen (Freud 1920, S. 228). Auf die Frage, zu welchem Zeitpunkt in einer Behandlung der Analytiker erste Deutungen der Einfälle des Analysanden vornehmen darf, schreibt Freud in seiner behandlungstechnischen Schrift *Zur Einleitung der Behandlung* (1913) folgendes:

> » Nicht eher, als bis sich eine leistungsfähige Übertragung, ein ordentlicher Rapport, bei dem Patienten hergestellt hat. Das erste Ziel der Behandlung bleibt, ihn an die Kur und an die Person des Arztes zu attachieren. Man braucht nichts anderes dazu zu tun, als ihm Zeit zu lassen « (Freud 1913, S. 199).

Der richtige Zeitpunkt einer Deutung sei gekommen, sobald der Patient kurz davor sei, selbst auf die lange verdeckte Lösung zu kommen (ebd., S. 200). Im Anschluss problematisiert Freud verfrühte Deutungen bzw. Deutungen aus den falschen Motiven. Er weist daraufhin, dass ein Analytiker seine eventuell frühzeitig erratenen » Übersetzungen « der Symptome zunächst zurückhalten sollte und er verurteilt jene Ärzte scharf, die » einen besonderen Triumph darin erblicken würden «, dem Patienten » diese Lösungen in der ersten Zusammenkunft ins Gesicht zu schleudern « (ebd., S. 199). Er verweist auf die Gefahren und Folgen solch frühzeitiger Deutungen, » Augenblicksdiagnosen und Schnellbehandlungen «, da nicht nur » der therapeutische Effekt [...] in der Regel zunächst gleich Null sein « wird, sondern eine » Abschreckung « und heftige Widerstände aufkommen werden (ebd., S. 200). Aus eigener Erfahrung mit seinen frühen Behandlungsfällen zeigt Freud außerdem die Gefahr eines vorzeitigen Abbruchs der Analyse auf.[34]

---

34 Neben dem Fall Dora gibt es weitere Hinweise für frühzeitig abgebrochene Behandlungen aufgrund des konfrontativen Stils Freuds (siehe beispielsweise den Brief von Freud an Fließ vom 16.05.1897 [Freud 1950, S. 173])

In Hinblick auf die Technik erwies es sich jedoch als problematisch, dass ein alleiniges Deuten nicht dazu beitrug, die unbewussten Strebungen des Patienten bewusst zu machen. Da der Analysand seine unbewussten Strebungen zumeist nicht erinnern kann, lässt er sich nur schwer von »der Richtigkeit der ihm mitgeteilten Konstruktion« (Freud 1920, S. 228) überzeugen. Anstelle der bewussten Erinnerung kann es daher zum Ausagieren bzw. Wiederholen verdrängter Inhalte in der Übertragungsbeziehung kommen. Eine Beschreibung des Umgangs mit diesem Wiederholungszwang findet sich in diesem Abschnitt unter der Überschrift *Durcharbeiten*.

Traumdeuten

Die Methode der Traumdeutung stellt Sigmund Freud ausführlich im gleichnamigen, im Jahr 1900 erschienen Buch vor. Er verweist auf die Unterschiede zur damals populären Chiffriermethode (Traumdeutung mittels Symbolen, die jeweils eine feste Bedeutung haben) und beschreibt, dass er nicht den Traum als Ganzes betrachtet, sondern ihn in einzelne Teile »zerstückelt« analysiert (Freud 1900, S. 124). Von den einzelnen Teilstücken des Traumes wird dann mithilfe der freien Assoziationstechnik der Versuch unternommen, von dem manifesten auf den latenten Trauminhalt zu schließen und den im Traum verborgenen Wunsch aufzufinden.

Auf eine ausführlichere Darstellung der Methode der Traumdeutung soll hier verzichtet werden. Sie lässt sich aber im gleichnamigen Buch bzw. in der Vorlesung *Voraussetzungen und Technik der Deutung* (1916) nachlesen. Sie ist ein zentraler Bestandteil der psychoanalytischen Therapie, da mithilfe dieser Deutung (und der Deutung von Fehlleistungen und freien Einfällen der Patienten) der Sinn von Symptomen erschlossen werden kann. Freud bekannte, dass die Traumdeutung »in manchen Fällen durch lange Zeiten das wichtigste Mittel« der psychoanalytischen Therapie ist. Er bezeichnete die Methode außerdem auch als den »bequemsten Zugang für die Kenntnis des verdrängten Unbewußten« (Freud 1917b, S. 438).

Durcharbeiten

Der Begriff des Durcharbeitens wird zwar schon in Freuds frühen Werken erwähnt[35], bekommt jedoch erst später seine eigentliche Bedeutung. In der behandlungstechnischen Schrift *Erinnern, Wiederholen und Durcharbeiten* (1914a) beschreibt Freud, dass durch Deutungen zwar konkrete Widerstände benannt,

---

35 Beispielsweise in den *Studien über Hysterie* (Breuer/Freud 1895, S. 305 u. S. 308).

jedoch nicht beseitigt werden können. Der Patient mag durch eine Deutung die kognitive Einsicht in seine Verdrängung gewinnen, der Widerstand bleibt häufig trotzdem bestehen und zeigt sich im Agieren innerhalb der Übertragung. Dies führt Freud auf den *Wiederholungszwang* zurück, der überwunden werden muss (vgl. Freud 1914a, S. 211). Hier kommt nun das Durcharbeiten zum Tragen:

>»Man muß dem Kranken die Zeit lassen, sich in den ihm nun bekannten Widerstand zu vertiefen, ihn durchzuarbeiten, ihn zu überwinden, indem er ihm zum Trotze die Arbeit nach der analytischen Grundregel fortsetzt. Erst auf der Höhe desselben findet man dann in gemeinsamer Arbeit mit dem Analysierten die verdrängten Triebregungen auf, welche den Widerstand speisen und von deren Existenz und Mächtigkeit sich der Patient durch solches Erleben überzeugt« (ebd., S. 215).[36]

Das Durcharbeiten kann eine langwierige Prozedur sein, die »nicht vermieden, auch nicht immer beschleunigt werden kann«. Es ist ein Kernstück der psychoanalytischen Arbeit:

>»Dieses Durcharbeiten der Widerstände mag in der Praxis zu einer beschwerlichen Aufgabe für den Analysierten und zu einer Geduldsprobe für den Arzt werden. Es ist aber jenes Stück der Arbeit, welches die größte verändernde Einwirkung auf den Patienten hat und das die analytische Behandlung von jeder Suggestionsbeeinflussung unterscheidet« (ebd.).

3.1.4 Setting, Dauer, Ziele der Behandlung

Das psychoanalytische Setting

Die Entwicklung des klassischen psychoanalytischen Settings zeichnet sich bereits in den Falldarstellungen der ersten Patientinnen Freuds ab. Schon hier behandelte er seine Patientinnen liegend, allerdings noch mit geschlossenen Augen.[37] Später

---

36 Eine weitere Beschreibung des Durcharbeitens findet sich in *Hemmung, Symptom und Angst*: »Wir machen die Erfahrung, dass das Ich noch immer Schwierigkeiten findet, die Verdrängung rückgängig zu machen, auch nachdem es den Vorsatz gefasst hat, seine Widerstände aufzugeben, und haben die Phase anstrengender Bemühung, die nach solchem löblichen Vorsatz folgt, als die des *Durcharbeitens* bezeichnet« (Freud 1926a, S. 297).

37 vgl. beispielsweise die Beschreibung des Behandlungssettings im Fall Elisabeth von R. (Breuer/Freud 1895, S. 158).

beschreibt er dann, dass er seine Patienten in »bequemer Rückenlage auf einem Ruhebett« behandelt, »ihrem Anblick entzogen, auf einem Stuhle hinter ihnen sitzend.« Die Augen bleiben geöffnet, der Patient wird nicht mehr berührt, um jede Ähnlichkeit mit der Hypnose zu vermeiden (Freud 1904, S. 102). Der Vorteil dieser Anordnung liegt einerseits darin, dass der Therapeut nicht »acht Stunden täglich [...] von anderen angestarrt« wird und sein Blick nicht zu Deutungen und Fragen vonseiten der Patienten genutzt werden kann, andererseits darin, dass die liegende Haltung den Analysanden zur Entspannung anregt und dadurch die Arbeit erleichtert wird (Freud 1913, S. 196).

Frequenz und Dauer der Behandlung

Freud arbeitete mit seinen Patienten »täglich mit Ausnahme der Sonntage und der großen Feiertage, also für gewöhnlich sechsmal in der Woche«[38]. Bei leichteren Fällen oder weit fortgeschrittenen Analysen reichten drei Sitzungen pro Woche aus. Die Therapiestunde dauerte in der Regel eine Stunde (ebd., S. 187).[39]

Die Dauer der gesamten Behandlung war kaum vorherzusagen. Für eine erfolgreiche Analyse brauchte es seiner Erfahrung nach immer »lange Zeiträume, halbe oder ganze Jahre« (ebd., S. 189). Die Länge hängt laut Freud unter anderem mit der Menge des gebotenen Materials und vor allem mit der Heftigkeit des Widerstandes zusammen. Eine Verkürzung des Zeitraums ist daher kaum möglich:

> »Die Länge des Entwicklungsweges und die Reichhaltigkeit des Materials sind nicht das Entscheidende. Es kommt mehr darauf an, ob der Weg frei ist. Auf einer Strecke, die man in Friedenszeiten in ein paar Eisenbahnstunden durchfliegt, kann eine Armee wochenlang aufgehalten sein, wenn sie dort den Widerstand des Feindes zu überwinden hat. Solche Kämpfe verbrauchen Zeit auch im seelischen Leben. Ich muß leider konstatieren, alle Bemühungen, die analytische Kur ausgiebig zu beschleunigen, sind bisher gescheitert. Der beste Weg zu ihrer Abkürzung scheint ihre korrekte Durchführung zu sein« (Freud 1926b, S. 315).

---

38 Der Grund für diese hohe Frequenz liegt darin, dass durch jegliche Unterbrechungen »die Arbeit immer ein wenig verschüttet« wird und sich durch den analysefreien Tag eine Art »Montagskruste« einstellen kann (Freud 1913, S. 187).

39 Freud ließ sich diese Stunde von seinen Patienten auch dann bezahlen, wenn dieser nicht erschien. Er »vermietete« seine Stunden und lehnte Gratisbehandlungen offiziell ab (Freud 1913, S. 191), war aber auch großzügig (vgl. bspw. Gay 2006, S. 185).

Ziele der Behandlung

Die Zielsetzung der psychoanalytischen Behandlung hat im Laufe der Entwicklung der Psychoanalyse verschiedene Veränderungen erfahren. Zu Beginn war es das Ziel, Emotionen abzureagieren und dadurch Symptome zum Verschwinden zu bringen, Erinnerungslücken zu füllen und »die Amnesie aufzuheben«. Dabei soll Verdrängtes wieder bewusst gemacht werden und letztendlich die »praktische Genesung des Kranken, die Herstellung seiner Leistungs- und Genussfähigkeit« erreicht werden (Freud 1904, S. 105).

Später formulierte Freud das umfassendere und weitreichende Ziel einer Veränderung der Persönlichkeit des Analysanden, das mithilfe der Psychoanalyse erreicht werden kann:

> »Die analytische Kur legt dem Arzt wie dem Kranken schwere Arbeitsleistung auf, die zur Aufhebung innerer Widerstände verbraucht wird. Durch die Überwindung dieser Widerstände wird das Seelenleben des Kranken dauernd verändert, auf eine höhere Stufe der Entwicklung gehoben und bleibt gegen neue Erkrankungsmöglichkeiten geschützt. Diese Überwindungsarbeit ist das wesentliche der analytischen Kur, der Kranke hat sie zu vollziehen, und der Arzt ermöglicht sie ihm durch die Beihilfe der im Sinne der Erziehung wirkenden Suggestion. Man hat darum auch mit Recht gesagt, die psychoanalytische Behandlung sei eine Art von Nacherziehung« (Freud 1917b, S. 433).

Mit der Einführung der zweiten Topik beschreibt Freud als weiteres Ziel der Analyse, »das Ich zu stärken, es vom Über-Ich unabhängiger zu machen, sein Wahrnehmungsfeld zu erweitern und seine Organisation auszubauen, so dass es sich neue Stücke des Es aneignen kann. Wo Es war, soll Ich werden« (Freud 1933, S. 516).

3.1.5 Die therapeutische Haltung

Gleichschwebende Aufmerksamkeit

Die gleichschwebende Aufmerksamkeit kann als die psychoanalytische Grundregel für den Arzt, analog zur Grundregel für den Patienten, gelten. Formuliert wurde diese Regel erstmals ausführlich in dem Aufsatz *Ratschläge für den Arzt bei der psychoanalytischen Behandlung* (1912a) [40]:

---

[40] Hinweise auf die gleichschwebende Aufmerksamkeit finden sich, wenn auch nicht so bezeichnet, bereits in der Traumdeutung (vgl. Freud 1900, S. 122).

»Man halte alle bewussten Einwirkungen von seiner Merkfähigkeit ferne und überlasse sich völlig seinem unbewußten Gedächtnisse, oder rein technisch ausgedrückt: Man höre zu und kümmere sich nicht darum, ob man sich etwas merke« (Freud 1912a, S. 172).

Der Arzt soll während der Sitzungen keine Niederschriften anfertigen, da dadurch bereits eine »schädliche Auswahl aus dem Stoffe« vorgenommen wird. Er soll vielmehr darauf vertrauen, dass die wichtigen Bestandteile des von dem Analysanden gelieferten Materials zur rechten Zeit bewusst werden (ebd., S. 173). Durch die Einhaltung der Grundregel soll es dem Arzt gelingen, alle Mitteilungen des Kranken aufzunehmen und, wenn passend, zu deuten, ohne dass die eigene Zensur dabei zum Tragen kommt: »Er soll dem gebenden Unbewußten des Kranken sein eigenes Unbewußtes als empfangendes Organ zuwenden, sich auf den Analysierten einstellen wie der Receiver des Telephons zum Teller eingestellt ist« (ebd., S. 175).

Um die gleichschwebende Aufmerksamkeit in der Therapie zu nutzen, fordert Freud von sich selbst und seinen Kollegen eine Lehranalyse bzw. eine fortgesetzte Selbstanalyse (siehe den folgenden Abschnitt).

Selbstanalyse

Um die Gegenübertragung in der Therapie beherrschen und die gleichschwebende Aufmerksamkeit wie gefordert anwenden zu können, ist es notwendig, sich als Therapeut einer intensiven Selbstanalyse zu unterziehen. Dies ist laut Freud von Bedeutung, da der Analytiker »in sich selbst keine Widerstände dulden« darf, »welche das von seinem Unbewußten Erkannte von seinem Bewußtsein abhalten«. Der Therapeut soll in der Analyse seine eigenen Komplexe erfahren haben, da jede seiner Verdrängungen nach Stekel »einem blinden Fleck in seiner analytischen Wahrnehmung« entspricht (ebd., S. 176).

Freud unterzog sich der Selbstanalyse mithilfe der Deutung seiner Träume. Er merkt jedoch an, dass dies nicht für jeden Therapeuten infrage kommt, weshalb er es befürwortet, vor der Betätigung als Psychoanalytiker eine Lehranalyse »bei einem Sachkundigen« zu absolvieren. Diese sei allerdings nie abgeschlossen, weshalb es im Verlauf der Jahre immer wieder notwendig sei, »die analytische Erforschung seiner eigenen Person« fortzusetzen (ebd., S. 177).

Abstinenz

In dem Aufsatz *Bemerkungen über die Übertragungsliebe* (1915a) konkretisiert Freud erstmals die therapeutische Haltung der Abstinenz bzw. die Abstinenzregel. Er diskutiert hier das sich beinahe regelhaft einstellende Phänomen der Verliebtheit der Patienten in den Analytiker und empfiehlt deutlich, dem Werben der Analysanden nicht nachzugeben, sondern dieses vielmehr als eine Form des Widerstands zu deuten (Freud 1915a, S. 222). Zum Umgang mit dieser heftigen positiven Übertragung schreibt er des Weiteren,

> »daß die analytische Technik es dem Arzte zum Gebote macht, der liebesbe-
> dürftigen Patientin die verlangte Befriedigung zu versagen. Die Kur muß in der
> Abstinenz durchgeführt werden; ich meine dabei nicht allein die körperliche Ent-
> behrung, auch nicht die Entbehrung von allem, was man begehrt, denn dies würde
> vielleicht kein Kranker vertragen. Sondern ich will den Grundsatz aufstellen, daß
> man Bedürfnis und Sehnsucht als zur Arbeit und Veränderung treibende Kräfte
> bei der Kranken bestehen lassen und sich hüten muß, dieselben durch Surrogate
> zu beschwichtigen« (ebd., S. 224).

Eine Erklärung für die Forderung nach Abstinenz liegt darin, dass Symptome aufgrund einer *Versagung* und einer damit einhergehenden *Libidostauung* gebildet werden und dass die Symptombildung eine Art Ersatzbefriedigung darstellt (Freud 1912c, S. 219f.). Der Analysand versucht, die durch das Abklingen der Symptome in der Therapie frei gewordene Libido auf neue Ersatzbefriedigungen zu lenken – und dies soll durch die Abstinenz verhindert werden (Freud 1919, S. 245). In der Therapie soll der Patient einem gewissen Maß von »realem Leiden durch Versagung und Libidostauung« ausgesetzt werden, damit es zu einer Zuspitzung des aktuellen Konflikts kommt und »die Triebkraft für seine Lösung« gesteigert wird (Freud 1937, S. 372).

Zur Abstinenz gehört nach Freud auch, dass der Therapeut eine Haltung der Neutralität einnimmt[41] und nicht die Rolle eines Mentors oder Ratgebers. Der Analysand soll möglichst selbstständig seine Entscheidungen treffen, »Rat und Leitung in den Angelegenheiten des Lebens« sollen kein Bestandteil in der Therapie sein (Freud 1917a, S. 417). Der Arzt werde zwar an mancher Stelle dazu genötigt, als Vorbild, Lehrer, Erzieher oder Ratgeber aufzutreten – der Kranke solle in diesen Fällen aber nicht dem Arzte ähnlicher gemacht werden, »sondern zur Befreiung und Vollendung seines eigenen Wesens erzogen werden« (Freud 1919, S. 247).

Von seinen Patienten verlangte Freud, dass sie während der Psychoanalyse

---

41 Zur Neutralität gehört auch die Forderung Freuds, »der Arzt soll undurchsichtig für den Analysierten sein und wie eine Spiegelplatte nichts anderes zeigen, als was ihm gezeigt wird« (Freud 1912a, S. 178).

möglichst weiter »in jenen Verhältnissen bleiben, in denen sie mit den ihnen gestellten Aufgaben zu kämpfen haben« (Freud 1917b, S. 443). Sie sollen während der Analyse keine wichtigen Lebensentscheidungen, beispielsweise zur »Berufswahl, wirtschaftlichen Unternehmungen, Eheschließung oder Trennung« treffen (Freud 1917a, S. 417).

Abschließende Bemerkung

Die in den letzten Abschnitten vorgestellte kurze Zusammenfassung der Entwicklung der klassischen Psychoanalyse und ihrer zentralen Prinzipien muss notwendigerweise unvollständig bleiben. Auf die ausführliche Beschreibung verschiedener Begrifflichkeiten und Gedanken, beispielsweise bezüglich der Triebtheorie, musste aufgrund der Fülle des Materials verzichtet werden. Mit diesem historischen Abriss sollte vorrangig die Darstellung des von Sigmund Freud erdachten Theoriegebäudes der Psychoanalyse erreicht werden, da die vielfältigen nachfolgenden Entwicklungen im Bereich der Psychotherapie letztendlich auf diesen Gedanken basieren.

3.2 Entwicklungsziele der Psychoanalyse

Im Jahr 1924 veröffentlichten Otto Rank und Sándor Ferenczi das Buch *Entwicklungsziele der Psychoanalyse*, das als eine Reaktion auf die starke Fokussierung auf die Vergangenheit der Patienten in der Therapie betrachtet werden kann. Die Autoren kritisieren unter anderem, dass im Anschluss an Freuds Aufsatz über das *Erinnern, Wiederholen und Durcharbeiten* (1914a) eine »Erkenntnisphase« (Rank/Ferenczi 1924, S. 77) entstand, in der das Erinnern »als das eigentliche Ziel der analytischen Arbeit« (ebd., S. 13.) galt und das Wiederholen bzw. Agieren als Zeichen des Widerstands gedeutet wurde. Rank und Ferenczi plädieren dafür, dem Erleben in der Therapie aufgrund der »therapeutischen Unfruchtbarkeit des Nurwissens« (ebd., S. 36) eine größere Bedeutung beizumessen und die Wiederholung nicht zu hemmen, sondern durch ein »aktives Eingreifen« (ebd., S. 14) zu fördern:

> »Unsere eigenen Ausführungen bezeichnen [...] den Beginn einer Phase, die wir im Gegensatz zur vorherigen als Erlebnisphase bezeichnen möchten. Während man sich früher bemühte, die therapeutische Wirkung als Reaktion auf die Aufklärung des Patienten zu erzielen, bestreben wir uns nunmehr, das von der Psychoanalyse bisher erworbene Wissen weit unmittelbar in den Dienst der Therapie zu stellen,

indem wir auf Grund unserer Einsicht die entsprechenden Erlebnisse in direkter Weise provozieren und dem Patienten nur dieses ihm natürlich auch unmittelbar evidente Erlebnis erklären« (ebd., S. 77).

Neben der Betonung des Erlebens weisen die Autoren des Weiteren auf die Bedeutung der Person des Analytikers und die Wichtigkeit der Beziehungsgestaltung hin, indem sie die Abstinenzregel kritisieren, die »zu einer unnatürlichen Ausschaltung alles Menschlichen« (ebd., S. 58) führt. Bezüglich des Therapieendes beschreiben sie die Setzung einer »Frist« bzw. eines »Endtermins«, der unbedingt eingehalten werden soll, um die Therapie effektiver zu gestalten (ebd., S. 25ff.).

Rank und Ferenczi kritisieren insgesamt das starre Festhalten vieler Psychoanalytiker an den Regeln aus Freuds *Behandlungstechnischen Schriften* der Jahre 1911 bis 1915. Sie sind der Meinung, dass die Fortschritte der therapeutischen Technik nicht in Einklang mit der Weiterentwicklung der psychoanalytischen Theorie stehen, weshalb sie eine »zunehmende Desorientiertheit der Analytiker insbesondere in Bezug auf die praktisch-technischen Fragen« (ebd., S. 12) konstatieren. Für die Zukunft fordern sie daher folgendes: »Statt die Theorie irrtümlich in Bausch und Bogen therapeutisch anzuwenden, muss man sich vielmehr fragen, was von der ganzen Psychoanalyse sich zur Anwendung auf die Medizin geeignet erweist und was als allgemein psychologisches Wissen, als Theorie, oder höchstens als ›Therapie der Normalen‹ (Pädagogik) zurückbleibt« (ebd., S. 70).

3.3   Abschließende Betrachtung

Franz Alexander entwickelte seine eigenen Gedanken zur Psychoanalyse und Psychotherapie auf der Basis der in diesem Kapitel dargestellten Konzepte und Prinzipien Sigmund Freuds. Er bewunderte die Schriften des Vaters der Psychoanalyse und wurde durch den Kontakt mit ihm früh inspiriert und ermutigt. Seine ersten Aufsätze und Schriften zeigen Alexander als einen konservativen Freudianer mit einem breiten psychoanalytischen Wissen.[42] Er orientierte sich außerdem an der hier vorgestellten Arbeit von Sándor Ferenczi und Otto Rank und er betrachtete seine eigenen Ideen als eine Weiterführung und Umsetzung

---

42 Durch seine frühen Schriften, unter anderem *Kastrationskomplex und Charakter* (1922) und *Metapsychologische Betrachtungen* (1921), galt Alexander anfangs als eine Säule der klassischen Psychoanalyse (vgl. Glover 1964, S. 98).

(*continuation and realization*) der Gedanken, die diese beiden Autoren zuerst veröffentlicht haben (Alexander/French 1946, S. 23).[43]

Durch die mit der Übersiedelung in die Vereinigten Staaten von Amerika im Jahr 1931 verbundenen vielfältigen Erfahrungen, durch die damit einhergehende beginnende Unabhängigkeit von Sigmund Freud und den Analytikern des europäischen Kontinents sowie durch das der Psychoanalyse gegenüber relativ offene gesellschaftliche Klima in den USA mag Franz Alexander zunehmend seine eigenen theoretischen Konzepte entwickelt und gefestigt haben. Er begann, die klassische Psychoanalyse maßvoll zu kritisieren und die ihm sinnvoll erscheinenden Veränderungen am Chicagoer Institut für Psychoanalyse zu erproben. Diese Kritikpunkte und Veränderungen Alexanders sowie seine darauf basierenden zentralen Prinzipien der Psychoanalyse werden im folgenden Kapitel dargestellt.

---

43 Dabei sei darauf hingewiesen, dass der damals noch konservative Alexander eine kritische Rezension über dieses von Rank und Ferenczi verfasste Werk und die darin enthaltenen Ideen veröffentlichte (vgl. Alexander 1925b, S. 113).

4. Prinzipien und Anwendungsmöglichkeiten der Psychoanalyse bei Franz Alexander

Franz Alexander veröffentlichte gemeinsam mit Thomas M. French und weiteren Mitarbeitern des Chicagoer Instituts für Psychoanalyse im Jahr 1946 das Buch *Psychoanalytic Therapy. Principles and Applications*. In diesem Buch formulieren die Autoren verschiedene Grundprinzipien einer ökonomischeren und effektiveren Psychotherapie und sie stellen verschiedene Konzepte der psychoanalytischen Technik und deren Anwendung anhand von theoretischen Überlegungen und Fallbeispielen dar. Nach der Veröffentlichung entbrannte in den Vereinigten Staaten eine Kontroverse über das Buch, die Franz Alexander selbst in ihrer Schärfe verletzt und gedemütigt haben mag.

In verschiedenen Aufsätzen und seinem im Jahr 1956 erschienenen Buch *Psychoanalysis and Psychotherapy – Developments in Theory, Technique and Training* stellt sich Alexander seinen Kritikern und verdeutlicht seine zuvor beschriebenen Ansichten. Er fokussiert hier auf die Gemeinsamkeiten und Unterschiede der Psychoanalyse und der psychoanalytisch orientierten Psychotherapie und er diskutiert unter anderem die zentralen Wirkfaktoren und Ziele beider Therapieformen sowie Fragen bezüglich der Anwendungsmöglichkeit.

In beiden Büchern und in seinen Essays zum Thema wird jeweils der Wunsch Alexanders nach einer größeren Wissenschaftlichkeit der Psychoanalyse und Psychotherapie deutlich. Er äußert die Hoffnung, dass mit einer Zunahme des theoretischen Wissens die »Kunst der Analyse [...] in ein ganz zielbewusstes und systematisch geführtes Verfahren« (Alexander 1937, S. 94) umgewandelt und die Intuition in der Behandlung, wenn nicht ersetzt, dann doch durch bewusstes Verstehen ergänzt und unterstützt werden kann (Alexander 1954, S. 695). Er zeigt außerdem starkes Interesse daran, den Therapieprozess und damit die Dynamik zwischen Arzt und Patient besser zu verstehen.

In seinen Schriften über die Psychoanalyse als Therapieform entwickelt Franz Alexander auf Basis des über viele Jahre von der psychoanalytischen Gemeinschaft angesammelten Wissens über die Entstehung psychischer Erkrankungen und mit Bezug auf die vielfältigen Erfahrungen im Bereich der Therapie eine flexible und ökonomische therapeutische Prozedur, die an die individuellen Bedürfnisse des jeweiligen Patienten angepasst werden kann. Sein Beitrag lässt sich unter die als *psychoanalytische Therapie* oder *psychoanalytisch orientierte Psychotherapie* bezeichneten Verfahren einordnen.

Im Rahmen der Darstellung seiner Positionen soll die These der vorliegenden Arbeit belegt werden, dass Franz Alexander als ein wichtiger Vordenker und Wegbereiter der modernen Psychotherapie betrachtet werden kann.

4.1 Grundgedanken zur Psychoanalyse als Therapieverfahren

Franz Alexander formuliert in seinen Schriften verschiedene Grundgedanken, die eine Kritik bestimmter Aspekte der klassischen Psychoanalyse beinhalten. Die Psychoanalyse lässt sich nach Alexander aus drei verschiedenen Perspektiven betrachten. Sie ist a) eine psychodynamische Theorie der Persönlichkeitsentwicklung, b) eine Forschungsmethode und c) ein therapeutisches Verfahren. Die zuletzt genannten Punkte, die Forschungsmethode und die Therapie, waren laut Alexander über lange Zeit kaum zu unterscheiden.[44] Während der Entwicklung der Psychoanalyse wurden die Erzählungen der Patienten (Träume, Kindheitserinnerungen, Fehlhandlungen, usw.) jeweils sowohl zu Forschungs-, als auch zu therapeutischen Zwecken genutzt, sodass jeder Analysand zugleich als Forschungsgegenstand und als Patient fungierte. Bei dem Versuch der Heilung seiner Patienten sammelte Sigmund Freud systematisch deren dargebotenes Material und er entwickelte daraus nach und nach ein beeindruckendes theoretisches Denkgebäude. Durch seine vielfältigen Erfahrungen mit seinen Patienten konnte er gleichzeitig bestimmte Grundregeln der psychoanalytischen Behandlung in Bezug auf die Vorgehensweise und das Setting definieren, sodass bald eine *Freudsche psychoanalytische Methode* entstand (Alexander/French 1946, S. vi).

Nach Meinung Franz Alexanders ist die Psychoanalyse eine hervorragende Forschungsmethode, da mit ihrer Hilfe eine weitreichende Rekonstruktion der Persönlichkeitsentwicklung möglich ist und dadurch wichtige theoretische Erkenntnisse

---

44 Auf diese Wechselwirkung zwischen Theorie und Praxis weisen bereits Sándor Ferenczi und Otto Rank in ihrer Arbeit *Entwicklungsziele der Psychoanalyse* (1924, S. 64f.) hin.

erzielt werden können. Die therapeutische Reichweite ist für ihn jedoch begrenzt (Alexander 1956a, S. xi), da die Indikation für eine klassische Psychoanalyse nur bei einem bestimmten Spektrum von Krankheitsbildern gegeben ist. Während Menschen mit schweren chronischen Neurosen und Charakterstörungen[45] von einer Psychoanalyse profitieren können, ist eine Behandlung anderer Störungsbilder wie zum Beispiel der Kriegsneurosen und akuten Belastungsstörungen häufig zu langwierig, wenig zielführend und damit auch unökonomisch.

Problematisch sind für Franz Alexander außerdem die allgemeine Unvorhersehbarkeit therapeutischer Ergebnisse und die häufige Diskrepanz zwischen der Länge, der Intensität und dem Grad des Erfolgs einer Therapie. Aufgrund seiner eigenen therapeutischen Erfahrung zeigte sich Alexander immer wieder darüber verwundert, dass einzelne Patienten schon nach wenigen Sitzungen unerwartet deutliche Besserungen zeigten, während andere Patienten mit vergleichsweise leichten Störungen trotz vieler Jahre Therapie kaum Fortschritte machten (Alexander/French 1946, S. v). Er stellt die folgenden drei klassischen psychoanalytischen Dogmen infrage:

1. Die Tiefe einer Therapie ist *notwendigerweise* proportional zur Länge der Therapie und der Häufigkeit der Sitzungen.
2. Therapeutische Ergebnisse weniger Sitzungen sind *notwendigerweise* nur temporär und oberflächlich, während die Ergebnisse einer längeren Therapie notwendigerweise stabiler und tiefer sind.
3. Die zeitliche Verlängerung einer Therapie ist damit begründet, dass im Verlauf der Widerstand eines Patienten *irgendwann* überwunden und damit das gewünschte Therapieergebnis erreicht werden kann (ebd., S. vi).

Es ist für Alexander nachvollziehbar, dass die Therapie von Patienten über einen längeren Zeitraum durchgeführt wurde, solange es galt, die Ätiologie und Pathogenese von neurotischen Störungen zu erforschen. Durch das zunehmende Wissen über die Ursachen und die Entstehung von psychischen Erkrankungen sind seiner Meinung nach jedoch Modifikationen der Behandlungstechnik möglich und nötig, da das Material der Patienten nicht mehr zu Forschungszwecken genutzt werden muss. Eine Veränderung der klassischen Psychoanalyse als Therapieform erscheint aus zeitlicher, ökonomischer, aber auch aus inhaltlicher Sicht sinnvoll (Alexander 1956a, S. xi).

Auch die Rolle des Analytikers in der klassischen Psychoanalyse wird von Franz Alexander problematisiert. Während sich im Rahmen der Freud'schen

---

45 Im heutigen Sprachgebrauch werden diese klassischen Neurosen unter dem Begriff der Konfliktpathologien erfasst (vgl. Ermann 2009, S. 22).

Psychoanalyse die Patienten an das vorgegebene Setting (Couch) und die Technik (freie Assoziation) anpassen müssen und sich der Therapeut mehr oder weniger passiv vom Material seiner Patienten leiten lässt, wünscht sich Franz Alexander ein zielgerichtetes Vorgehen. Er fordert, dass sich der Therapeut auf die jeweiligen Bedürfnisse seiner Patienten einstellen und die Art seiner Behandlung von Fall zu Fall modifizieren muss (Alexander/French 1946, S. 25). So soll zu Beginn einer jeden Therapie ein Behandlungsplan erstellt werden, in dem unter anderem die an der Psychodynamik des Patienten orientierte Vorgehensweise in der Therapie festgelegt wird (s. Abschnitt 4.5).

Alexander fordert vonseiten des Analytikers mehr Aktivität in Bezug auf verschiedene Aspekte der Therapie. Er hält ein aktives Eingreifen in das Leben der Patienten, wenn angebracht, für unumgänglich und er fordert, dass das Leben außerhalb der Therapie in die Behandlung mit einbezogen wird (s. a. Abschnitt 4.4). Er kritisiert die häufig bestehende geteilte Haltung seiner Kollegen in Bezug auf diese Thematik wie folgt:

>»As a scientifically trained therapist, the physician feels he should center his whole attention on the interviews; as a man of common sense, he knows he must guide the patient's daily activities to some degree. The common failure lies in not making this guidance an integral part of the whole treatment« (ebd., S. 19).

Mehr Aktivität wird des Weiteren auch insofern gefordert, als dass der Therapeut die Übertragungsbeziehung aktiv so gestalten soll, dass sie den Bedürfnissen des jeweiligen Patienten entspricht (s. Abschnitt 4.3).

Insgesamt hat der Therapeut für Alexander vor allem eine unterstützende Rolle inne. Er hilft dem Patienten dabei, neue Einsichten zu finden und sein Ich zu entwickeln – die Heilung geht jedoch, ähnlich wie bei einem Chirurgen, der eine Wunde versorgt und damit die bestmöglichen Voraussetzungen zur Besserung schafft, letztendlich vom Patienten selbst aus (ebd., S. 27).

4.2 Der Neurosebegriff

Definition der Neurose

Franz Alexander nutzt in seinen Arbeiten einen weit gefassten Neurosebegriff. Knapp wird eine Neurose jeweils als das Ergebnis »eines Scheiterns der integrativen Funktionen des Ich« (Alexander 1956a, S. 29) eines Individuums definiert. Zur Erklärung dieser Definition unterscheidet Alexander zwischen der wahrnehmenden (*perceptive faculty*) und ausführenden (*executive faculty*) Ich-Funktion eines Individuums. Die erste bezieht sich auf die innere Wahrnehmung eigener Wünsche, Impulse und Bedürfnisse und auch auf die äußere (Sinnes-)Wahrnehmung der Gegebenheiten in der Umwelt. Mit dem zweiten Aspekt ist diejenige Ich-Funktion gemeint, die auf mehr oder weniger adäquate Weise eine Befriedigung dieser Wünsche und Bedürfnisse umzusetzen versucht (vgl. Alexander/French 1946, S. ix). Beide Ich-Funktionen sind eng miteinander verknüpft und die Aufgabe der *integrativen* Funktion des Ich ist es, die verschiedenen, teilweise miteinander in Konflikt stehenden inneren Bedürfnisse und Impulse so zu koordinieren, dass sie mit den äußeren Faktoren, den Gegebenheiten der Umwelt, harmonieren.[46]

In einer ausführlicheren Definition beschreibt Alexander die Psychoneurose[47] wie folgt:

>»Psychoneurosis is a failure of the individual to deal successfully with a given situation, a failure to find socially acceptable gratification for subjective needs under given circumstances. This failure depends upon the balance between the ego's adaptability and the difficulty of the confronting problem. When the situation demands greater powers of integration than the ego possesses, a neurosis develops« (ebd., S. 8).

Eine Psychoneurose ist also das Scheitern eines Individuums daran, mit einer bestimmten Situation erfolgreich umzugehen und in dieser Situation auf sozial akzeptable Weise eine Befriedigung der eigenen Bedürfnisse zu erreichen. Diese Definition impliziert, dass jeder Mensch eine Neurose entwickeln kann, sobald sein Ich nicht mehr genügend Integrations- bzw. Anpassungsfähigkeit aufweist. Letztendlich sind »neurotische Tendenzen latent in jeder Person vorhanden« (ebd.). Dabei ist es zweitrangig, ob ein Individuum bereits im Kindesalter oder erst im Verlauf seines späteren Lebens diese mangelnde Anpassungsfähigkeit entwickelt und welchen Einfluss Anlagefaktoren (*constitutional endowment*) dabei haben (ebd.).

---

46 Alexander verweist hier auf die Ähnlichkeit mit Freuds Begriff des *Realitätsprinzips*.

47 Franz Alexander differenzierte hinsichtlich ihrer Entstehung zwischen Psychoneurosen und Organneurosen bzw. vegetativen Neurosen (der Begriff umfasst unter anderem die funktionellen Störungen). Unter letzteren versteht er eine »physiologische Reaktion der vegetativen Organe auf anhaltende oder periodisch wiederkehrende emotionale Zustände«. Bei der vegetativen Neurose werden, anders als beispielsweise bei Konversionssymptomen, emotionale Spannungen *nicht symbolisch* ausgedrückt (vgl. Alexander 1950c, S. 22f.).

Ätiologie und Pathogenese der Neurosen

Eine Neurose entwickelt sich, sobald die Integrationskräfte des Ichs nicht mehr ausreichen und die inneren Strebungen eines Individuums und die äußeren Umstände und Anforderungen nicht mehr in Einklang gebracht werden können. Dabei müssen sowohl frühkindliche Erfahrungen und ungünstige Anlagefaktoren als auch spätere traumatische Erlebnisse und die aktuelle Lebenssituation mit in Betracht gezogen werden. Mit diesem Neurose-Konzept lassen sich nicht nur die schweren, chronischen psychischen Störungen erklären, die ihren Ursprung in ungelösten infantilen Konflikten haben, sondern auch das Auftreten leichterer Störungsbilder, akuter Nervenzusammenbrüche und Traumatisierungen.

So kann eine Neurose bereits frühzeitig entstehen, wenn beispielsweise die sexuellen oder aggressiven Strebungen eines Kindes nicht den normativen Erwartungen der Eltern entsprechen und daher gehemmt bzw. unterdrückt werden müssen. Neurotische Symptome stellen dann einen Ersatz dieser unpassenden Impulse dar, während sie gleichzeitig Ausdruck der Abwehr (durch Verdrängung, Kompensation oder Selbstbestrafung) dieser Strebungen sind. Das neurotische Verhalten lässt sich in diesem Fall als unbewusste stereotype Reaktion verstehen, die aufgrund der Verdrängungen nicht mehr modifiziert werden kann (Alexander 1956a, S. 77).

Weiterhin argumentiert Alexander, dass sich beispielsweise die Fülle an psychischen Störungen, die in der Folge des Zweiten Weltkriegs bei Soldaten aufgetreten sind, nicht durch deren verdrängte Kindheitserinnerungen erklären lassen, sondern vielmehr durch eine Überforderungssituation, an die sich das jeweilige Ich nicht anpassen kann. Auch die mittlerweile als organische psychische Störungen bezeichneten Krankheitsbilder wie beispielsweise die Demenz lassen sich mit diesem Konzept erklären. Hier sind letztendlich hirnorganische Abbauprozesse oder Läsionen des Gehirns dafür verantwortlich, dass die integrativen Funktionen des Ich nicht mehr funktionstüchtig sind. Bei anderen Störungsbildern sind diese Funktionen beispielsweise aufgrund schädlicher zwischenmenschlicher Beziehungen eingeschränkt (Alexander/French 1946, S. ix).

Der Zusammenhang zwischen ungünstigen Anlagefaktoren, traumatischen Erfahrungen in der Kindheit und traumatischen Erfahrungen in späteren Lebensphasen lässt sich anhand der Abbildung 1 aufzeigen. Die dunkel unterlegte Fläche zeigt jeweils den Anteil der genetischen Ausstattung und früher Schädigungen an einer Störung, während die helle Fläche den Anteil späterer traumatisierender Lebensereignisse darstellt.

Gruppe I	Gruppe II	Gruppe III
Psychosen	Depressionen, Zwangsstörungen, Angststörungen, Konversionshysterie, vegetative Neurosen	Akute Belastungsreaktionen, Kriegsneurosen, Nervenzusammenbrüche

Abb. 1: Zusammenhang zwischen ungünstigen Anlagefaktoren und traumatischen Erfahrungen in der Kindheit und späteren traumatischen Erfahrungen. Modifiziert nach Alexander/French 1946, S. 11.

Bei der Entstehung einer Neurose sind sowohl innere als auch äußere Faktoren von Bedeutung und Franz Alexander betont, dass sich sein »relativistisches Konzept der Neurose« (ebd., S. 8) nicht grundlegend von der Auffassung Sigmund Freuds unterscheidet. Er zitiert den Begründer der Psychoanalyse wie folgt:

»Sind die Neurosen exogene oder endogene Krankheiten, die unausbleibliche Folge einer gewissen Konstitution oder das Produkt gewisser schädigender (traumatischer) Lebenseindrücke [...]? [...] Für die Betrachtung der Verursachung ordnen sich die Fälle der neurotischen Erkrankungen zu einer Reihe, innerhalb welcher beide Momente – Sexualkonstitution und Erleben [...] – so vertreten sind, daß das eine wächst, wenn das andere abnimmt. An dem einen Ende der Reihe stehen die extremen Fälle, von denen Sie mit Überzeugung sagen können: Diese Menschen wären infolge ihrer absonderlichen Libidoentwicklung auf jeden Fall erkrankt, was immer sie erlebt hätten, wie sorgfältig sie das Leben auch geschont hätte. Am anderen Ende stehen die Fälle, bei denen Sie umgekehrt urteilen müssen, sie wären gewiß der Krankheit entgangen, wenn das Leben sie nicht in diese oder jene Lage gebracht hätte« (Freud 1917d, S. 340).

Zusammenfassend legt Alexander einen deutlich erweiterten Neurosebegriff vor, da er die Neurose nicht allein als einen Ausdruck ungelöster Konflikte infantilen Ursprungs sieht, sondern die Integrationsfähigkeit des Ich zwischen inneren und äußeren Bedürfnissen und Anforderungen in den Mittelpunkt seiner Definition stellt. Sein Neurosekonzept ist somit nicht nur auf die Störungsbilder, die heute unter dem Begriff der Konfliktpathologien gefasst sind, sondern auf alle Arten psychischer Störungen anwendbar.

4.3 Das Prinzip
der emotional korrigierenden Erfahrung

Das Prinzip der emotional korrigierenden Erfahrung (*corrective emotional experience*) lässt sich in zweifacher Hinsicht verstehen. Zum einen stellt es eine psychotherapeutische Technik dar, die einer bestimmten therapeutischen Haltung bedarf, zum anderen fungiert es als ein zentraler Wirkfaktor in der Therapie. Im Folgenden soll zunächst auf die emotional korrigierende Erfahrung als technisches Mittel in der Therapie eingegangen werden. Dazu werden die Voraussetzungen für die Etablierung einer solchen Erfahrung ausgelotet und die therapeutische Haltung ausführlich beschrieben. Ein Überblick über die Rolle der emotional korrigierenden Erfahrung als Wirkfaktor folgt in einem späteren Abschnitt (Kap. 4.6).

Begrifflichkeiten – Zur Übertragung

Nicht jedes Verhalten eines Patienten gegenüber seinem Therapeuten sollte als Übertragung bezeichnet werden. Alexander kritisiert eine solche inhaltliche Erweiterung dieses Konzepts. Er definiert den Begriff der Übertragung eng angelehnt an Freud als dasjenige Verhalten, das eine »neurotische Wiederholung unpassender stereotyper, auf der Vergangenheit eines Patienten basierender Verhaltensmuster in Bezug auf den Analytiker« (Alexander/French 1946, S. 73) darstellt.

Mit dem Begriff der *Übertragungsbeziehung* wird diejenige therapeutische Beziehung beschrieben, in der der Patient sich dem Analytiker gegenüber so verhält, als wäre dieser eine wichtige Person aus der Vergangenheit. Das Konzept der *Übertragungsneurose* wird hier fast synonym verwandt. Im Rahmen der Übertragungsneurose wiederholt sich der ursprüngliche pathogene emotionale Konflikt des Analysanden in Bezug auf den Therapeuten (ebd.).

Die Übertragung ist auch für Franz Alexander die Basis (*the axis*) der Therapie (Alexander 1956a, S. 94). Ihre Handhabung ist von zentraler Bedeutung in der Behandlung. Die Übertragungsbeziehung sollte so gestaltet werden, dass sie den Anforderungen des jeweiligen Patienten gerecht wird. Alle in den folgenden Abschnitten diskutierten Prinzipien und Aspekte der Therapie dienen letztendlich dem Ziel, die Übertragungsbeziehung in gewünschter Weise zu beeinflussen, die Therapie dadurch zu intensivieren und ihre Effektivität zu steigern.

Die Übertragungsneurose als Voraussetzung

Als eine zentrale Voraussetzung für die Etablierung einer emotional korrigierenden Erfahrung in der Therapie benennt Franz Alexander die Ausbildung einer Übertragungsneurose (ebd., S. 92).[48]

Er betont, dass vor allem bei Patienten mit schweren chronischen Neurosen (siehe Gruppe II, Abb. 1) der ursprünglich *externe* Konflikt zwischen dem Kind und seinen Eltern *internalisiert* wurde, indem die Elternimago (*parental images*) inkorporiert wurde und als Teil des Über-Ichs die Persönlichkeit geformt habe (ebd., S. 97). Im Verlauf der Therapie wird dieser intrapsychische Konflikt zurück in einen interpersonellen Konflikt zwischen Therapeut und Patient transformiert und im Rahmen der Übertragungsneurose soll der Analytiker dem Patienten eine emotional korrigierende Erfahrung ermöglichen. Die vollständige Ausbildung einer Übertragungsneurose findet nach Alexander meistens innerhalb kurzer Zeit statt, »manchmal innerhalb weniger Tage, manchmal nach einigen Monaten« (ebd., S. 78).

Sobald der ursprüngliche Konflikt externalisiert und die Übertragungsneurose ausgebildet ist, gilt es nach Alexander in der therapeutischen Beziehung folgende Aspekte zu beachten: 1. Die Intensität der emotionalen Beteiligung des Patienten sollte auf einem optimalen Niveau gehalten werden.[49] 2. Dem Patienten sollte Einsicht durch Deutungen ermöglicht werden und 3. Es sollte genau das emotionale Klima in der Beziehung vorherrschen, dass eine Korrektur der neurotischen Verhaltensmuster in der therapeutischen Situation erlaubt (ebd.).

Die therapeutische Haltung – Zur Gegenübertragung

Während sich auf Patientenseite eine Übertragungsneurose entwickelt, soll der Analytiker eine bestimmte therapeutische Haltung einnehmen und die eigenen Gegenübertragungsreaktionen bewusst kontrollieren und nutzen. Der Umgang des Therapeuten mit seiner Gegenübertragung ist essenziell wichtig, um eine Atmosphäre in der Therapie zu schaffen, in der eine emotional korrigierende Erfahrung stattfinden kann. Nur wenn das Verhalten des Therapeuten mit den jeweiligen Bedürfnissen seines Analysanden übereinstimmt, kann dieser eine solche zentrale Erfahrung durchleben.

---

48 In dem Buch *Psychoanalytic Therapy* (1946) wird das Prinzip der emotional korrigierenden Erfahrung von Alexander erstmals beschrieben und anhand von Fallbeispielen erklärt. Die Betonung der Wichtigkeit der Übertragungsneurose erfolgt erst in *Psychoanalysis and Psychotherapy* (1956a), möglicherweise auch als Reaktion auf seine Kritiker.

49 Diesbezügliche technische Hinweise finden sich in dem Abschnitt über das *Prinzip der Flexibilität* (Kap. 4.4).

Franz Alexander definiert die Gegenübertragung als »durch frühere Erfahrungen bedingte regressive, fixierte Verhaltensmuster gegenüber dem Patienten, der eine wichtige Person aus der Vergangenheit des Therapeuten repräsentiert« (ebd., S. 81). Durch die therapeutische Ausbildung soll der Therapeut erlernen, diese Gegenübertragungsphänomene zu verstehen, zu kontrollieren und, wenn nötig, bewusst zu verändern. Das Konzept einer neutralen Haltung (*blank screen*) ist für Alexander zwar theoretisch sinnvoll, da dadurch der Therapeut als Störfaktor in der Behandlung eliminiert werden kann. Praktisch ist es für ihn jedoch unmöglich, dem Patienten mit einer vollkommen neutralen Haltung gegenüberzutreten: »Der Analytiker bleibt für den Patienten eine reale Person, egal wie neutral er zu sein versucht« (ebd., S. 84).

Franz Alexander betont die Bedeutung der Persönlichkeit des Therapeuten[50] und er beschreibt das Verhältnis zwischen Analytiker und Patient als eine einzigartige, »neuartige menschliche Beziehung« (Alexander 1956a, S. 99). Die »objektive und unterstützende Haltung des Therapeuten gibt es sonst in keiner anderen menschlichen Beziehung« (Alexander 1950b, S. 405) und dieser Aspekt wird dazu genutzt, die emotional korrigierende Erfahrung zu ermöglichen.

Der Einfluss der »objektiven und verstehenden Haltung des Therapeuten« (ebd.) allein kann ausreichen, um eine Veränderung zu bewirken. Sobald der Analytiker im Rahmen der Phase der Diagnostik (siehe Abschnitt 4.5) mehr über die Biografie des Patienten und die Ursachen seiner Störung erfahren hat, sollte er, wenn nötig, zusätzlich seine spontanen Gegenübertragungsreaktionen modifizieren und damit aktiv das emotionale Klima der therapeutischen Beziehung nach den Bedürfnissen des Analysanden beeinflussen.

> »[T]he therapist's conscious self-control [...] can include within the framework of a basic and helpful attitude planfully selected interpersonal climates which appear most suitable for challenging the patient's ego to replace archaic transference patterns with new ones better adapted both to his adult personality and to his present environment. [...] Every analyst actually lends an interpersonal climate to every treatment, not only through his circumscribed countertransference attitude and by virtue of being a person in his own right, but also by intuitively responding to the patient's material while he pursues his therapeutic aims. The knowledge of the patient's past pathogenic experiences can aid this intuition with precise reasoning and reduce the fortuitous effect of the therapist's specific personality. Knowing the patient's past, the analyst does not only sense but knows the role into which the patient attempts to cast him and can counteract this purposefully« (Alexander 1956a, S. 281).

---

50 Diese Thematik wird in Kapitel 4.6 über die Wirkfaktoren ausführlich dargestellt.

Die emotional korrigierende Erfahrung

Die emotional korrigierende Erfahrung kommt in der Therapie zum Tragen, sobald der Patient im Rahmen der Übertragungsneurose auf den Therapeuten so reagiert, als wäre dieser eine wichtige Person aus der Vergangenheit und sobald der Therapeut seine eigene Haltung so verändert, dass sie der Haltung dieser wichtigen Person aus der Vergangenheit entgegengesetzt ist.

Im Rahmen der Behandlungssituation wird der Analysand erneut dem zentralen Konflikt ausgesetzt, den er in der Vergangenheit nicht lösen konnte. Ein wichtiger Vorteil besteht darin, dass das Ich des Patienten im Unterschied zur infantilen Situation zu diesem Zeitpunkt stärker entwickelt ist und dass sich der ursprüngliche Konflikt in der Übertragungsneurose in deutlich verminderter Intensität zeigt.

Während viele Analytiker die Übertragungsneurose dahingehend nutzen, dass sie mithilfe von Deutungen die *Ähnlichkeit* zur bzw. *Wiederholung* der früheren, infantilen Konfliktsituation des Patienten betonen und der Patient darüber ein intellektuelles Verständnis seiner unbewussten Konflikte erhalten soll, fokussiert Franz Alexander auf die *emotionale Erfahrung der Unterschiede* zwischen der damaligen und der heutigen Situation (Alexander/French 1946, S. 67). Indem der Therapeut eine den elterlichen Verhaltensweisen entgegengesetzte Haltung einnimmt, verlieren die neurotischen Reaktionen des Patienten im Rahmen der Übertragung ihren früheren Sinn der Anpassung:

> »Because of the therapist's attitude is different from that of the authoritative person of the past, he gives the patient an opportunity to face again and again, under more favorable circumstances, those emotional situations which were formerly unbearable and to deal with them in a manner different from the old« (ebd.).

Hier zeigt sich die zentrale Bedeutung der therapeutischen Haltung: Würde der Analytiker entsprechend seiner eigenen Gegenübertragung genau so reagieren, wie beispielsweise der Vater des Patienten auf diesen in der Vergangenheit reagierte, wird es nicht zu einer Veränderung kommen – der Patient sieht sich in seinem Verhalten bestätigt und bleibt in seinen bekannten neurotischen Mustern.

Anhand des folgenden Zitats soll der Vorgang der emotional korrigierenden Erfahrung verdeutlicht werden:

> »In der Übertragungssituation wird die ursprüngliche zwischenmenschliche Beziehung von Kind und Eltern nur von Seiten des Patienten wiederhergestellt. Der entscheidende therapeutische Faktor sind die von den elterlichen Reaktionen verschiedenen des Analytikers. Das einfachste Beispiel ist die Verdrängung selbst-

behauptender und aggressiver Haltungen infolge elterlicher Einschüchterung, durch die Abhängigkeit gefördert wird und die mannigfaltigsten Hemmungen in den menschlichen Beziehungen entstehen. In der Übertragung muss die Haltung des Therapeuten der des einschüchternden Elternteils entgegengesetzt sein. Dadurch, dass der Analytiker den Aggressionen des Patienten objektiv und ohne emotionelle Antwort oder Vergeltung gegenübersteht, wird der ursprüngliche einschüchternde Einfluss der Eltern korrigiert. Die elterliche Einschüchterung wird durch das tolerantere und freundlichere Verhalten des Therapeuten aufgelöst, der in der Seele des Patienten an Stelle des autoritären Elternteils tritt. [...] Die alten Verhaltensweisen passen nicht für diese neue zwischenmenschliche Beziehung. [...] Das alte Verhalten entwickelte sich als Reaktion auf elterliche Verhaltensweisen und verliert seinen Sinn in der Übertragung. Es zwingt den Patienten, schrittweise seine neurotischen Haltungen zu ändern und zu revidieren« (Alexander 1950b, S. 405).

Zur Rolle von Erinnerungen

Das Erinnern von lange aus der Lebensgeschichte verdrängten Begebenheiten spielte in der Psychoanalyse über viele Jahrzehnte eine zentrale Rolle. Alexander führt diese Fokussierung auf die intellektuelle Rekonstruktion der frühen Kindheitserinnerungen eines Analysanden auf die ersten Entwicklungsphasen der Psychoanalyse zurück, in denen mittels kathartischer Hypnose, Suggestionstechnik und später der Technik der freien Assoziation Erinnerungslücken geschlossen werden konnten und daraufhin eine Linderung bzw. Heilung eintrat. Das Wiederherstellen verdrängter Erinnerungen wurde somit ein wichtiges Therapieziel und notwendige Voraussetzung für den Therapieerfolg (Alexander/French 1946, S. 20).

Franz Alexander hingegen betrachtet das Erinnern nicht als *Ursache* des Therapieerfolgs, sondern vielmehr als dessen *Folge*. Das Wiedererinnern vergessener Teile der frühen Lebensgeschichte ist für ihn ein Indikator für den therapeutischen Fortschritt. Er erklärt dies dadurch, dass alle späteren Verdrängungen demselben früh entwickelten Muster folgen, das ein Kind nutzt, sobald es erste schmerzhafte oder unangenehme Emotionen nicht bewältigen kann. Kürzlich erfolgte Verdrängungen sind leichter zu erinnern als frühe Kindheitserinnerungen. Alexander argumentiert, dass ein Patient im Verlauf der Therapie im Rahmen der Übertragungsbeziehung dazu befähigt wird, seine emotionalen Konflikte zu erkennen und zu bewältigen und sich dem damit verbundenen verdrängten Material zu stellen. Der Patient wird durchlässiger und kann zunehmend auch infantile Verdrängungen erinnern, da der diesen zu Grunde liegende Konflikt bearbeitet wurde. Die therapeutische Leistung liegt somit im erfolgreichen

Umgang mit einem zuvor unerträglichen emotionalen Konflikt in der Übertragungsbeziehung. Das Erinnern ist ein Zeichen inneren Wachstums (ebd., S. 21).

Für die emotional korrigierende Erfahrung ist das Erinnern insofern von Bedeutung, als dass ein Patient durch das Wiedererinnern von verdrängtem Material zunehmend die mit diesen Erlebnisinhalten verknüpften Affekte und die Affekte in der aktuellen Übertragungsbeziehung differenziert wahrnehmen und somit besser zwischen der Vergangenheit und der Gegenwart unterscheiden kann.

4.4 Das Prinzip der Flexibilität

Franz Alexander und seine Kollegen haben am Chicagoer Institut für Psychoanalyse früh begonnen, verschiedene Aspekte der psychoanalytischen Technik flexibel zu nutzen. So variierten sie beispielsweise das Setting (Couch oder Stuhl) oder die Frequenz der Sitzungen und sie etablierten geplante Unterbrechungen der Therapie zur Vorbereitung auf das Therapieende. Ziel dieser verschiedenen Ansätze war dabei immer, die Übertragungsbeziehung so zu gestalten, dass sie zu den Anforderungen des jeweiligen Falles passt (Alexander/French 1946, S. 25). Damit soll letztendlich erreicht werden, dass der Patient sein Ich stärken und seine Bedürfnisse auf eine für sich selbst und seine Umwelt akzeptable Weise befriedigen kann (ebd., S. 26).

Häufigkeit der Sitzungen

Wie wohl jeder Psychoanalytiker hat auch Franz Alexander während seiner Tätigkeit als Therapeut die Erfahrung gemacht, dass sich nach einer geplanten oder ungewollten Unterbrechung einer Therapie, beispielsweise durch Urlaub oder Krankheit, eine erhöhte emotionale Beteiligung der Patienten zeigt. Durch diese verstärkte emotionale Intensität bringt der Analysand mehr Material hervor und es kommt nicht selten im Anschluss an eine Unterbrechung der Therapie zu lange erwarteten Fortschritten (ebd., S. 31). Alexander stellt dar, weshalb und wie sich dieses Zufallsprinzip für die Analyse geplant nutzen lässt.

Zunächst beschreibt er verschiedene negative Aspekte der in der klassischen Psychoanalyse täglich stattfindenden Sitzungen. Er kritisiert, dass die Patienten ihre Abhängigkeitsbedürfnisse nicht bemerken und diese deshalb nur schwer bearbeitet werden können. Ähnlich wie ein Säugling, der jede halbe Stunde gefüttert wird und daher keinen Hunger spürt, kann ein Patient, der täglich seinen Analytiker sieht, seine Abhängigkeit nicht erleben. Des Weiteren erhält der Analysand durch die hohe Sitzungsfrequenz die Möglichkeit zur Prokrastination. Im Wissen um die lange Dauer einer Therapie wird der Patient sich nicht unbedingt damit beeilen, sich unangenehmen Themen zu stellen und seine emotionalen Konflikte zu lösen (ebd., S. 28). Eine weitere Problematik sieht Alexander darin, dass durch tägliche Sitzungen die regressiven Tendenzen der Analysanden verstärkt werden. Die Patienten mögen anfangs zwar von dem beruhigenden Effekt täglicher Sitzungen profitieren, gleichzeitig regredieren sie auf eine frühere Entwicklungsstufe und im Verlauf der Therapie kann es schwierig werden, diese Regression wieder aufzugeben (ebd., S. 29).

Alexander sieht im (prägenitalen) regressiven Material von Patienten eher ein Zeichen des Widerstands als ein Zeichen des Fortschritts:

»When pregenital material (that which applies to sensations in early infancy) appears in psychotherapy, it is frequently considered significant traumatic material when it may actually be merely an escape back to the early pretraumatic, highly dependent emotional state in which the patient felt safe and contended. Although it is true the deeper a patient sinks into a dependent transference neurosis the more regressive material he will produce, it is a fallacy to consider an analysis in which the patient brings up much regressive material as more thorough than one primarily centered around the actual life conflict. Regressive material is a sign not of the depth of the analysis but of the extent of the strategic withdrawal of the ego – a neurotic withdrawal from a difficult life situation back to childhood longings for dependence gratifiable only in fantasy« (ebd.).[51]

Die Vorteile der flexiblen Gestaltung der Sitzungsfrequenz liegen für Franz Alexander vor allem darin, dass sich die emotionale Beteiligung der Patienten je nach Bedarf beeinflussen lässt und damit das Ausmaß der Einsicht realistischer und überzeugender werden kann. Während sich bei täglich stattfindenden

---

51 Alexander ergänzt hier, dass es bei jedem Neurotiker einen Zeitpunkt in seiner Biografie gebe, an dem er aufhört, sich den sich ständig verändernden Anforderungen des Lebens zu stellen und an dem er sich weigert, erwachsen zu werden. Je nach Ausprägungsgrad der Neurose ist dieser Zeitpunkt früher oder später im Leben zu finden und er markiert letztendlich den Beginn der Neurose. Besonders die Produktion von Kindheitserinnerungen, die noch vor diesem bestimmten Zeitpunkt datiert sind, stellt für Alexander ein Zeichen des Widerstands und nicht ein Zeichen eines besonders tiefen Eindringens in die Quellen der Neurose dar. Die Bedeutung der Regression wird von Alexander in einer späteren Arbeit ausführlicher dargestellt. Hier differenziert er zwischen der Regression auf eine prägenitale Entwicklungsstufe, die als »Ausweichen« vor einem ungelösten Konflikt« und damit als Widerstand eingeordnet wird und der Regression als den Versuch einer »nachträglichen Bewältigung eines unbefriedigten Konfliktes [...], der sich im Verlauf der Reifung ergab«. In der Therapie sei aus technischer Sicht nur die zweite Form der Regression erwünscht (Alexander 1956b, S. 670).

Therapiestunden eine Art Routine entwickeln und die emotionale Intensität gering, die Tendenz zur Intellektualisierung hoch sein kann, entsteht durch seltener durchgeführte Sitzungen ein höheres Ausmaß an emotionaler Anteilnahme. Die Rolle der emotionalen Beteiligung wird wie folgt erklärt:

> »In general, stronger emotional participation brings the issues more clearly to the foreground and makes insight more vivid, thereby speeding up the progress of the treatment. Consequently, every analysis should be conducted on as high an emotional level as the patient's ego can stand without diminishing its capacity for insight« (ebd., S. 30).

Wie hoch die Emotionalität in den Sitzungen ausfallen darf, hängt letztendlich von der Ich-Stärke des jeweiligen Patienten ab. Bei Patienten mit einem schwachen Ich (schwach ausgeprägten integrativen Funktionen) sollten die emotionale Abfuhr und die damit verbundene Einsicht langsam forciert werden. Bei diesen Fällen ist eine hohe Sitzungsfrequenz (täglich) nötig, um das Ausmaß der emotionalen Beteiligung niedrig zu halten und damit das Abreagieren einzugrenzen. Im Gegensatz dazu können Patienten mit einem starken Ich mit einer höheren emotionalen Intensität umgehen, weshalb die Sitzungen seltener stattfinden können (ebd., S. 31).

Ein weiterer Vorteil liegt darin, dass sich den Patienten bei einer geringen Frequenz der Sitzungen weniger Fluchtmöglichkeiten aus dem realen Leben bieten:

> »The transference neurosis comes to serve the purpose of the original neurosis: withdrawal from real participation in life. The original neurosis was a withdrawal into fantasy; the transference neurosis is a withdrawal into the relatively harmless realm of the therapeutic relationship. When the frequency of interviews is reduced, the patient is given less opportunity to substitute these safe analytic experiences for life experiences« (ebd., S. 33).

Als zentrale Voraussetzung für die Veränderung der Sitzungshäufigkeit benennt Alexander die Etablierung einer stabilen Übertragungsbeziehung, die sich je nach Fall unterschiedlich schnell entwickeln kann. Ein Patient mit wenig Interesse an der Analyse wird auf eine Reduktion der Anzahl der Sitzungen nicht mit der erwünschten erhöhten Emotionalität reagieren. Bei Bestehen einer negativen Übertragung sollte eine Reduktion ebenfalls wohl bedacht werden, da sich hier der Widerstand erheblich verstärken und die Therapie abgebrochen werden kann. Selbstverständlich ist es auch möglich, die Sitzungsfrequenz zu erhöhen (ebd., S. 32).

Unterbrechungen und Beendigung der Therapie

Die Schwierigkeiten in Bezug auf die Beendigung einer Therapie liegen für Alexander vor allem darin, dass die neurotische Befriedigung in der Übertragungsbeziehung im Verlauf der Therapie größer wird als der Wunsch des Patienten nach Besserung oder Heilung. Die Analysanden erlernen instinktiv die Vorlieben ihres Therapeuten und produzieren genau das Material, das für diesen interessant sein wird. Damit erzielen sie den Eindruck, beständig Fortschritte zu machen und weiterhin tiefe Einsicht zu erlangen, weshalb die Behandlung immer weiter verlängert wird. Andere Patienten wiederholen möglicherweise bereits vorgebrachtes Material, um die Konfrontation mit neuen Konflikten zu vermeiden. Oder sie bagatellisieren ihre Schwierigkeiten (bis hin zur Flucht in die Gesundheit), um schmerzhaften Einsichten zu entgehen (ebd., S. 35).

Alexander plädiert dafür, in diesen Fällen eine Unterbrechung der Therapie[52] zu etablieren. Durch eine solche Unterbrechung kann der Patient erkennen, ob er sein Leben ohne Therapie gut bewältigen kann, welche Schwierigkeiten er in der Behandlung bereits bearbeiten konnte und welche Probleme oder Konflikte in der aktuellen Lebenssituation weiterhin bestehen. Es lässt sich somit feststellen, ob eine Therapie weitergeführt werden sollte oder beendet werden kann. Wenn eine Therapie fortgeführt wird, so erhöht sich im Anschluss an eine Unterbrechung die emotionale Beteiligung der Patienten (siehe den vorherigen Abschnitt), was in der Regel positive Auswirkungen auf den Behandlungsverlauf hat (ebd., S. 36).

Alexander merkt an, dass die Dauer der Therapiepause als Vorbereitung auf das Therapieende nicht zu kurz gewählt sein und auf Anweisung des Therapeuten erfolgen sollte.[53] Der Patient soll während der Unterbrechung genug Zeit dazu haben, sich seinen Problemen allein zu stellen. Er sollte sich bei einem ersten

---

52 Das Unterbrechen einer Therapie wurde schon am Berliner Psychoanalytischen Institut genutzt und als »fraktionierte Analysen« bezeichnet. (vgl. Eitingon 1922, S. 512).

53 Alexander weist darauf hin, dass er selbst eine oder mehrere auf das endgültige Therapieende vorbereitende Unterbrechungen in jeder seiner Therapien nutzt. Die Dauer dieser Therapiepausen liegt bei ihm selbst zwischen einem und achtzehn Monaten (Alexander/ French 1946, S. 36). Die Unterbrechung der Therapie sollte zum richtigen Zeitpunkt erfolgen, wobei es schwierig ist, diesen genau festzulegen. Der Autor nutzt folgenden Vergleich, um die Problematik darzustellen: »In general this problem can be compared with the simpler one of a person who is learning how to swim. After he is taught the correct movements he tries them out, while attached to a rope which the swimming teacher holds. Following a period of practice, the rope is no longer necessary except for increasing the patient's confidence. This is the time when the rope can be dispensed with. Continuation of its use would only prolong the learning period« (Alexander 1956a, S. 136).

Rückschlag nicht sofort wieder melden, aber er sollte die Sicherheit haben, sich in dringenden Fällen jederzeit wieder an seinen Therapeuten wenden zu dürfen (ebd.). Die Beendigung einer Therapie wird durch eine oder mehrere Unterbrechungen, in denen ein Patient seine Fähigkeiten in der Lebensbewältigung überprüfen kann, vorbereitet. Die Erfahrungen des Analysanden sind jeweils ausschlaggebend dafür, ob eine Therapie weitergeführt oder beendet werden kann. Das Ziel der Therapie ist für Alexander weder das Füllen von Erinnerungslücken, noch das komplette Verständnis aller ätiologischen Faktoren einer Neurose oder eine besonders tiefe intellektuelle Einsicht. Sobald ein Patient sein Leben bewältigen kann, kann die Psychotherapie ein natürliches Ende finden (ebd., S. 37).

Das therapeutische Setting

Nicht nur die Häufigkeit der Sitzungen und die Dauer der Therapie sollten flexibel gestaltet werden, sondern auch das therapeutische Setting. Während die Nutzung der Couch und der Technik der freien Assoziation für die Behandlung bestimmter Patientengruppen sinnvoll sein mag, profitieren andere Fälle eher vom direkten Gespräch, bei dem Patient und Therapeut einander vis-à-vis gegenüber sitzen.

In die Entscheidung für oder gegen das klassische Setting sollte vor allem die Fähigkeit des Analysanden zur Unterscheidung zwischen Realität und Fantasie einfließen. Während chronisch neurotische Patienten für die klassische Psychoanalyse geeignet sein mögen, ist eine solche Therapie in anderen Fällen kontraindiziert. So sollte beispielsweise das Gespräch mit Patienten, bei denen die Gefahr besteht, dass sie eine Psychose entwickeln, einander gegenüber sitzend stattfinden (ebd., S. 143).

Ein Vorteil der Behandlung im Rahmen eines direkten Gesprächs liegt darin, dass der Patient hier ein größeres Gefühl der Kontrolle über die Situation behalten kann (ebd., S. 181). Alexander beschreibt, dass sich das Setting auch während der Therapie je nach Bedarf ändern kann. So kann es sein, dass ein Patient zu Beginn nach dem klassischen Setting und im Verlauf aufrecht und im direkten Gespräch behandelt wird und umgekehrt (Alexander 1944, S. 322).

Der Umgang mit Erfahrungen außerhalb der Therapie

Eine wichtige Aufgabe des Analytikers ist die Beobachtung und, wenn angebracht, systematische Beeinflussung der aktuellen Lebenssituation des Patienten. Franz Alexander kritisiert die strikten Grundregeln der klassischen Psychoanalyse, die besagen, dass ein Analytiker seinen Patienten keine Empfehlungen in

Bezug auf die Lebensgestaltung geben sollte und dass die Patienten während einer Therapie keine wichtigen Lebensentscheidungen fällen sollen. Auch hier fordert er einen flexibleren Ansatz. In bestimmten Fällen mögen die genannten Regeln zwar sinnvoll sein, häufig führen sie jedoch zu einer Stagnation. So kann ein Patient beispielsweise im Verlauf der Psychotherapie neue Perspektiven entwickeln und sich wünschen zu heiraten, seinen Arbeitsplatz oder sogar seinen Beruf zu wechseln. Müsste ein Patient in dieser Situation das Ende der Therapie abwarten, bis er diese Veränderungen angehen kann, würde der therapeutische Prozess unnötig blockiert werden (Alexander/French 1946, S. 39).

Der Analytiker sollte seinen Patienten im Rahmen der Therapie dazu ermutigen, Schritte zu tun, die er zuvor vermieden hatte, und neue Erfahrungen in Bereichen zu sammeln, in denen er bisher gescheitert war[54]. Der Patient soll sich somit nicht in die Sicherheit der Therapie zurückziehen, sondern seine Aufgaben angehen. Dabei sollte er darauf vorbereitet werden, dass Fehler passieren können und auch darauf, dass Scheitern eine unvermeidbare Erfahrung des Lebens darstellt. In der Therapie kann dieses Scheitern gemeinsam analysiert, verstanden und für die Zukunft nutzbar gemacht werden (ebd., S. 41). Alexander formuliert folgende, modifizierte Regel: »No important, irreversible changes in the life situation, unless both therapist and patient agree« (ebd., S. 40).

Die Rolle der aktuellen Lebenssituation

Franz Alexander betont, dass das aktuelle Leben der Patienten in der Behandlung eine wichtige Rolle einnimmt. Nicht die komplette Rekonstruktion der Vergangenheit steht für ihn im Mittelpunkt, sondern die Erhöhung der Fähigkeiten der Patienten zur Bewältigung ihrer aktuellen Lebenssituation, ihrer Konflikte und Schwierigkeiten. Je mehr sich die Therapie an den aktuellen Lebensproblemen orientiert, desto intensiver und effektiver gestaltet sich der therapeutische Prozess. Aus diesem Grund wünscht er, dass eine Betrachtung der Vergangenheit nur erfolgen sollte, wenn sie zu einem besseren Verständnis der Lebensgestaltung führt:

> »From the point of view of genetic research, it might be advisable to encourage the patient to wander way back into the Garden of Eden of his early youth;

---

54 So hält Alexander es beispielsweise häufig für angebracht, bei »eingefleischten Junggesellen« darauf zu bestehen, dass sie von ihrer Familie fortziehen. In anderen Fällen könne es wichtig sein, dass der Therapeut darauf besteht, dass sich ein Patient neuen bzw. anderen zwischenmenschlichen Erfahrungen aussetzt (Alexander 1954, S. 701).

therapeutically, however, such a retreat is valuable only insofar as it sheds light upon the present. Memory material must always be correlated with the present life situation, and the patient must never be allowed to forget that he came to the physician not for an academic understanding of the etiology of his condition, but for help in solving his actual life problems« (ebd., S. 34).

Alexander betont, dass sich die Erfahrungen der Patienten in der Therapie und im »richtigen Leben« gegenseitig beeinflussen. Die positiven Erfahrungen in der Therapie wirken günstig auf die Beziehungsgestaltung und umgekehrt. Die erfolgreiche Bewältigung einer aktuellen Lebensaufgabe führt zu mehr Selbstbewusstsein. Sie ermutigt zu weiteren Schritten und reduziert Minderwertigkeitsgefühle und damit verbundene Ängste. Für Alexander wirken in einer Therapie »weder eine gewonnene Einsicht, noch das Abreagieren von Emotionen oder das Erinnern verdrängter Erlebnisse so beruhigend wie die erfolgreiche Bewältigung einer Aufgabe, an der ein Patient zuvor gescheitert war« (ebd., S. 40). Letztendlich ist die Psychotherapie als eine Vorbereitung auf das weitere Leben zu betrachten:

»It is important to keep in mind that the patient will finally have to solve his problems in actual life, in his relationships to his wife and his children, his superiors and his competitors, his friends and his enemies. The experiences in the transference relationship are only preparations, a training for the real battle« (ebd., S. 38).

4.5 Das Erstellen eines Behandlungsplans

Das Erstellen eines Behandlungsplans vor Beginn der eigentlichen Therapie ist erforderlich, um die Arbeit mit dem jeweiligen Patienten so individuell passend, effizient und ökonomisch wie möglich zu gestalten. Die Anforderungen an einen solchen Behandlungsplan wird wie folgt beschrieben:

»An adequate plan of procedure is one which determines just what is to be accomplished with a patient and the general approach best adapted to this end, and also what chances there are for success, what difficulties stand in the way, and how the therapist expects to deal with them – always remembering the patient's actual everyday problems« (ebd., S. 107).

Im Chicagoer Institut für Psychoanalyse wird zu Beginn jeder Therapie eine psychodynamische Diagnostik durchgeführt, um im Anschluss einen auf die spezifischen Bedürfnisse des jeweiligen Patienten zugeschnittenen Behandlungsplan erstellen zu können. Auf die Phase der Diagnostik (*Period of Preliminary Investigation*) folgt dann die längere Phase der Therapie (*Phase of Planned Therapy*) (ebd., S. 112).

4.5.1 Die Phase der Diagnostik

Im Rahmen der Diagnostik lassen sich erste Einschätzungen der Indikation und Prognose (siehe die folgenden Abschnitte) vornehmen und auf Basis der Formulierung psychodynamischer Prinzipien die Wahl der benötigten Therapieform und der anzuwendenden Technik bestimmen (ebd., S. 5).

Der Vorteil der frühzeitigen psychodynamischen Diagnostik liegt darin, dass es zu Beginn einer Therapie und zu Beginn der Entwicklung einer Übertragungsbeziehung häufig einfacher für den Therapeuten ist, ein klares Bild von der Gesamtheit der Probleme und der Lebensgeschichte eines Patienten zu finden. Der Analytiker wird hier mit einem Reisenden verglichen, der auf einer Bergspitze steht und die vor ihm liegende Landschaft aus der Höhe betrachten und dabei seine zukünftige Reise überschauen kann. In der Phase der Diagnostik ist der Horizont des Therapeuten noch breit, während in der Phase der Therapie bzw. der Wanderung nur jeweils kleinere Teile der Landschaft sehr detailliert betrachtet werden können, die größeren Zusammenhänge aber nicht mehr so übersichtlich zu sehen sind (ebd., S. 109).[55]

Die Autoren betonen die Wichtigkeit einer ausführlichen medizinischen Untersuchung, sobald ein Patient über somatische Beschwerden klagt. Erst nach Abschluss der organischen Diagnostik kann entschieden werden, ob eine Psychotherapie überhaupt sinnvoll ist (ebd., S. 54).

Im Erstgespräch (*Initial Interview*) ist es für die Autoren wichtig, neben den aktuellen Beschwerden die Motivation eines Patienten zur Therapie zu erfragen

---

55 Alexander und French kritisieren, dass viele Analytiker die zusätzliche Arbeit der Therapieplanung aus Zeitmangel scheuen und die Formulierung der psychodynamischen Zusammenhänge der Störungsbilder bei den jeweiligen Patienten auf einen späten Zeitpunkt verschieben. Dies werde häufig dadurch begründet, dass erst im Verlauf der Analyse die relevanten Erinnerungen bewusst werden und die Genese der Neurose erst zu diesem Zeitpunkt wirklich bestimmt werden kann. Eine andere Begründung liegt darin, dass durch das aktive (intellektuelle) Zuhören auf der Suche nach Hinweisen zur Formulierung der Psychodynamik die von Freud geforderte gleichschwebende Aufmerksamkeit nicht mehr gegeben sein kann. Die Autoren argumentieren hier, dass sich die Haltung der gleichschwebenden Aufmerksamkeit und die aktive Extraktion der Psychodynamik aus dem gelieferten Material nicht ausschließen und dass eine zu passive, abwartende Haltung vonseiten des Analytikers nicht wünschenswert sein kann (vgl. Alexander/French 1946, S. 107).

und festzustellen, ob er aus eigenem Interesse, auf Bitte von Angehörigen oder auf den Rat von Ärzten zum Gespräch erscheint. Auch sollte früh herausgefunden werden, welche Erwartungen ein Patient an die Therapie hat, welche Ziele er erreichen möchte und wie realistisch diese Vorstellungen sind. Das Krankheitskonzept eines Patienten ist ebenfalls von Bedeutung, sodass erfragt werden sollte, was seiner Meinung nach die Ursache der Beschwerden sein kann. Der Therapeut sollte vorläufig die Sichtweise seines Patienten einnehmen, ihn dort abholen, wo er steht (*meet the patient on his own ground*), um dadurch ein besseres Verständnis von dessen Schwierigkeiten und Motiven zu erlangen (ebd., S. 113).

Das Erstinterview bzw. die Diagnostik-Phase soll einerseits dazu genutzt werden, aus dem Material des Patienten die psychodynamischen Zusammenhänge zu filtern und darauf aufbauend einen passenden Behandlungsplan zu erstellen. Andererseits kann dieser erste Teil bereits zur Intervention genutzt werden. Dies kann beispielsweise erfolgen, indem auf bestimmte Erinnerungslücken oder Unklarheiten in der Lebensgeschichte hingewiesen wird oder dadurch, dass bei Vorliegen einer vegetativen Neurose bzw. funktionellen Störung eine frühzeitige und anschauliche Aufklärung darüber erfolgt, wie emotionale Konflikte zu körperlichen Störungen führen können (ebd., S. 114).

Die Dauer der Diagnostik-Phase variiert je nach Komplexität des Beschwerdebildes. Sie sollte jedoch so schnell wie möglich abgeschlossen sein, wenn möglich nach der ersten Sitzung. Die Autoren weisen daraufhin, dass die Formulierung der Psychodynamik bei Patienten, die ihre Lebensgeschichte chronologisch und offen schildern können und die einen Zugang zu ihren Emotionen haben, deutlich einfacher ausfallen kann als bei Patienten, die vorrangig über somatische Beschwerden klagen, einsilbig über sich sprechen und ihre Gefühle nicht wahrnehmen können. Anhand von Fallbeispielen wird hier verdeutlicht, dass der Therapeut während der Diagnostik-Phase vor allem auf die emotionale Färbung des relevanten Materials achten sollte und dass die affektive Einstellung eines Patienten hinsichtlich verschiedener Lebensbereiche wichtiger sein kann als konkrete Fakten in Bezug auf seine Lebensgeschichte (ebd., S. 116).

Bei der Beschreibung verschiedener Fallbeispiele wird darauf hingewiesen, dass teilweise erst im Verlauf der Therapie eine endgültige Einschätzung der Schwere einer Störung und deren Behandelbarkeit gelingen kann (ebd., S. 165). Zu Beginn einer Therapie sollte trotzdem weitestgehend festgelegt werden, welches therapeutische Ziel verfolgt und welche Therapieform genutzt werden soll. Die verschiedenen verwendeten Strategien können sich im Verlauf der Therapie zwar ändern, günstig ist es jedoch, die zu erwartenden Komplikationen in der Behandlung so weit wie möglich vorherzusehen und die damit verbundenen Modifikationen in das Therapiekonzept mit einzubeziehen. Der Therapeut sollte die Behandlung eines Patienten nur übernehmen, wenn er der Überzeugung ist, mit dessen Lebensschwierigkeiten und mit den im Verlauf der Therapie zu erwartenden Störungen umgehen zu können (ebd., S. 111). Letztendlich formuliert Franz Alexander folgende Forderung:

> »Every case requires a thorough psychodynamic evaluation not only at the beginning but throughout the course of treatment. [...] The most difficult task of the therapist is first to adjust the therapy to the nature of the patient and his problem, and second, to know where to stop« (Alexander 1956a, S. 166).

4.5.2 Zur Indikation

Wahl der Therapieform

Während die klassische, standardisierte Psychoanalyse als Behandlungsmethode für Patienten mit schweren und chronischen Psychoneurosen geeignet ist (entsprechend der Gruppe II, Abb. 1 in Abschnitt 4.2), hält Franz Alexander sie für weniger nutzbringend und unökonomisch bei milder ausgeprägten oder akuten Störungen wie zum Beispiel einem Nervenzusammenbruch oder einer Kriegsneurose (entsprechend der Gruppe III). In der Gruppe III sind zuvor gut angepasste Patienten eingeordnet, die aufgrund schwerer traumatisierender Erfahrungen eine akute Störung entwickelt haben und bei denen keine schwer ausgeprägte infantile Neurose vorliegt. Vor allem diese Patientengruppe ist für die Behandlung mit der psychoanalytischen Therapie geeignet (Alexander/ French 1946, S. 10).

Die Behandlung von akuten Psychosen und Störungsbildern der Gruppe I fällt nicht in den therapeutischen Bereich der klassischen Psychoanalyse oder der von Alexander propagierten dynamischen Psychotherapie.[56]

Aufdeckende oder unterstützende Therapie?

Ob eine primär aufdeckende oder eine primär unterstützende Therapie durchgeführt werden soll, hängt jeweils von der Psychodynamik des Störungsbildes und den Lebensumständen eines Patienten ab. Alexander betont, dass unter-

---

56 Alexander weist im Vorwort eines späteren Buches auf die von Frieda Fromm-Reichmann in *Principles of Intensive Psychotherapy* (1950) dargestellte analytisch orientierte Psychotherapie von Psychosen als vielversprechenden Ansatz hin (Alexander 1956a, S. x).

stützende und aufdeckende Anteile bei jeder Therapieform vorkommen und dass es daher keine absolute, sondern nur eine graduelle Einteilung zwischen aufdeckender oder supportiver Therapie gibt.

Die primär unterstützende Therapie kann zum einen bei Patienten mit akuten Beschwerden angewandt werden, die zuvor gut angepasst lebten und die das jeweilige Störungsbild beispielsweise im Rahmen schwieriger Lebensumstände entwickelt haben. In diesen Fällen ist keine »dauerhafte Veränderung[.] des Ichs« eines Patienten das Ziel, sondern die Reduktion vorhandener Ängste oder anderer beeinträchtigender Emotionen sowie die Unterstützung bei der Anpassung an eine neue Lebenssituation und einem damit verbundenen neuerlichen Wachstum des Selbstbewusstseins (ebd., S. 103).

Zum anderen ist die vorwiegend supportive Therapie bei solchen schweren chronischen Fällen (u.a. auch Fälle der Gruppe I, Abb. 1 in Abschnitt 4.2) zu nutzen, bei denen keine oder nur eine sehr geringe Veränderung des Ichs zu erwarten ist oder bei denen aufdeckende Elemente wie Deutungen zu einer Exazerbation des Beschwerdebildes führen können. Hier sollte ein Therapeut die Bedürfnisse des schwachen Ichs nach Anleitung und Hilfe befriedigen. Gefühle der Unsicherheit, Schuld oder Angst werden dabei nicht bis zu ihren unbewussten Wurzeln zurückverfolgt, sondern vielmehr in der schützenden Atmosphäre der Therapie beruhigt. Die Effektivität dieser rein unterstützenden Therapie ist häufig limitiert und auf einen langen Zeitraum angelegt (ebd.).

Die primär aufdeckende bzw. Einsicht fördernde Therapie kann sowohl bei einigen akuten als auch bei schweren chronischen Störungsbildern angewandt werden und ist damit in vielfältiger Weise einsetzbar (ebd., S. 104). Sowohl die klassische Psychoanalyse als auch die analytisch orientierte Psychotherapie lassen sich unter diese Therapieform einordnen, da das Ziel beider Verfahren jeweils in der Erhöhung der integrativen Fähigkeiten des Ich und damit verbunden in der Reduktion fixierter neurotischer Abwehrmechanismen besteht und da beide Verfahren auf den gleichen Prinzipien basieren (Alexander 1956a, S. 154; s.a. Abschnitt 4.7.2).

Die Dauer der Therapie

Zu Beginn der Behandlung sollten die Sitzungshäufigkeit und die ungefähre Dauer der Therapie festgelegt werden, wobei die Sitzungshäufigkeit ein relatives Phänomen darstellt. Letztendlich sind die Anzahl der Sitzungen und die Dauer von der Art des Falles abhängig. So mögen bei der Therapie von Patienten, deren Ich-Funktionen nur zeitweise unter einer massiven Belastung einge-schränkt sind, wenige Behandlungsstunden im Rahmen einer Kurzzeittherapie (*brief therapy*) ausreichen, um akute Ängste zu lindern und eine Stabilisierung zu erreichen. Bei schweren Fällen mag es notwendig sein, tägliche Sitzungen über Monate oder Jahre hinweg anzubieten (Alexander/French 1946, S. 33).

Letztendlich fordert Franz Alexander eine ökonomische Psychotherapie, was unter anderem auf den stark angewachsenen Bedarf an Therapieplätzen während und nach dem Zweiten Weltkrieg zurückgehen mag. Er warnt vor einer unnötigen Verlängerung der Behandlung und fordert daher eine ständige Evaluation des Therapieprozesses. Der Fokus sollte in der Lösung der aktuellen Lebensprobleme liegen und die Aufgabe des Therapeuten ist es, die therapeutische Arbeit entsprechend zu gestalten:

> »The therapeutic maxim of an economical psychotherapy [...] must be to allow as little regression as the patient can stand, only that procrastination which is unavoidable, and as little substitution as possible of transference gratifications for life experiences« (ebd., S. 34).

Wahl der Technik

Für die Erstellung eines Behandlungsplans ist es wichtig zu entscheiden, wie häufig ein Patient pro Woche zur Therapie erscheinen soll, wie stark die Entwicklung der Übertragungsbeziehung gefördert und welches Ziel mit der Therapie letztendlich erreicht werden soll. Die am besten zum jeweiligen Fall passende Technik hängt allerdings von einer Vielzahl verschiedener Faktoren ab, sodass verallgemeinernde Aussagen oder das Aufstellen von strikten Regeln zur Wahl einer spezifischen Technik kaum möglich sind. Anstelle von klaren Regeln zeigen Franz Alexander und seine Kollegen anhand von Falldarstellungen auf, wie sie bei der Behandlung von Patienten konkret vorgehen und warum sie einen bestimmten technischen Ansatz wählen. Neben der Formulierung des psychodynamischen Verständnisses eines Falles sind letztendlich die Erfahrung und die spezifischen Fähigkeiten und Vorlieben des Therapeuten ausschlaggebend für die Wahl der genutzten Technik. Aufgrund seiner langjährigen Erfahrung kann ein Analytiker häufig die passende Herangehensweise an den Patienten wählen, obwohl ein klares Bild über dessen Vergangenheit noch erarbeitet werden muss (ebd., S. 105).

Bezüglich der Wahl der jeweiligen Technik formuliert Alexander Folgendes:

> »Only the nature of the individual case can determine which technique is best suited to bring about the curative processes of emotional discharge, insight, and a thorough assimilation of the significance of the recovered unconscious material, and, above all, the corrective emotional experiences necessary to break up the old reaction pattern.

Whether the abreaction and the corrective experience take place on the couch during free association or in direct conversation between patient and therapist sitting vis-à-vis, whether it is effected through narcosis, or whether it occurs outside the analytic interview in actual life situations while the patient is still under the influence of the psychoanalytic interview – all these are technical details determined by the nature of the individual case. In some cases the development of a full-fledged transference neurosis may be desirable; in others it should perhaps be avoided altogether. In some it is imperative that emotional discharge and insight take place very gradually; in others with patients whose ego strength is greater, interviews with great emotional tension may be not only harmless but highly desirable. All this depends upon the needs of the patient in a particular phase of the therapeutic procedure« (ebd., S. 26).

4.5.3 Prognose

Der Erfolg einer Psychotherapie ist schwer vorherzusagen. Vor Beginn sollten daher verschiedene interne und externe Faktoren in Bezug auf den jeweiligen Patienten betrachtet werden, um Fehlbehandlungen zu vermeiden und die passende Therapieform zu finden.

Externe Faktoren

Die sorgfältige Evaluation externer Faktoren ist für Alexander sehr wichtig, da in diesem Bereich häufig den Therapieerfolg determinierende Einflüsse vorliegen. Unter dem Begriff *externe Faktoren* werden neben bestimmten körperlichen Einschränkungen Aspekte wie Intelligenz bzw. Bildungsgrad, die Lebenssituation, das Vorhandensein sozialer Unterstützung und auch das Alter der Patienten zusammengefasst.

Das Vorliegen schwerer körperlicher Erkrankungen und Behinderungen ist zu beachten, da es ursächlich für die psychische Störung sein kann bzw. eine psychische Störung zusätzlich im Sinne der Komorbidität auftreten und eine Behandlung dadurch erschwert sein kann. Das Vorliegen einer solchen Erkrankung ist keine Kontraindikation, kann aber einen limitierenden Faktor in Bezug auf den möglichen Therapieerfolg darstellen (Alexander/French 1946, S. 96).

Das Intelligenzniveau und der Bildungsgrad der Patienten sind insofern zu berücksichtigen, als das bei einer angeborenen Minderbegabung andere therapeutische Techniken angewandt werden sollten als bei einem guten Intelligenzniveau. Das Intelligenzniveau ist nicht ausschlaggebend für den Erfolg einer Therapie, sondern für die Wahl der Therapieform (ebd.).

Das Alter der Patienten sollte vor einer Psychotherapie ebenfalls in Betracht gezogen werden. Alexander spricht sich nicht für eine Altersobergrenze aus und hohes Alter ist für ihn keine absolute Kontraindikation. Gleichzeitig weist er jedoch daraufhin, dass das Veränderungspotenzial bei jüngeren Menschen größer und die Prognose damit insgesamt besser sein kann. Bei der Behandlung von Kindern ist vor allem die Mitbehandlung der Eltern von zentraler Bedeutung, da diese die Schwierigkeiten der Kinder beeinflussen (ebd., S. 97).

Letztendlich ist vor allem von Bedeutung, welchen Anteil die aktuelle Lebenssituation an der Entwicklung der psychischen Störung hat und wie groß die Veränderungsmöglichkeiten des jeweiligen Patienten in seiner aktuellen Lebenssituation sind (ebd.).

Interne Faktoren

Mit dem Begriff *interne Faktoren* werden die individuelle Anpassungsfähigkeit, die Integrationsfähigkeit des Ich, die Ressourcen eines Patienten, aber auch die Reaktion auf Probedeutungen und die Einsichts- und Kooperationsfähigkeit bezeichnet.

Die wichtigsten Hinweise für die Einschätzung der Anpassungsfähigkeit und der Ressourcen eines Patienten finden sich jeweils in seiner Lebensgeschichte und seinen aktuellen Lebensumständen. Der beste und überlegenste Leistungstest in der Psychiatrie ist für Alexander daher auch die Lebensgeschichte eines Patienten. Anhand der Beschreibung des Umgangs mit bestimmten Lebenssituationen wie zum Beispiel der Sauberkeitserziehung oder dem Laufen und Sprechen lernen, mit Lebensphasen wie der Pubertät, mit den Anforderungen in Schule und Beruf und auch anhand der Beziehungsgestaltung lässt sich das Ausmaß der integrativen Fähigkeiten des Ichs abschätzen. Frühe Lebensschwierigkeiten oder eine starke Symptombildung trotz günstiger Lebensumstände können auf chronische Defizite der Integrationsfähigkeit hinweisen, sind somit schwerer behandelbar und damit prognostisch weniger günstig einzuordnen (ebd., S. 98). In der Vorgeschichte finden sich außerdem Informationen über die Häufigkeit bisheriger Episoden psychischer Störungen und Zusammenbrüche sowie über den Grad der Gesundheit zwischen diesen Episoden, woraus Rückschlüsse auf die Schwere einer Störung und frühere Anpassungsleistungen gezogen werden können (ebd.).

Mithilfe von vorsichtigen Probedeutungen und der Beobachtung der Reaktion des Patienten auf diese sind eine zusätzliche Einschätzung der Stärke des Widerstands, der Einsichtsfähigkeit und Kooperationsfähigkeit möglich (ebd.). Aus den genannten Faktoren lässt sich eine Einschätzung der Prognose des Therapieerfolgs erstellen. Eine Therapie ist dann kontraindiziert, wenn sowohl bei den externen als auch bei den internen Faktoren eine sehr geringe bzw. gar keine Veränderungsmöglichkeit bzw. -motivation vorherrscht oder die Krankheit den einzigen Ausweg aus schwierigen Lebensumständen darstellt (ebd.).

4.6 Wirkfaktoren und Ziele der Psychotherapie

Franz Alexander war sehr daran interessiert, den therapeutischen Prozess besser zu verstehen und ihn wissenschaftlich zu beschreiben. Während seiner Tätigkeit am Mount Sinai Hospital in Los Angeles widmete er einen großen Teil seiner Zeit der Frage nach den Wirkfaktoren in der Therapie. Im Rahmen eines Forschungsprojektes versuchte er, den Einfluss der Persönlichkeit des Therapeuten in der Behandlung zu erfassen und die Bedeutung der therapeutischen Beziehung herauszuarbeiten (Alexander 1958, S. 314). Er erhoffte sich von den Ergebnissen seiner Untersuchungen tiefere Erkenntnisse hinsichtlich des Therapieprozesses, wobei er sich der enormen Komplexität dieser Aufgabenstellung bewusst war (Alexander 1956a, S. 12).

Alexander hat die Frage nach den Wirkfaktoren in verschiedenen Arbeiten über viele Jahre hinweg diskutiert. Letztendlich benennt er diesbezüglich wiederholt drei Aspekte in unterschiedlicher Intensität und Bedeutung: einen emotionalen Faktor, unter den die emotional korrigierenden Erfahrungen gefasst werden, einen intellektuellen Faktor, unter den Mechanismen wie Einsicht und Durcharbeiten subsummiert werden, und die Bedeutung der therapeutischen Beziehung. Diese Faktoren stehen in einer Wechselwirkung miteinander – ein einzelner Wirkfaktor lässt sich nicht identifizieren.

4.6.1 Wirkfaktoren

Die emotionale Ebene

An verschiedenen Stellen seines Werks unterstreicht Franz Alexander die zentrale Bedeutung der emotional korrigierenden Erfahrung, die für ihn »die Essenz des gesamten therapeutischen Prozesses« (ebd., S. 100) darstellt. Im Rahmen der Übertragungsbeziehung kann ein Patient den Unterschied zwischen dem Verhalten seines Therapeuten und dem früheren Verhalten seiner Eltern oder anderer wichtiger Bezugspersonen unmittelbar erleben und seine eigenen Reaktionen als unpassend erkennen und daraufhin ändern (Alexander 1958, S. 310). Diese emotionale Erfahrung ist »der dynamische Mittelpunkt der Behandlung« (Alexander 1950b, S. 407) und einer alleinigen intellektuellen Einsicht, die durch Deutungen erreicht werden kann, weit überlegen: »Facts are stronger than words alone« (Alexander 1956a, S. 133).

Die intellektuelle Ebene

Auch wenn Franz Alexander in seinen Arbeiten vorrangig die emotionalen Erfahrungen innerhalb der Therapie betont, unterstreicht er trotzdem die Bedeutung der intellektuellen Ebene in der Behandlung. Während er das Wiedererinnern anders als andere Autoren nicht als Ursache, sondern als Folge des Therapiefortschritts betrachtet (s.a. Abschnitt 4.3), erkennt er die Bedeutung des Durcharbeitens und der intellektuellen Einsicht sehr wohl an (Alexander 1950b, S. 411). Zwar ist für ihn

> »ein ausschließlich intellektuelles Verstehen einer Neurose [...] nur selten von therapeutischer Wirksamkeit. Andererseits stabilisiert intellektuelle Einsicht, die auf emotioneller Erfahrung beruht und mit ihr verbunden ist, emotionelle Fortschritte und ebnet den Weg für neue emotionelle Erfahrungen« (ebd., S. 412).

Der Zusammenhang zwischen emotionaler Erfahrung und intellektueller Einsicht wird an anderer Stelle wie folgt beschrieben:

> »In most chronic cases the re-experiencing of the injurious interpersonal relationships of the past under more favorable conditions, e.g., in the transference situations, is not alone sufficient. The patient must also obtain an intellectual grasp and recognize the past sense and the present incongruity of his habitual emotional patterns. The relative significance of emotional experience versus intellectual grasp is probably the most difficult and most controversial part of psychoanalytic treatment« (Alexander 1958, S. 310).

Letztendlich spielen für Alexander beide Ebenen, die intellektuelle und die emotionale, jeweils eine zentrale Rolle im therapeutischen Prozess, wobei die emotional korrigierende Erfahrung die intellektuelle Einsicht ermöglicht (Alexander 1959, S. 323).

Die therapeutische Beziehung

Franz Alexander betont in seinen späteren Arbeiten zunehmend die Einzigartigkeit der therapeutischen Beziehung und die Bedeutung der Persönlichkeit des Therapeuten. Er kritisiert das Konzept der Neutralität (*blank screen*) und er hebt hervor, dass die Gegenübertragungsreaktionen des Therapeuten durch eine Lehranalyse nicht ausgelöscht, sondern nur besser verstanden und kontrolliert werden können (Alexander 1956a, S. 99). Zur Bedeutung der Therapeutenpersönlichkeit formuliert Alexander:

> »The transference neurosis is not projected on a blank screen on which only the outlines of the objective therapeutic situations are visible, but on a screen with a design of its own which favors certain interpersonal events and which differs in each treatment according to the specific personality makeup of the therapist. The latter determines his spontaneous unconscious countertransference reactions and to a degree also his conscious reactions, which are determined not only by his theoretical preparation and practical experience in therapy, but also by his manifest personality traits. Furthermore, the interpersonal relationship in therapy is also influenced by the daily variation of the therapist's subjective state of mind, which is determined by the current experiences in his life« (Alexander 1958, S. 308).

Die Persönlichkeit eines Therapeuten stellt keinen Nachteil (*detriment*), sondern einen Vorteil (*asset*) in der Behandlung dar (Alexander 1956a, S. 101). Dieser Vorteil wird wie folgt beschrieben: »He may introduce new value systems by suggestions (re-education) or simply by the fact of what he is as a person. In other words, he offers new identification possibilities to the patient« (Alexander 1958, S. 309).

Der Therapeut hilft den Patienten somit nicht allein dadurch, dass er die Einsicht in Bezug auf die Ursachen ihrer Beschwerden fördert und mithilfe der emotional korrigierenden Erfahrung eine Anpassung ihrer neurotischen Reaktionen bewirkt. Er bietet vielmehr ein neues Wertsystem und neue Identifikationsmöglichkeiten.

Franz Alexander benennt als wichtigsten Wirkfaktor die therapeutische Haltung bzw. die therapeutische Beziehung:

> »No doubt the most important therapeutic factor in psychoanalysis is the objective and yet helpful attitude of the therapist, something which does not exist in any other relationship. Parents, friends, relatives, may be helpful but they are always emotionally involved. Their attitude may be sympathetic but it is never objective and never primarily understanding. To experience such a novel human relationship has in itself a tremendous therapeutic significance which cannot be overrated« (Alexander 1956a, S. 99).

4.6.2 Ziele der Therapie

Egal ob ein Patient auf der Basis der klassischen Psychoanalyse oder der flexibleren psychoanalytisch orientierten Psychotherapie behandelt wird, das primäre Therapieziel bleibt für Franz Alexander gleich. Ziel der Therapie ist, die integrativen Fähigkeiten des Ichs der Patienten zu erhöhen, damit diese ihre subjektiven Bedürfnisse auf eine für sich selbst und für die Umwelt akzeptable Weise befriedigen können. Durch die in der Therapie gelösten emotionalen Konflikte wird die Energie, die zuvor in der Abwehr dieser Konflikte gebunden war, freigesetzt, wodurch neue Kraft für weitere Veränderungen und Anpassungsleistung zur Verfügung steht. Fixierte neurotische Verhaltensmuster sollen durch flexiblere, an die jeweilige Situation angepasste Reaktionen ersetzt werden (Alexander/French 1946, S. 104). Dem Patienten sollen durch die Therapie neue Entwicklungs- und Entfaltungsmöglichkeiten gegeben werden (*to free him to develop his capacities*) (ebd., S. 26).

In seinen späteren Arbeiten diskutiert Alexander den Einfluss gesellschaftlicher Faktoren auf die Ausbildung von Neurosen. Er weist auf den rapiden Wertewandel in der westlichen Kultur hin und er sieht das größte Gesundheitsproblem in der Schwierigkeit der Menschen, sich an die sich ständig verändernde Welt anzupassen. Er geht soweit, die Neurose als »charakteristische Störung unseres Zeitalters« zu betrachten, »ähnlich der Infektionen und Plagen in der Vergangenheit« (Alexander 1956a, S. 22).

Aus diesen Gedanken ergeben sich weitere Therapieziele: Die psychoanalytische bzw. psychotherapeutische Behandlung sollte die Patienten dazu befähigen, auf der Basis eines erhöhten Verständnisses der eigenen Person einen individuellen Lebensweg zu finden (*to find his own formula of life*) (ebd., S. 19). Die Patienten sollten mithilfe der Therapie erkennen können, unter welchen Bedingungen sie leben, lieben und arbeiten möchten und ein Ergebnis dieses Erkenntnisprozesses kann sein, dass sie sich eine neue, passendere Lebensumgebung schaffen: »As a result of treatment he may change his occupation, his human contacts, he may divorce his spouse, and he may even emigrate to another country which has a different ideology« (ebd., S. 20).

Als ein übergeordnetes Ziel jeglicher psychotherapeutischer Behandlung formuliert Alexander, dass die Therapie den Patienten dabei unterstützen soll, »ein Individuum in einer komplexen Gesellschaft zu bleiben und die eigenen individuellen Abweichungen auf realistische und sozial konstruktive Weise durch kreative Teilnahme am sozialen Prozess auszudrücken« (ebd., S. 22).

4.7 Psychoanalytische Psychotherapie vs. Psychoanalyse

4.7.1 Die Kontroverse

Nach der Veröffentlichung des Buches *Psychoanalytic Therapy* entbrannte in den Vereinigten Staaten eine Kontroverse zwischen progressiven und orthodoxen Psychoanalytikern. Während wenige Autoren die Darstellung der psychoanalytisch orientierten Psychotherapie von Alexander und French begrüßten[57], riefen konservative Freudianer eine Krise der Psychoanalyse als Therapieform aus, für die sie Alexander verantwortlich machten: »Psychoanalysis is in a crisis. That crisis had been mainly to theory until now. Alexander's book initiates a new phase in which that crisis spills over into problems of psychoanalytic technique« (Eissler 1950, S. 150).

Die Kritik war teilweise polemisch und umfasste jedes einzelne von Alexander und seinen Co-Autoren beschriebene Konzept.[58] Besonders heftig wurden das Prinzip der Flexibilität, das Prinzip der emotional korrigierenden Erfahrung sowie die Frage danach diskutiert, ob die in dem Buch *Psychoanalytic Therapy* vorgestellte Therapieform überhaupt als psychoanalytisch bezeichnet werden darf. Die Diskussionen bezüglich der Gemeinsamkeiten und Unterschiede zwischen der klassischen Psychoanalyse und der psychoanalytischen Psychotherapie wurde in den folgenden Jahren im Rahmen verschiedener Konferenzen und Podiumsdiskussionen fortgeführt.[59]

Franz Alexander selbst nahm an diesen Konferenzen und Diskussionsveranstaltungen teil und er reagierte außerdem mit der Veröffentlichung weiterer Artikel und seinem Buch *Psychoanalysis and Psychotherapy* (1956) auf die Kritik.

---

57 Zu den (wenigen) Befürwortern der von Franz Alexander propagierten Position der psychoanalytisch orientierten Psychotherapie gehörten Frieda Fromm-Reichmann (in Teilaspekten) und Edith Weigert (vgl. Wallerstein 1990, S. 288).

58 So bezeichnet Kurt Eissler in seinem 55-seitigen kritischen Aufsatz von 1950 die von Alexander und French propagierte Form der Therapie beispielsweise als »magic therapy« (S. 118). Er kritisiert in diesem Artikel letztendlich jede der von Alexander und French eingeführten Neuerungen. In der Zusammenfassung einer Diskussionsrunde verschiedener Mitglieder der APA werden die Vorwürfe gegen die Chicagoer Gruppe als »violent criticism« bezeichnet (vgl. Johnson 1953, S. 552).

59 So wurden beispielsweise auf dem Midwinter Meeting der American Psychoanalytic Association von 1952 und auf dem folgenden Meeting im Mai 1953 verschiedene Diskussionsrunden zur Frage nach den Gemeinsamkeiten und Unterschieden zwischen der klassischen Psychoanalyse und ihren Variationen abgehalten. An diesen Diskussionsrunden nahmen neben Franz Alexander unter anderem so namhafte Analytiker wie Anna Freud, Frieda Fromm-Reichmann und Heinz Hartmann teil. Die Oktoberausgabe des *Journal of the American Psychoanalytic Association* von 1954 ist den Beiträgen dieser Veranstaltungen gewidmet.

4.7.2 Reaktionen auf Kritiker

In seinem Buch *Psychoanalysis and Psychotherapy* (1956) stellt sich Franz Alexander auf umfassende Weise seinen Kritikern. Einige zuvor publizierte Artikel sind in diese Schrift aufgenommen und zum Teil modifiziert worden. Alexander setzt sich vor allem mit den Vorwürfen der Manipulation und des Rollenspielens des Therapeuten in der Behandlung auseinander. Auch widmet er sich ausführlich der Frage nach den Gemeinsamkeiten und Unterschieden der Klassischen Psychoanalyse und der Psychotherapie, die durch das Erscheinen von *Psychoanalytic Therapy* aufgeworfen wurde.

Zum Prinzip der Flexibilität

Kritik an den von Alexander vorgestellten Variationsmöglichkeiten hinsichtlich der Sitzungshäufigkeit und des therapeutischen Settings äußerte in besonderer Schärfe Kurt Eissler. In seinem Aufsatz wirft er Alexander und seinen Co-Autoren unter anderem vor, die Vorteile des Prinzips der Flexibilität und die dadurch angeblich erreichbare Lösung vieler verschiedener therapeutischen Probleme zu stark zu betonen. Er stellt das Konzept bzw. dessen Folgen für die Therapie als unrealistisch dar, indem er es mit einem magischen Zauberstab (*magic wand*) vergleicht (Eissler 1950, S. 126). In einem anderen Aufsatz äußert er, dass das Prinzip der Flexibilität vorrangig von prominenten Analytikern genutzt wird, die aufgrund ihrer vielen anderen Verpflichtungen (*extracurricular activities*) wie zum Beispiel der Lehre an verschiedenen Instituten, reger Kongressteilnahme oder Beratungstätigkeiten keine täglichen Sitzungen anbieten können (ebd., S. 107).

Ein weiterer Kritiker, Leo Stone, bezeichnet das Prinzip der Flexibilität als Klischeekonzept (*cliché conception – Who does not believe in ›flexibility‹?*). Andere Analytiker nutzen seiner Meinung nach ebenfalls flexibel die etablierten Techniken, jedoch ohne auf ungeordnete Weise ein neues Instrument für jeden Fall erfinden zu wollen (Stone 1957, S. 397).[60] Die Analytikerin Phyllis Greenacre kritisiert vor allem die flexible Sitzungsgestaltung. Sie betont, dass zumindest in der Anfangsphase (die ihrer Erfahrung nach gewöhnlich ein Jahr andauert) fünf bis sechs Sitzungen pro Woche notwendig sind, um durch die Kontinuität

---

60 Das Originalzitat unterstreicht die scharfe Kritik: »Most analysts […] prefer to use their basic well-tested instrument in a variety of flexible applications, and to continue to learn more about it, perhaps modify it gradually, than to turn to an amorphous mass of conceptual molten iron to forge a new instrument for each case« (Stone 1957, S. 398).

die Entstehung einer Übertragungsbeziehung zu ermöglichen. Im Verlauf der Therapie könne dann vorsichtig eine Reduktion der Sitzungen auf drei bis vier Stunden pro Woche eingeführt werden (Greenacre 1954, S. 677).[61]

Franz Alexander wehrt sich gegen die Vorwürfe in Bezug auf das Prinzip der Flexibilität, in dem er zunächst aufzeigt, dass die Veränderung der Sitzungshäufigkeit als technisches Mittel letztendlich nicht neu oder revolutionär ist, sondern seit vielen Jahren und von vielen Analytikern praktiziert wird. Schon während seiner Ausbildung am BPI wurden die Anzahl und Häufigkeit der Sitzungen variiert (vgl. Eitingon 1922, S. 510). Die Neuerung bzw. sein eigener Beitrag besteht für Alexander darin, dass er zusätzlich zu der Beschreibung des Prinzips der Flexibilität eine systematische Begründung für die Anwendung dieser sonst intuitiv genutzten bekannten therapeutischen Faktoren liefert. Er erklärt erneut, dass die flexible Sitzungsgestaltung je nach Fall genutzt werden kann, um die emotionale Beteiligung des Patienten zu regulieren und um Abhängigkeitsbedürfnisse bewusst zu machen (Alexander 1956a, S. 140f.).

Der Vorwurf der Manipulation

Weitere Autoren kritisieren vorrangig den manipulativen Charakter, den die therapeutische Situation durch die aktive Beeinflussung der Übertragungsbeziehung erhält. Sie kritisieren, dass die emotional korrigierende Erfahrung nur durch ein künstliches Verhalten (Rollenspiel) ermöglicht wird, indem der Therapeut die der wichtigen Bezugsperson entgegengesetzte Haltung einnimmt. Sie merken außerdem an, dass ein Patient dieses bewusst und zielgerichtet verändertes Verhalten erkennt und als künstlich wahrnimmt.[62]

Der Analytiker Leo Stone kritisiert das Konzept der emotional korrigierenden Erfahrung ebenfalls aufgrund der damit verbundenen Modifikationen der therapeutischen Haltung. Er weist daraufhin, dass ein Patient die Veränderung von der neutralen Haltung des Analytikers zu Beginn der Behandlung zur für die emotional korrigierende Erfahrung notwendigen und an die Biografie des

---

61 Die Autorin weist außerdem daraufhin, dass sich durch eine geringe Sitzungshäufigkeit die Anzahl der Patienten erhöht und dass dadurch mehr Material entsteht, das zusätzlich im Gedächtnis behalten werden muss (Greenacre 1954, S. 678). Weitere von ihr kritisierte Aspekte betreffen das Einbeziehen der aktuellen Lebenssituation in die Therapie, die aktive Rolle des Therapeuten und den Umgang mit der Übertragung (ebd., S. 675).

62 Diesen Aspekt äußert unter anderem Heinz Hartmann in einer Diskussionsrunde der APA (vgl. Orr/Zetzel 1953, S. 534). Leo Stone bezeichnet die von Alexander propagierte therapeutische Haltung als eine »illusorische oder künstliche historisch vorgegebene Gegensätzlichkeit« (Stone 1957, S. 403).

Patienten angepassten therapeutischen Haltung bemerken kann und er fragt sich, wie ein Patient mit einer solchen Veränderung umgehen wird. Er betont außerdem die Wichtigkeit einer »unkontaminierten Übertragungsneurose«, die nur durch die bekannte neutrale therapeutische Haltung entstehen und aufgelöst werden kann (Stone 1957, S. 402f.).

Merton Gill kritisiert ebenfalls, dass Alexander in der Therapie verschiedene emotionale Rollen einnimmt. Er hält eine den Erwartungen eines Patienten gegensätzliche therapeutische Haltung für risikoreich. Nur die Neutralität des Analytikers kann, wenn überhaupt, eine emotional korrigierende Erfahrung ermöglichen (Gill 1954, S. 782). Er weist außerdem daraufhin, dass das Konzept der emotional korrigierenden Erfahrung zwar tatsächlich eine schnelle Verhaltensänderung im Patienten hervorrufen kann, dass eine solche Veränderung jedoch nur eine Anpassungsleistung an die spezifische Beziehung zu seinem Therapeuten bedeutet. Der Patient lernt hier beispielsweise nur deshalb sein Bedürfnis nach Abhängigkeit aufzugeben, da er mit einer Reduktion von Therapiestunden für das Zeigen von Abhängigkeit bestraft wird. Die klassische Psychoanalyse hat hingegen eine tiefe intrapsychische Veränderung zum Ziel. Diese kann dadurch erreicht werden, dass ein Patient trotz Regression und hoher Sitzungsfrequenz seine Abhängigkeitsbedürfnisse in solcher Weise erfährt und versteht, dass er diese Abhängigkeit in Zukunft weder braucht noch wünscht – und zwar nicht nur in der Beziehung zu seinem Analytiker, sondern generell (ebd., S. 780f.). Hier wird bereits deutlich, dass die von Alexander vorgestellte Form der Therapie für viele Autoren nicht zur klassischen Psychoanalyse gehört.

In Bezug auf die Vorwürfe der Manipulation und des Rollenspielens argumentiert Franz Alexander, dass das von der klassischen Analyse postulierte Ideal der neutralen Haltung von Patienten als ebenso künstlich und rollenspielerisch wahrgenommen werden kann wie die für eine emotional korrigierende Erfahrung benötigte spezifische therapeutische Haltung, da eine solche neutrale Haltung in anderen zwischenmenschlichen Beziehung nicht existiert (Alexander 1963, S. 442). Er erklärt außerdem, dass die Persönlichkeit eines Analytikers in der Behandlung zwar nicht gänzlich durch eine bestimmte Haltung verdeckt werden kann und dass ein Patient dies auch wahrnimmt. Trotzdem kann ein Therapeut seine Gegenübertragungsreaktionen kontrollieren und an die Bedürfnisse der jeweiligen Konfliktsituation anpassen. Eine bewusste Modifikation der zwischenmenschlichen Beziehung in der Therapie stellt für Alexander kein künstliches Rollenspiel dar. Er vergleicht die Position des Therapeuten mit der eines Lehrers, der die Lernatmosphäre den Bedürfnissen seiner Schüler anpasst. Durch die passende Atmosphäre in der Therapie wird die emotional korrigierende Erfahrung möglich und die damit verbundene Einsicht effektiv (Alexander 1956a, S. 101).

Auch hier weist Alexander daraufhin, dass das Prinzip der emotional korrigierenden Erfahrung kein revolutionäres neues Konzept darstellt. Er zeigt auf, dass die bisher intuitive Gestaltung der zwischenmenschlichen Beziehung in der Behandlung mithilfe der durch den zentralen Konflikt eines Patienten versteh- und begründbaren bewussten Veränderung unterstützt und intensiviert werden kann. Die Intuition wird somit auch hier durch theoretische Überlegungen ergänzt. Die Beschreibung des Prinzips der emotional korrigierenden Erfahrung stellt für Alexander den Versuch dar, einen bisher unentdeckten Aspekt des therapeutischen Prozesses in die psychoanalytische Theorie zu integrieren (ebd., S. 145).

Gemeinsamkeiten und Unterschiede der Klassischen Psychoanalyse und der psychoanalytischen Psychotherapie

Eine heftige und viele Jahre andauernde Kontroverse entwickelte sich bezüglich der Frage, ob die von Alexander und seinen Co-Autoren vorgestellte Therapieform überhaupt als psychoanalytisch bezeichnet werden darf. Während die große Mehrheit der amerikanischen Psychoanalytiker für eine strikte Trennung zwischen der Psychoanalyse und den psychodynamischen bzw. psychoanalytisch orientierten Psychotherapien plädieren, die Unterschiede unterstreichen und die » reine Analyse« bedroht sehen, betont eine Minderheit ihre Gemeinsamkeiten.[63]

Die Klärung der Frage nach den Gemeinsamkeiten und Unterschieden zwischen der klassischen Psychoanalyse und anderen Therapieformen hängt letztendlich von der Definition dieser Verfahren ab. In seinem Vortrag *Zur Geschichte der psychoanalytischen Bewegung* (1914) weist Sigmund Freud auf zwei zentrale Aspekte der psychoanalytischen Theorie hin: Auf den Widerstand und die Übertragung.

> »Jede Forschungsrichtung, welche diese beiden Tatsachen anerkennt und sie zum Ausgangspunkt ihrer Arbeit nimmt, darf sich Psychoanalyse heißen, auch wenn sie zu anderen Ergebnissen als den meinigen gelangt. Wer aber andere Seiten des Problems in Angriff nimmt und von diesen beiden Voraussetzungen abweicht, der wird dem Vorwurf der Besitzstörung durch versuchte Mimikry kaum entgehen, wenn er darauf beharrt, sich einen Psychoanalytiker zu nennen« (Freud 1914b, S. 13).

---

63 Für eine ausführliche und detaillierte Beschreibung der Kontroverse sei auf den Aufsatz *Psychoanalysis and Psychotherapy: A Historical Perspective* (Wallerstein 1989) hingewiesen.

Rund 40 Jahre später fordert Merton Gill als strenger Befürworter der klassischen Analyse, dass eine Therapie nur die Bezeichnung *psychoanalytisch* tragen darf, wenn sie von einem Analytiker mit neutraler Haltung durchgeführt wird, wenn im Rahmen der therapeutischen Beziehung eine Übertragungsneurose entsteht und diese allein durch Techniken der Deutung endgültig aufgelöst wird (vgl. Gill 1954, S. 775).[64] Die von Alexander vorgestellte Form der Psychotherapie darf im Rahmen dieser eng gefassten Definition nicht als psychoanalytisch bezeichnet werden.

Franz Alexander legt ausführlich seine eigene Sicht und Position in Bezug auf die Debatte dar. Zunächst versucht er, die Gründe für die Diskussionen zu verstehen. Er erklärt sich die hitzige Kontroverse unter anderem dadurch, dass die Psychoanalyse außerhalb der akademischen Medizin entstand und die lange fehlende Anerkennung der etablierten Mediziner zu einem Misstrauen aufseiten der Analytiker geführt hat. Dieser Außenseiterstatus hat viele Analytiker geprägt (Alexander 1956a, S. 150). Mittlerweile ist die Psychoanalyse jedoch weithin akzeptiert. Ihre Erkenntnisse über die Psychodynamik und die Ätiologie und Pathogenese von Neurosen ist zu einer zentralen wissenschaftlichen Basis der psychiatrischen Fachdisziplin geworden (vgl. Knight 1945, S. 778). Durch diese Entwicklung sieht Alexander die Identität der klassischen Psychoanalytiker gefährdet. Da eine Abgrenzung zur Psychiatrie durch die Theorie nicht mehr möglich ist, erfolgt die Abgrenzung seiner Meinung nach über die strenge Definition der Therapie (Alexander 1956a, S. 152).

Nach Alexander wird die Psychoanalyse in Zukunft ein zunehmend wichtiger Bestandteil der Psychiatrie und damit Teil der Medizin. Er fordert daher, dass sich die Psychoanalytiker nicht von diesem Prozess abwenden, indem sie versuchen, die Ausbildung und ihre praktische Arbeit abzugrenzen und unter Kontrolle zu behalten, sondern dass sie die Integration der Psychoanalyse in die Medizin unterstützen und sich den damit verbundenen praktischen Problemen stellen sollen (ebd., S. 151).

Bezüglich seiner eigenen Ansicht hinsichtlich der Frage danach, was die klassische Psychoanalyse und die psychoanalytisch orientierte Psychotherapie unterscheidet bzw. vereint, plädiert Franz Alexander nicht für eine Trennung zwischen Psychoanalyse und Psychotherapie, sondern eher für eine Unter-

---

64 Der orthodoxe Analytiker Kurt Eissler fordert ähnlich wie Gill, dass die einzige Technik in der klassischen Analyse die Deutung sein soll. Alle weiteren technischen Mittel, die in bestimmten Fällen zur Anwendung kommen dürfen, bezeichnet er als *Parameter*. Eissler definiert vier verschiedene Kriterien für diese Parameter und nur wenn diese Kriterien erfüllt sind, darf eine bestimmte Technik als psychoanalytisch bezeichnet werden (vgl. Eissler 1953, S. 110–114).

scheidung von vorwiegend unterstützenden und vorwiegend aufdeckenden Therapieformen (ebd., S. 170).[65] Die Psychoanalyse würde bei dieser Vorgehensweise gemeinsam mit der psychodynamischen Psychotherapie unter die primär aufdeckenden Verfahren eingeordnet werden, deren Ziel in der Lösung eines verdrängten Grundkonflikts in der Übertragungsbeziehung besteht (ebd., S. 154).

Eine strikte Trennung zwischen klassischer Psychoanalyse und psychoanalytisch orientierter Psychotherapie ist für Alexander nicht möglich, da beide Therapieformen auf der gleichen theoretischen Basis beruhen:

> »The boundaries between psychoanalysis proper and uncovering types of psychotherapy becomes less sharply defined the more all psychotherapeutic practices operate with the same conceptual tools and in the same theoretical framework« (ebd., S. 160).

Die klassische Psychoanalyse und die psychodynamischen Psychotherapien lassen sich vielmehr auf einem Kontinuum anordnen (ebd., S. 147). Beide Verfahren unterscheiden sich letztendlich hinsichtlich quantitativer Faktoren, wobei Alexander betont, dass weniger die Differenzen in Bezug auf die Frequenz der Sitzungen und die Dauer der Therapie als Unterscheidungskriterium dienen, sondern vorwiegend der Grad der Intensität der Übertragungsneurose und der Tiefe der Widerstandsanalyse entscheidend sind. Beide Aspekte sind Gegenstand sowohl der klassischen Analyse als auch der psychodynamischen Psychotherapie, jedoch in unterschiedlicher Ausprägung (ebd., S. 161). Wie weit die Genese eines Konflikts in der Biografie eines Patienten zurückverfolgt und wie tief seine Geschichte durchdrungen werden sollte, sind für Alexander die offenen Fragen neben der Suche nach Kriterien für den passenden Zeitpunkt zur Beendigung einer Therapie (ebd., S. 162ff.).

An anderer Stelle betrachtet Franz Alexander die Debatte aus der Perspektive der Wirkfaktoren (Einsicht versus emotionale Erfahrung). Während beispielsweise Kurt Eissler und Merton Gill die Einsicht mittels Deutung als primären therapeutischen Faktor in der Psychoanalyse betonen und alle anderen therapeutischen Faktoren als untergeordnet oder sekundär bezeichnen, hält Alexander diese Hierarchisierung für wenig sinnvoll. Einsicht sollte vielmehr durch emotionale Erfahrungen und durch begleitende Deutungen erzielt werden (ebd., S. 142).

---

65 Für diese Unterscheidung sprach sich bereits Robert P. Knight, Präsident der APA von 1951 bis 1952, aus, wobei er die Begriffe supportive und expressive Therapie nutzte (vgl. Knight 1949).

In einem seiner letzten Aufsätze beschreibt Alexander die folgenden allen psychoanalytischen Verfahren gemeinsamen psychodynamischen Prinzipien:

1) Unbewusstes Material wird während der Behandlung bewusst und kann vom Ich integriert werden.

2) Die Aktivierung dieser unbewussten Inhalte erfolgt mithilfe zweier therapeutischer Faktoren, der Deutung von durch die freie Assoziation hervorgebrachtem Material und durch die emotionalen Erfahrungen des Patienten in der Übertragungsbeziehung. Die Haltung des Therapeuten ist dabei von großer Bedeutung.

3) Der Patient zeigt Widerstand gegen das Bewusstwerden zuvor unbewusster Phänomene. Die Überwindung des Widerstandes stellt ein zentrales technisches Problem dar.

4) Der Patient entwickelt im Verlauf der Therapie eine Übertragungsneurose, die in der Therapie aufgelöst werden soll (Alexander 1963, S. 440).

Die Gemeinsamkeiten und Unterschiede zwischen der klassischen Psychoanalyse und der psychoanalytisch orientierten Psychotherapie nach Alexander lassen sich mithilfe der Abbildung 2 verdeutlichen.

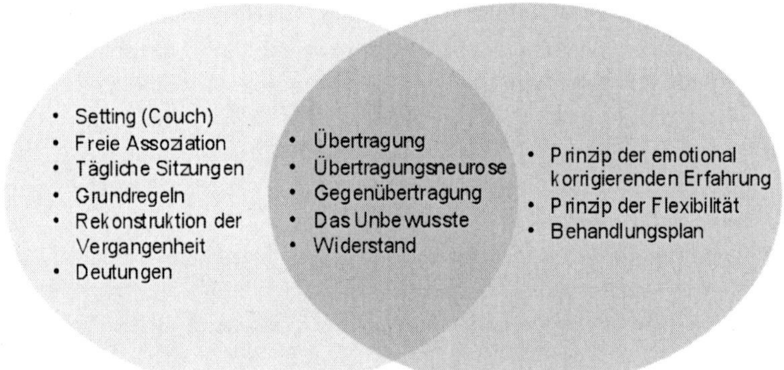

Abb. 2: Klassische Psychoanalyse (links) und psychoanalytisch orientierte Psychotherapie (rechts) – Gemeinsamkeiten und Unterschiede

4.8   Historische Einordnung

In seinen verschiedenen Schriften zur Theorie der Psychoanalyse und zur psychoanalytisch orientierten Psychotherapie stellt Franz Alexander verschiedene

Grundregeln der klassischen Psychoanalyse infrage. Er kritisiert unter anderem die Länge der Therapie, die Unendlichkeit der Analyse, die Abstinenzregel, die einseitige Betonung der Methode der Deutung und das Ziel der vollständigen Rekonstruktion der Vergangenheit. Daran anknüpfend formuliert er verschiedene Grundgedanken und Konzepte, die er im Lauf der Jahre weiterentwickelt bzw. detaillierter ausformuliert. Neben den Prinzipien der Flexibilität und der emotional korrigierenden Erfahrung führt er ein relativistisches Neurosekonzept ein. Auch gibt er Auskunft über seine Vorstellungen der Therapieplanung inklusive des Erstellens individueller Behandlungspläne, die Hinweise zur Indikationsstellung und Prognose beinhalten.

Das Ziel seiner Arbeiten ist jeweils, die häufig intuitive Praxis der psychoanalytischen Therapie mithilfe von wissenschaftlich fundierten Prinzipien zu ergänzen bzw., wenn möglich, zu ersetzen. Alexander weist außerdem wiederholt daraufhin, dass das klassisch-psychoanalytische theoretische Model der Therapie nicht der Realität der praktischen therapeutischen Arbeit entspricht.

Schon während seiner Präsidentschaft der APA in den Jahren 1938 und 1939 forderte Alexander, dass aus der Psychoanalytischen *Bewegung* eine wissenschaftliche *Vereinigung* werden soll und dass ein kritischer Zugang zur Psychoanalyse erlaubt und etabliert wird. Der Mensch soll seiner Meinung nach unter biologischen, physiologischen, soziologischen und psychologischen Gesichtspunkten verstanden werden, da er gleichzeitig »biologischer Organismus, individuelle Persönlichkeit und Mitglied einer sozialen Gruppe« ist (Alexander 1938, S. 302). Daher soll sich die Psychoanalyse ihren Nachbardisziplinen öffnen und in der akademischen Welt etabliert werden.

Franz Alexander hat sich früh für eine Modernisierung bzw. langsame Weiterentwicklung der psychoanalytischen Theorie und Therapie eingesetzt, ohne dabei je die Rolle von Sigmund Freud zu vergessen, zu dem er eine persönliche Beziehung führte (ebd., S. 305). Eine Anpassung vor allem der ursprünglichen praktischen Konzeption der Psychoanalyse an die sich ändernden gesellschaftlichen Anforderungen hielt er für wünschenswert und notwendig und in einem seiner späteren Aufsätze weist er mit folgender Anmerkung darauf hin:

> »No medical practitioner could treat patients with the same methods he learned 50 years ago without being considered antiquated. In contrast, during the same period the standard psychoanalytic treatment as it is taught today in psychoanalytic institutes remained practically unchanged« (Alexander 1963, S. 440).

Sein Veränderungswille traf nicht unbedingt den damals innerhalb der amerikanischen Psychoanalyse herrschenden Zeitgeist. Dieser war nach dem Tod

Sigmund Freuds durch den mehrheitlichen Wunsch nach Einigkeit und Konformismus geprägt (vgl. Wallerstein 1988, S. 9f.). Zwar gab es progressive Therapieschulen und eine stattliche Zahl von Abweichlern ging eigene Wege.[66] Eine breite Mehrheit stellte sich in der aufkommenden heftigen Kontroverse um die »wahre« Psychoanalyse jedoch auf die Seite der Orthodoxie.

Alexander betrachtete die vielfältigen Kontroversen bezüglich der Fragen nach den Grenzen zwischen klassischer Psychoanalyse und anderen psychotherapeutischen Verfahren als positiv. In den Diskussionen sah er, womöglich zu optimistisch, »das Erwachen einer frischen, undogmatischen experimentellen Stimmung« (Alexander 1950d, S. 132). Während Alexander auf dynamische Impulse für die Weiterentwicklung der Psychoanalyse hoffte und jeglichen Dogmatismus als antiquiert und kontraproduktiv betrachtete, reagierte die Mehrzahl der amerikanischen Analytiker mit einer Besinnung auf strenge, orthodoxe Regeln. Der »Mainstream« war nicht auf seiner Seite.

Insgesamt lässt sich einschätzen, dass die damaligen Debatten aus heutiger Sicht wohl eher politischer als wissenschaftlicher Natur waren. Den orthodoxen Analytikern ging es weniger um wirkliche Fortschritte oder einen wissenschaftlichen Erkenntnisprozess, als vielmehr darum, die klassische Psychoanalyse vor Abweichungen zu schützen (*unity doctrin*). Nach Einschätzung von Michael Ermann hat diese »Starrheit und Unlebendigkeit [...] den Patienten und der Weiterentwicklung der Psychoanalyse sicher mehr geschadet als genutzt« (Ermann 2009, S. 51).

---

66 Hier seien beispielsweise die Neopsychoanalytiker Karen Horney, Harry Stack Sullivan und Erich Fromm genannt (vgl. auch Ermann 2009, S. 34).

5. Die aktuelle Bedeutung Franz Alexanders

In der englischsprachigen Fachwelt wird Franz Alexander noch heute gelegentlich zitiert und seine Konzepte, vor allem das Prinzip der emotional korrigierenden Erfahrung, wurden in den letzten Jahren wiederholt diskutiert. So widmete die Zeitschrift *Psychoanalytic Inquiry* im Jahr 1990 ein ganzes Heft der Frage nach der Bedeutung des Konzepts der emotional korrigierenden Erfahrung. Im Jahr 2004 wurde ein Artikel Franz Alexanders aus dem Jahr 1963 in der Zeitschrift *Journal of Psychotherapy Integration* erneut abgedruckt. Im Jahr 2007 erfolgte ein Neuabdruck von *Analysis of the Therapeutic Factors in Psychoanalytic Treatment* (1950) in *The Psychoanalytic Quarterly*. Auf dem Kongress der Internationalen Psychoanalytischen Vereinigung im Jahr 2010 in Chicago fand eine Podiumsdiskussion zum Thema *Franz Alexander Revisited* statt und weitere namhafte Autoren widmeten sich verschiedenen Aspekten der Schriften Alexanders in aktuellen Journalbeiträgen, zuletzt André Haynal im Jahr 2011. In diesem Kapitel sollen die aktuellen Beiträge über die Konzepte und Schriften Franz Alexanders und deren Weiterentwicklungen kurz vorgestellt werden. Die Ansichten heutiger Autoren, grob eingeteilt in Befürworter und Kritiker, werden beschrieben, um im Anschluss die Bedeutung Franz Alexanders für die moderne Psychotherapie zu diskutieren.

5.1 Kritiker

R. S. Wallerstein zeichnet in seinem ausführlichen Aufsatz von 1990 die Entwicklung des Prinzips der emotional korrigierenden Erfahrung, die daraus entstandenen Kontroversen sowie die Entwicklung weiterer Richtungen, die die therapeutische Beziehung in den Mittelpunkt stellen, nach. Er bezeichnet Alexanders Idee als »eines der bedeutendsten innovativen Konzepte« (Wallerstein 1990, S. 288) der 1940er und 1950er Jahre und er ordnet die vorgebrachten therapeutischen Ansätze historisch als eine Reaktion auf die zunehmende Intellektualisierung des Therapieprozesses ein (ebd., S. 301). Bezüglich des Konzepts der emotional korrigierenden Erfahrung schließt er sich der von ihm vorgestellten Kritik an und erweitert diese, indem er fragt, woher Alexander die Sicherheit nahm, dass die therapeutische Haltung jeweils wirklich die richtige und für den Patienten passende war (ebd., S. 299). Wallerstein zieht keine Verbindung zwischen dem Konzept der emotional korrigierenden Erfahrung und dem zunehmend breiten Interesse der Psychoanalyse an interaktionalen Prozessen und an der wichtigen Bedeutung der Person des Therapeuten. Er sieht keinen Zusammenhang zwischen Alexander und den interpersonalen Schulen (Sullivan und Nachfolger) oder der Objektbeziehungstheorie (Klein und Nachfolger) (ebd., S. 321). Er hält es nicht für erstrebenswert oder sinnvoll, das Konzept der emotional korrigierenden Erfahrung in der heutigen Zeit erneut auf seine Aktualität hin zu überprüfen oder eine Neubewertung vorzunehmen (ebd., 289). Wallerstein bezeichnet das Konzept der emotional korrigierenden Erfahrung als ein »psychotherapeutisches [...] technisches Manöver«, dessen Nutzung unter spezifischen klinischen Umständen (die jedoch schwer bestimmt werden können) sogar indiziert sein kann, wenngleich die Anwendung auch riskant ist (ebd., S. 321). Obwohl Wallerstein in früheren Aufsätzen darauf hingewiesen hat, dass die Grenzen zwischen der Psychoanalyse und der psychodynamischen Psychotherapie nicht festgesetzt sind und dass keines der beiden Verfahren dem anderen überlegen ist, bezeichnet er Alexanders Beitrag explizit als psychotherapeutisch und deshalb für die Weiterentwicklung der Psychoanalyse der letzten 50 Jahre nicht relevant (ebd., S. 322).

Der amerikanische Analytiker Stephen H. Cooper bringt in seiner Rezension des im Jahr 2007 neu abgedruckten Artikels *Analysis of the Therapeutic Factors in Psychoanalytic Treatment* seine Überraschung darüber zum Ausdruck, dass dieser Artikel im Jahr 1950 überhaupt abgedruckt worden ist. Er kritisiert, dass Alexander die komplexe Frage danach, welche Art von emotional korrigierender Erfahrung ein individueller Patient braucht, stark vereinfacht und er fragt sich, ob die bewusst eingenommene therapeutische Haltung in ihrer Wirkung auf den Patienten wirklich jeweils den gewünschten und vorhergesehenen Effekt erzielen kann (Cooper 2007, S. 1087).[67] Als relationaler Psychoanalytiker kritisiert Cooper

---

67 Diese Kritik wird von Robert Michels in seinem Aufsatz über Alexanders Technik geteilt (Michels 2007, S. 1106).

des Weiteren Alexanders Betonung der objektiven Haltung, die im Gegensatz zu einer gemeinsamen Erkundung der Bedürfnisse von Patienten in der Therapie steht und er weist darauf hin, dass die komplexen und vielfältigen möglichen Erfahrungen von Patienten durch das Einnehmen dieser Haltung minimiert werden (ebd., S. 1089). Die Idee von Alexander, mithilfe verschiedener Prinzipien die Übertragung der Patienten kontrollieren zu können, ist für Cooper nicht mit interpersonalen und relationalen Ansätzen vereinbar, in denen die therapeutische Beziehung aus einer spontanen und gleichwertigen Interaktion von Therapeut und Patient heraus entsteht (ebd., S. 1095). Cooper sieht in Alexander aber auch einen indirekten Vordenker späterer Ansätze, die die einzigartigen Eigenschaften und Fähigkeiten jedes einzelnen Patienten betrachten und ihr therapeutisches Vorgehen jeweils daran ausrichten (ebd.). Er hält es außerdem für möglich, dass die emotional korrigierende Erfahrung, wenn auch in einer sehr konkreten und vereinfachten Form, als ein Vorläufer späterer Theorien gelten kann, in denen der Analytiker als ein neues Objekt fungiert (ebd., S. 1096).[68] Insgesamt schätzt Cooper das Konzept der emotional korrigierenden Erfahrung jedoch als eine stark vereinfachte Lösung zum Umgang mit komplexen Übertragungsformen ein und er erachtet es nicht als sinnvoll, dieses von Alexander eingeführte, auf bewussten taktischen Manipulationen beruhende Instrument für die Therapie wiederzuentdecken (ebd., S. 1100).

5.2 Befürworter

In seinem Kommentar über den im Jahr 2007 in *The Psychoanalytic Quarterly* veröffentlichten Neuabdruck eines Artikels von Franz Alexander (Alexander 1950a) bezeichnet der amerikanische Psychiatrieprofessor Robert Michels Alexander als einen Pionier im Bereich der Kurzzeittherapie und in Bezug auf die Problemfokussierung und die Beendigung der Therapie (Michels 2007, S. 1104). Eine wichtige Vorreiterrolle hat Alexander außerdem deshalb inne, weil er davon überzeugt war, dass die gemeinsame Forschungsarbeit an vielen Patienten in einer Gruppe von Analytikern, das Teilen der Erfahrungen unter-

---

68 Der Autor weist darauf hin, dass viele zeitgenössische Autoren das Konzept des Analytikers als neues Objekt als sinnvoll erachten, da sowohl die technische als auch die persönliche Qualität ihrer Interventionen von den Patienten als einflussreich und manchmal auch als neu in der therapeutischen Beziehung wahrgenommen werden (Cooper 2007, S. 1098). Cooper betont allerdings, dass der Begriff »neu« nicht mit der Idee eines »guten Objekts« gleichgesetzt werden sollte, da in der Therapie häufig eher ein »schlechtes Objekt« benötigt wird (vgl. ebd., S. 1099; s.a. den Artikel von Knight [2005] im nächsten Abschnitt).

einander und die Zusammenarbeit überhaupt zur Weiterentwicklung der Psychoanalyse beitragen können (ebd., S. 1107f.). Des Weiteren stellte Alexander die Haltung der Neutralität infrage und nach Michels Meinung »stolperte« (ebd., S. 1109) er dabei über den potenziellen therapeutischen Wert der sorgfältigen Analyse der eigenen Gegenübertragungsreaktionen. Die Erforschung und die Analyse aller Interaktionen innerhalb der Therapie stellt für Michels ein wichtiges Kennzeichen der heutigen Psychoanalyse dar. Er weist daraufhin, dass zwar die Kernideen Alexanders nach einer Neuformulierung durch andere Autoren akzeptiert worden sind, dass aber durch seine Konflikte mit der Orthodoxie niemand seinen Namen mit diesen Ideen in Verbindung bringt. Für aktuelle Analytiker ist es noch immer ein Angriff, wenn ihr Werk in Verbindung mit dem Namen Franz Alexander gebracht wird – dies hält der Autor für nicht gerechtfertigt (ebd., S. 1111).

J. Tyler Carpenter, ein amerikanischer Psychologe, sieht in Franz Alexander in seinem Kommentar über den im Jahr 2004 erneut abgedruckten Aufsatz *The Dynamics of Psychotherapy in the Light of Learning Theory* einen Vorbereiter der *Generic Psychotherapy*, die gegen die strenge Abgrenzung zwischen einzelnen Therapieschulen arbeitet und sich für eine integrative Nutzung von etablierten Prinzipien und Techniken unterschiedlicher therapeutischer Richtungen ausspricht (Carpenter 2004, S. 364). Alexander hat die Entwicklung, Ausbreitung, Erforschung und wissenschaftliche Dokumentation allgemeiner psychotherapeutischer Techniken im Voraus angedeutet, die Aufmerksamkeit auf die Feinheiten der psychoanalytischen Technik gerichtet und dadurch einen wichtigen Beitrag zur Weiterentwicklung der Psychotherapie geleistet (ebd., S. 360).

Der italienische Psychotherapeut Paolo Palvarini betont in einem Artikel aus dem Jahr 2010 die aktuelle Bedeutung des Konzepts der emotional korrigierenden Erfahrung. Er sieht in Franz Alexander einen Vordenker für die Experiential-Dynamic Psychotherapy (EDT), die zu den Kurztherapien (Short Term Dynamic Psychotherapy – STDP) zählt und mithilfe verschiedener Techniken die direkte Erfahrung von verdeckten bzw. verdrängten Emotionen in der Therapie ermöglicht. In der EDT sollen die Patienten im Rahmen der therapeutischen Beziehung ihre konfliktauslösenden Emotionen wieder erleben. Die therapeutische Beziehung soll dabei weder durch eine neutrale noch durch eine dem Ursprungskonflikt gegensätzliche künstliche Haltung, sondern vielmehr durch eine Haltung der Authentizität und Gleichwertigkeit geprägt sein, in der ein Patient den Therapeuten als reale, einfühlende Person wahrnimmt. Im Rahmen dieser neuartigen zwischenmenschlichen Beziehung soll eine emotional korrigierende Erfahrung entstehen, die entscheidend für eine therapeutische Veränderung ist (Palvarini 2010).

Der amerikanische Psychologe Michael R. Bridges beforscht die verschiedenen

Dimensionen der emotional korrigierenden Erfahrung in der emotionsfokussierten Kurztherapie. Die emotionale *Erregung* wird dabei durch die Messung der kardiovaskulären Aktivität während der Therapiestunde, die emotionale *Erfahrung* durch Patientenfragebögen am Ende der Sitzung erfasst. Der emotionale *Ausdruck* (Gesten, Mimik, Stimmlage) wird anhand von Video- und Tonbandaufzeichnungen von Beobachtern bestimmt, ebenso wie die emotionale *Verarbeitung* (damit sind, kurz gesagt, die emotionale Einsicht in der Therapie und die Reorganisation des Selbstempfindens, aber auch die erhöhte Fähigkeit zum Problemlösen gemeint).[69] Das Ziel dieser Untersuchung ist ein besseres Verständnis des Therapieprozesses, wobei die Frage nach dem Zusammenhang von emotionalem Ausdruck und physiologischer Erregung, die Frage nach der Rolle von positiven Emotionen und besonders die Frage nach der optimalen Intensität dieser Emotionen in der Therapie von Interesse ist (Bridges 2006).[70]

Ein weiterer italienischer Psychotherapeut, Alessandro Bartoletti, hält Franz Alexanders Beitrag zur Psychotherapie für weit unterschätzt. Er bringt verschiedene von Alexander formulierte Prinzipien in einen Zusammenhang mit einer weiteren Form der Kurztherapie, der Brief Strategic and Systemic Therapy (BSST). So zieht er Parallelen zwischen den zentralen Prinzipien der BSST und den Forderungen Alexanders, anstelle der Rekonstruktion der Vergangenheit das aktuelle Problem eines Patienten in den Mittelpunkt der Therapie zu stellen und die Behandlung auf die individuellen Bedürfnisse eines Patienten auszurichten. Damit verfolgt Alexander einen gegenwartsfokussierten, problemorientierten und auf den Patienten (und nicht auf die Methode) fokussierten Ansatz. Auch die Veränderung der Sitzungsfrequenz wird im Rahmen der BSST genutzt. Bartoletti sieht bei Alexander außerdem Parallelen zu den Axiomen der Kommunikation nach Watzlawick (vgl. Watzlawick et al. 1969, S. 58–60)[71], die eine

---

69 Dieser Versuchsaufbau ähnelt der Erforschung des Therapieprozesses von Alexander in Los Angeles (physiologische Messung, Tonbandaufzeichnungen, Beobachter), wenn auch mit deutlich moderneren Methoden (vgl. Alexander 1963, S. 446).

70 Auch hier besteht insofern eine Parallele zu Alexander, als dass mithilfe des Prinzips der Flexibilität die emotionale Beteiligung eines Patienten in der Therapie jeweils auf einem optimalen Niveau gehalten werden soll. Forscher wie Bridges versuchen nun, mehr als 50 Jahre später, herauszufinden, wie hoch genau die emotionale Beteiligung sein soll, um effektive Ergebnisse zu erzielen.

71 Bartoletti sieht eine Parallele zwischen Alexanders Annahme, dass eine neutrale, die Übertragung nicht beeinflussende Haltung in der Therapie nicht möglich ist und zwischen Watzlawicks Axiom, dass Menschen nicht *nicht* miteinander kommunizieren können. In der therapeutischen Haltung der Gegensätzlichkeit als Voraussetzung für die emotional korrigierende Erfahrung sieht er außerdem eine komplementäre Kommunikation im Sinne des fünften Axioms von Watzlawick (vgl. Bartoletti 2005, S. 50f.).

Basis der BSST darstellen. In der von Alexander in seinem Forschungsprojekt in Los Angeles begonnenen Nutzung von Tonbandaufnahmen zur Erforschung des Therapieprozesses sieht der Autor des Weiteren einen Vorläufer der Nutzung von Video- und Audioaufnahmen zur Verbesserung des Therapieprozesses (Bartoletti 2005).

Mit dem Konzept der emotional korrigierenden Erfahrung beschäftigt sich auch die südafrikanische Psychologin Zelda G. Knight. Sie zeigt auf, wie sich das von Alexander vorgestellte Konzept trotz »negativer Reputation« verändern und zur Behandlung von Patienten mit Borderline-Persönlichkeitsstörungen nutzen lässt. Sie stellt eine Verbindung mit intersubjektiven bzw. relationalen Ansätzen her, indem sie betont, dass die therapeutische Beziehung nicht einseitig, sondern im Sinne einer Ko-Konstruktion von Therapeut und Patient gemeinsam hergestellt wird. Im Rahmen der therapeutischen Beziehung treten unzureichend befriedigte oder frustrierte Bedürfnisse aus der Kindheit in Erscheinung. Es besteht die Annahme, dass die Patienten unbewusst erwarten, eine Befriedigung dieser Bedürfnisse zu erfahren und dass sie dem Therapeuten das, was sie dazu brauchen, bewusst oder unbewusst mitteilen. Es ist hier nicht der Therapeut, der durch eine geplante eingenommene Haltung des Kontrasts eine emotional korrigierende Erfahrung ermöglicht. Der Patient ist vielmehr selbst in der Interaktion daran beteiligt, die therapeutische Erfahrung zu erhalten, die er benötigt. Die Autorin weist darauf hin, dass viele Patienten in ihrem Gegenüber ein »gutes Objekt« für eine neue Beziehungserfahrung suchen, dass jedoch Patienten mit einer Borderline-Persönlichkeitsstörung zu Beginn der Therapie, noch vor Entstehung einer Bindung, häufig nach einem »schlechten Objekt« suchen. Hier sollte der Therapeut sich als schlechtes Objekt zur Verfügung stellen, damit der Patient seine frühen negativen Beziehungserfahrungen mit all den darin enthaltenen heftigen Affekten wiedererleben kann (*bad object reenactment*) und damit er erfahren kann, dass der Therapeut trotz Wut, Angriffen und Ablehnung bleibt. Auf dieser Basis kann eine heilende emotional korrigierende Erfahrung erreicht werden, die eine neue Bindung ermöglicht (Knight 2005).[72]

---

72 Die Autorin formuliert abschließend folgende Zusammenfassung: »Often the unconscious wisdom of patients knows more about what experiences in therapy are needed for their inner healing than the therapist. Patients will both unconsciously and consciously communicate these needs to the therapist, and the therapist must be willing to listen to these often subtle and sometimes symbolic communications. Patients are the architects or creators of their own therapeutic process. In summary, the therapist is not the provider of experience for patients, rather patients find their own experience within the therapeutic alliance« (Knight 2005, S. 39).

Stephen A. Mitchell unterscheidet in seinem Buch *Psychoanalyse als Dialog* zwei Dimensionen, die dem Konzept der emotional korrigierenden Erfahrung innewohnen und die für ihn problematisch erscheinen. Der *deskriptive* Aspekt (in dieser Arbeit unter dem Abschnitt 4.6.1 über die Wirkfaktoren eingeordnet) weist auf die »affektgeladene Interaktion« (Mitchell 2005, S. 33) zwischen Therapeut und Analysand hin, die zu einer Veränderung führen kann und einer alleinigen Deutung überlegen ist. Mitchell diskutiert hier, dass die emotional korrigierende Erfahrung und die Deutung in der Therapie sich nicht gegenseitig ausschließen. Deutungen sind »immer auch Beziehungsereignisse [...] andererseits enthalten Aktionen und Interaktionen stets implizit deutende Aussagen und Konzepte« (ebd., S. 34). Eine Wahl zwischen dem einen oder dem anderen Faktor ist daher nicht nötig. Die *präskriptive* Dimension beinhaltet den in dieser Arbeit als technisches Mittel dargestellten Aspekt der emotional korrigierenden Erfahrung. Mitchell gibt den Autoren, die diese Technik als »gezwungen und manipulativ« (ebd., S. 33) kritisieren, Recht. Gleichzeitig weist er aber daraufhin, dass beide Annahmen, sowohl die Idee, auf Basis einer Diagnose die passende therapeutische Haltung einzunehmen und damit eine emotional korrigierende Erfahrung auszulösen, als auch die Idee, eine vollkommen neutrale Haltung gegenüber und ohne Einfluss auf den Patienten aufrechterhalten zu können, eine »unverhältnismäßige Vereinfachung der Komplexität« (ebd., S. 34) darstellen. Er benennt abschließend seine eigene Position, indem er aufzeigt,

> »dass der Analytiker, ob er nun diese oder jene Position vertritt, in keinem Fall außerhalb der Dynamik des Patienten steht. Er ist in die Interaktion mit dem Patienten eingebettet, und seine interpretierende Aktivität macht korrigierende emotionale Erfahrungen möglich, die sowohl den Patienten als auch ihn selbst transformieren« (ebd., S. 36).

Der Schweizer Psychoanalytiker und Professor André Haynal beschreibt in einem Aufsatz über die emotional korrigierende Erfahrung aus dem Jahr 2011 den Einfluss der Erfahrungen am Berliner Psychoanalytischen Institut sowie den Einfluss der Schriften von Sándor Ferenczi auf das Werk von Franz Alexander (Haynal 2011). Er weist darauf hin, dass das von Alexander eingeführte Prinzip der Flexibilität sowie sein Ziel, die Behandlungstechnik anhand von klinischen Forschungsergebnissen weiterzuentwickeln, unter anderem auf dessen Erfahrungen am BPI zurückzuführen ist. Des Weiteren zieht er eine Verbindung zu Ferenczis aktiver Technik und dessen Betonung des Erlebens in der Therapie (vgl. ebd., S. 36). Er sieht außerdem eine Parallele zwischen der emotional korrigierenden Erfahrung und dem von Michael Balint eingeführten Konzept des »Neubeginns«[73]. Dabei betont er explizit, dass weder Ferenczi noch Alexander rein relationale Analytiker waren, sondern dass ihre Konzepte stark durch Freuds Denken geprägt waren (ebd., S. 210). In einer Fußnote weist Haynal abschließend daraufhin, dass besonders die von Alexander formulierten Fragen in Bezug auf den Nutzen und die Wirksamkeit der Therapie noch immer ungeklärt und von großer Relevanz sind. Er fordert daher eine Neubewertung der Schriften Alexanders (ebd., S. 215).

In einem im Jahr 2008 erschienenen Artikel zeichnet die am Chicagoer Institut für Psychoanalyse tätige Analytikerin Erika Schmidt zunächst den Einfluss von Alexanders Erfahrungen am BPI auf die Organisation und seine Tätigkeit am Chicagoer Institut für Psychoanalyse nach. Im Anschluss stellt sie die zentralen und kontroversen Aspekte der Schriften Alexanders dar, die von seiner Position als »führendes Mitglied der zweiten Psychoanalytiker-Generation« (Schmidt 2008, S. 111) zu seinem Status als »Abtrünnigen« (ebd., S. 97), »Ausgestoßenen und zur Symbolfigur des Niedergangs des reinen psychoanalytischen Denkens« (ebd., S. 107) führten. Schmidt sieht Alexander dennoch als einen Analytiker, der

> »in seiner Suche, in seinem Forschen und in seinen Anstrengungen, die Wissenschaft der Psychoanalyse zu fördern, dem Geiste Freuds treugeblieben ist [...] Alexanders forschender Geist, wie er sich in seinen Idealen von Wissenschaftlichkeit, Forschung und dem Streben nach Erkenntnis zeigt, ist ein entscheidender Teil seines Erbes« (ebd., S. 111f.).

Eine weitere Befürworterin des Werkes von Franz Alexander ist Marianne Horney Eckhardt, die Tochter von Karen Horney. Sie sieht die Psychoanalyse im Jahr 2001 in einer Krise, die ihrer Ansicht nach durch die fehlende Aufgeschlossenheit (*lack of open-mindedness*) vieler Analytiker gegenüber Neuerungen ausgelöst wurde (Horney Eckhardt 2001, S. 105). Alexander hat diese durch eine verfrühte und voreilige Definition der klassischen Psychoanalyse entstandene Krise vorausgesehen und sich als offener Geist immer wieder klar und leidenschaftlich für die Diskussion und das infrage stellen bestehender Konzepte in Forschung, Ausbildung und Therapie ausgesprochen. Er hielt die Psychoanalyse

---

73 Die Phase des Neubeginns in der Behandlung entsteht, in dem der Patient mithilfe von Regressionsprozessen ein »neues Objekt« (ein sich von früheren Erfahrungen unterscheidendes Objekt) bildet und die Fähigkeit entwickelt, »eine vertrauensvolle, entspannte und von jedem Argwohn freie Objektbeziehung zu unterhalten« (vgl. Haynal 1989, S. 84f.).

für eine junge Wissenschaft, die noch viele Unklarheiten verbarg, und Horney stimmt mit Alexander überein, wenn sie über die Psychoanalyse schreibt: »It needed openness, not closure; questioning and reevaluation, not certainties; emphasis on what we did not know, in addition to what we knew; research, not ritual« (ebd., S. 111). Sie hebt in ihrem Artikel außerdem das Konzept der Flexibilität hervor, das sie als den Kern des Buches *Psychoanalytic Therapy* (1946) bezeichnet (ebd., S. 109). Horney geht soweit, Alexander bei seinem Versuch, das Establishment von seinen modernen Ansichten zu überzeugen, heldenhafte Ausmaße zuzuschreiben (ebd., S. 108). Sie äußert den Wunsch nach mehr Vitalität und Offenheit in der Psychoanalyse und sie fordert dazu auf, diesbezüglich von Franz Alexander zu lernen (ebd., S. 111).

5.3 Kritische Würdigung

In den vorangegangenen Abschnitten wurde die Bedeutung von Franz Alexander in der aktuellen Fachliteratur herausgearbeitet, wobei sowohl die Meinung von Kritikern als auch von Befürwortern vorgestellt wurde. Noch heute gibt es verschiedene Autoren, die vor allem das Konzept der emotional korrigierenden Erfahrung als manipulativ kritisieren und in Alexanders Ideen keinen relevanten Beitrag zu den aktuell vorherrschenden psychoanalytischen und psychotherapeutischen Entwicklungen sehen. Eine größere Anzahl von Autoren betrachtet Franz Alexander mittlerweile jedoch aus der Distanz zu den heftigen Debatten über die »wahre« und die »falsche« Psychoanalyse und sein Werk wird, wenn bisher auch nur sehr vereinzelt, aus einer anderen Perspektive wahrgenommen.

Meiner eigenen Einschätzung nach sind die Schriften zur Psychoanalyse und psychoanalytisch orientierten Psychotherapie von Franz Alexander von großem Wert für die heutige, moderne Psychotherapie und er kann als einer der Wegbereiter für unsere aktuell genutzten psychotherapeutischen Verfahren bezeichnet werden.

So forderte Franz Alexander bereits im Jahr 1946 explizit, dass zu Beginn einer jeden Therapie eine Phase der Diagnostik stehen soll, in der eine psychodynamische Erklärung für die Lebensprobleme der Patienten gefunden werden soll. Wenn nötig, sollte außerdem eine somatische Untersuchung erfolgen, um organische Ursachen für das Leiden auszuschließen. Im Rahmen der Diagnostik sollte des Weiteren ein Behandlungsplan erstellt werden, der unter anderem Gedanken zur Indikation und zur Prognose, aber auch grundsätzliche Überlegungen zur Vorgehensweise in der Therapie im Sinne der Technik umfasst.

Diese Forderungen sind heute in den Richtlinien zur Beantragung der von den (deutschen) Krankenkassen genehmigten Therapieverfahren verankert (vgl. Richtlinie des Gemeinsamen Bundesausschusses [Psychotherapie-Richtlinie] 2011, S. 16f.).

Die im Prinzip der Flexibilität enthaltenen Forderungen nach einer Variation der Sitzungsfrequenz und nach einer Anpassung des Settings an die zeitlichen und finanziellen Bedürfnisse der Patienten, aber auch die Fokussierung auf bestimmte, abgrenzbare Lebensprobleme und die Thematisierung genau dieser Schwierigkeiten, werden in vielen psychotherapeutischen Verfahren genutzt. Die von Alexander vorgeschlagene Verkürzung der Therapie stellt einen Vorläufer späterer Kurztherapieverfahren dar.

Die sowohl in theoretischen als auch in praktischen Fragen und in Bezug auf die Aus- und Weiterbildung undogmatische Haltung von Franz Alexander ist meiner Meinung nach beispielhaft für die heute zunehmende schulen- und methodenübergreifende praktische Arbeit und Ausbildung.

Schon vor mehr als 50 Jahren interessierte Alexander sich für den Therapieprozess, dessen Komplexität ihm immer bewusster wurde, und er widmete sich wiederholt der Frage nach dem, was in der Therapie wirkt. Damit richtete er seine Aufmerksamkeit auf zentrale Fragen der Praxis und Theorie, die noch heute nicht vollständig geklärt sind.

Die emotional korrigierende Erfahrung wurde in der vorliegenden Arbeit aus zwei Perspektiven betrachtet, als therapeutische Technik und als Wirkfaktor. Die mit dem Konzept verbundenen technischen Hinweise sind meiner Meinung nach nur noch von geringer Relevanz. Die von Alexander vorgeschlagene bewusste Modifikation[74] der therapeutischen Haltung wurde zu Recht als rollenspielerisch bezeichnet und die Frage danach, woher Alexander mit solcher Selbstsicherheit wissen konnte, wie genau die für den jeweiligen Patienten passende therapeutische Haltung beschaffen sein muss, ist sicherlich berechtigt. Die Einführung des Konzepts der emotional korrigierenden Erfahrung als Wirkfaktor kann jedoch als ein wichtiger Beitrag zur modernen Psychotherapie angesehen werden. Es ist Ausdruck eines Versuchs, den damals vorherrschenden Fokus von der zunehmenden Intellektualisierung des Therapieprozesses auf die emotionale Ebene und auch auf die Ebene der therapeutischen Beziehung zu richten. Hier lässt sich eine Verbindung zu den vielfältigen interpersonalen und den emotionsfokussierten Verfahren ziehen.

---

74 Das in der Literatur und auch von Alexander selbst verwendete Wort »Manipulation« halte ich für sehr unglücklich gewählt und meines Erachtens nach hat diese Wortwahl zu dem schlechten Ruf des Konzepts beigetragen.

Des Weiteren forderte Franz Alexander schon früh, den Menschen aus biologischen, physiologischen, sozialen und psychologischen Perspektiven zu betrachten. Er vertritt ein Neurosekonzept, bei dem angeborene Faktoren genauso wie verschiedene Umweltfaktoren an der Entwicklung von psychischen bzw. psychosomatischen Störungen beteiligt sind. Mit diesen umfangreichen Gedanken hat er schon vor vielen Jahren auf die heute genutzten bio-psycho-sozialen Modelle zur Erklärung der Krankheitsentstehung hingewiesen.

6. Diskussion

In der vorliegenden Arbeit sollte die Bedeutung von Franz Alexander für die moderne Psychotherapie herausgearbeitet werden. In einer umfangreichen Biografie konnte seine persönliche und berufliche Entwicklung nachgezeichnet werden. Alexander war ein vielseitig interessierter Mann mit einem breiten geistigen Horizont, der in seinen Schriften, vor allem auch in seiner Autobiografie, zumeist sehr reflektiert und rational wirkt. Mithilfe persönlicher Briefe an Sigmund Freud konnte eine andere, weniger kontrollierte Seite von Alexander erfasst werden, die ihn als einen begeisterungsfähigen und von der Psychoanalyse überzeugten, aber auch als einen in seiner Enttäuschung, Wut und Verzweiflung ganz normalen Menschen zeigen.

Während Franz Alexander in beruflichen Fragen Konflikte und Auseinandersetzungen nicht gescheut hat, scheint er diese im Privatleben vermieden zu haben. Zwar gibt es keine persönlichen Aufzeichnungen oder Einschätzungen über die Qualität seiner Ehe, aus den Schilderungen von Zeitzeugen und Verwandten lassen sich jedoch Schwierigkeiten in der Beziehung erahnen. Alexander mag diese mithilfe seiner beruflichen Tätigkeit kompensiert haben, wobei nicht vergessen werden sollte, dass er auch vielen Interessen außerhalb der Arbeit nachging.

Die Karriere von Franz Alexander ist beeindruckend. Als anfangs noch konservativer Freudianer wurde er in den USA der erste Professor für Psychoanalyse und gemeinsam mit seinen Kollegen des Chicagoer Instituts für Psychoanalyse gelangen ihm wichtige Forschungsarbeiten zur Psychosomatik, die ihm den (inoffiziellen) Titel *Vater der Psychosomatischen Medizin* einbrachten. In Chicago war er an der Ausbildung vieler später führender Psychoanalytiker beteiligt und er widmete sich leidenschaftlich der Lehre und der Forschung in verschiedenen Bereichen.

Die heftige Ablehnung der Psychoanalyse und seiner Person, die ihm während seiner ersten Monate an der Chicagoer Universität entgegenschlug, mögen Franz Alexander geprägt haben. Aus seinen Briefen an Sigmund Freud ist ersichtlich, dass Alexander sich auf verschiedene Arten gegen die Angriffe gewehrt hat. Sicherlich war er gekränkt, doch mag ihn diese Auseinandersetzung für das Durchhalten und die Lösung späterer Konflikte gestärkt haben.

In seinen späteren Arbeiten wies Alexander stets auf die zunehmende Akzeptanz der Psychoanalyse in der Medizin und anderen wissenschaftlichen Disziplinen hin. Er betonte, dass die Tendenz der Abschottung nicht mehr den veränderten Verhältnissen entsprechen und nur zu einer Isolation der Psychoanalyse führen würde. Er vermutete dabei immer wieder, dass die Haltung vieler orthodoxer Analytiker der älteren Generation aus den schwierigen Erfahrungen entstanden war, einer Minderheit anzugehören. Auch wenn persönliche Aufzeichnungen aus späteren Lebensjahren fehlen, so wird aus seinen Schriften ersichtlich, dass Alexander trotz ähnlicher Erfahrungen der Ablehnung und Ausgrenzung seine eigenen diesbezüglichen Kränkungen überwinden und verschiedene Fachdisziplinen in seine Arbeiten integrieren konnte.

Alexander entwickelte hinsichtlich der psychoanalytischen Therapie viele progressive Ideen, weshalb er bald außerhalb der von der klassischen Psychoanalyse akzeptierten Positionen stand. Er wird womöglich zumindest kurzzeitig darüber nachgedacht haben, ähnlich wie andere Analytiker der damaligen Zeit eine eigene Therapieschule zu gründen, als er seinen Kollegen in Chicago den Austritt aus der APA vorschlug. Der Austritt wurde jedoch abgelehnt und sein Entschluss, das Institut zu verlassen, das er über 20 Jahre lang als Direktor geprägt hat, mag durch die fehlende Zustimmung begründet gewesen sein.

In Los Angeles widmete sich Alexander der Erforschung des Therapieprozesses, der seiner Meinung nach nur äußerst unzureichend verstanden war. Er trat weiterhin vehement für die von ihm entwickelten Prinzipien und Konzepte der psychoanalytischen Psychotherapie ein. Gemeinsam mit einer stattlichen Anzahl an Kollegen gründete Alexander im Jahr 1956 die Academy of Psychoanalysis, die einen offenen Austausch über wissenschaftliche Konzepte fördern sollte. Letztendlich fanden seine Ideen jedoch auch hier keine breite Anhängerschaft.

Dass Franz Alexander (in den Vereinigten Staaten) in die Geschichte der Psychoanalyse in erster Linie als Abtrünniger, Abweichler und Bösewicht eingegangen ist, ist meiner Meinung nach tragisch und unverdient. Die heftigen Kontroversen, die auf die Einführung des Konzepts der emotional korrigierenden Erfahrung und des Prinzips der Flexibilität folgten, waren weniger wissenschaftlicher als vielmehr politischer Natur. Die Einheit der Psychoanalyse war in Gefahr, weshalb alle Versuche einer Modernisierung scheitern mussten.

In der aktuellen Literatur finden sich, wenn auch nur vereinzelt, Hinweise auf Franz Alexander, die nicht nur durch Kritik und eine negative Haltung ihm gegenüber geprägt sind. Verschiedene Autoren beginnen, seine Ideen wertzuschätzen. Fast 50 Jahre nach seinem Tod ist es meiner Einschätzung nach an der Zeit, die von Alexander vorgebrachten Grundgedanken und Konzepte endlich von ihrem Ruf der Ketzerei zu befreien und sie aus einer wissenschaftlichen Perspektive zu betrachten. Diese Arbeit, die die Bedeutung von Franz Alexander für die moderne Psychotherapie herausarbeiten sollte, ist ein Schritt auf diesem Weg.

7. Literaturverzeichnis

Primärliteratur

Alexander, F. & Révész, G. (1912). Über den Einfluß optischer Reize auf den Gaswechsel des Gehirns. *Biochemische Zeitschrift*, 44, 95–126.

Alexander, F. (1912). Untersuchungen über den Blutgaswechsel des Gehirns. *Biochemische Zeitschrift*, 44, 127–139.

Alexander, F. & Cserna, S. (1913). Einfluß der Narkose auf den Gaswechsel des Gehirns. *Biochemische Zeitschrift*, 45, 100–115.

Alexander, F. (1921). Metapsychologische Betrachtungen. *Internationale Zeitschrift für Psychoanalyse*, 7(3), 270–285.

Alexander, F. (1925a). Über Traumpaare und Traumreihen. *Internationale Zeitschrift für Psychoanalyse*, 11(1), 80–85.

Alexander, F. (1925b). Ferenczi, Dr. S. und Rank, Dr. Otto: Entwicklungsziele der Psychoanalyse. Neue Arbeiten zur ärztlichen Psychoanalyse Nr. 1, Intern. PsA. Verlag. 1924. *Internationale Zeitschrift für Psychoanalyse*, 11(1), 113–122.

Alexander, F. (1925c). Psychoanalytisches Gutachten vor Gericht. *Internationale Zeitschrift für Psychoanalyse*, 11(1), 128f.

Alexander, F. & Staub, H. (1929). Der Verbrecher und seine Richter. In: Moser, T. (Hg.) (1974): *Psychoanalyse und Justiz*. Frankfurt a.M.: Suhrkamp Verlag, S. 225–433.

Alexander, F. (1931a). Ein besessener Autofahrer. *Imago*, 17(2), 174–193.

Alexander, F. (1931b). Psychische Hygiene und Kriminalität. *Imago*, 17(2), 145–173.

Alexander, F. & Healy, W. (1935). *Roots of Crime*. New York: Alfred A. Knopf, Inc. [Reprint von 1969, New Jersey: Patterson Smith Publishing Corporation].

Alexander, F. (1937). Das Problem der psychoanalytischen Technik. *Internationale Zeitschrift für Psychoanalyse*, 23(1), 75–95.

Alexander, F. (1938). Psychoanalysis Comes of Age. *The Psychoanalytic Quarterly*, 7, 299–306.

Alexander, F. (1940a). A Jury Trial of Psychoanalysis. *The Journal of Abnormal and Social Psychology*, 35(3), 305–323.

Alexander, F. (1940b). Recollections of Berggasse 19. *The Psychoanalytic Quarterly*, 9, 195–204.

Alexander, F. (1940c). Sigmund Freud – the Man. In: Meyer, H. (Hg.): *Medical Leaves: A Review of the Jewish Medical World and Medical History*. Band 3, Ausgabe 1, Chicago: Medical Leaves, Inc, S. 11–17.

Alexander, F. (1943). Hugo Staub – 1886–1942. *The Psychoanalytic Quarterly*, 12, 100–105.

Alexander, F. (1944). The Indications for Psychoanalytic Therapy. *Bulletin of the New York Academy of Medicine*, 20(6), 319–332.

Alexander, F. & French, T. (1946). *Psychoanalytic Therapy. Principles and Application*. New York: The Ronald Press Company. [Reprint von 1980, Bison Books in Clinical Psychology, Lincoln, Nebraska: University of Nebraska Press.]

Alexander, F. (1947). Teaching Psychodynamics. *American Journal of Orthopsychiatry*, 17(4), 605–608.

Alexander, F. (1950a). Analysis of the Therapeutic Factors in Psychoanalytic Treatment. *The Psychoanalytic Quarterly*, 19, 482–500.

Alexander, F. (1950b). Analyse der therapeutischen Faktoren in der Psychoanalytischen Behandlung. *Psyche*, 4(8), 401–416.

Alexander, F. (1950c). *Psychosomatische Medizin. Grundlagen und Anwendungsgebiete* (4. unver. Aufl.). Berlin: Walter de Gruyter.

Alexander, F. (1950d). The Evolution and Present Trends of Psychoanalysis, *Acta Psychologica*, 7, 126–132.

Alexander, F. (1953). A Review of Two Decades. In: Alexander, F. & Ross, H. (Hg.): *20 Years of Psychoanalysis. A Symposium in Celebration of the Twentieth Anniversary of the Chicago Institute for Psychoanalysis*. New York: W.W. Norton & Company, Inc, S. 13–27.

Alexander, F. (1954). Some Quantitative Aspects of Psychoanalytic Technique. *Journal of the American Psychoanalytic Association*. 2, 685–701.

Alexander, F. & Alexander, F. (1954). *What are you afraid of? How to master your fears and anxieties*. Chicago: Science Research Associates, Inc.

Alexander, F. (1956a). *Psychoanalysis and Psychotherapy. Developments in Theory, Technique and Training*. New York: W.W. Norton & Company, Inc.

Alexander, F. (1956b). Zwei Formen der Regression und ihre Bedeutung für die Therapie. *Psyche*. Band 43(11), 668–683.

Alexander, F. (1958). Unexplored Areas in Psychoanalytic Theory and Treatment. *Behavioral Science*. Band 3(4), 293–316.

Alexander, F. (1959). Current Problems in Dynamic Psychotherapy in its Relationship to Psychoanalysis. *American Journal of Psychiatry*, 116(4), 322–325.

Alexander, F. (1960). *The Western Mind in Transition*. New York: Random House.

Alexander, F. (1963). The Dynamics of Psychotherapy in the Light of Learning Theory. *American Journal of Psychiatry*, 120, 440–448.

Alexander, F. (1964). Presidential Message. *Newsletter of The Academy of Psychoanalysis*, 8(1), 1.

Alexander, F. & Selesnick, S. (1965). Freud-Bleuler Correspondence. *Archives of General Psychiatry*, 12(1), 1–9.

Sekundärliteratur

Alexander, B. (1928). Spinoza und die Psychoanalyse. Almanach der Psychoanalyse, S. 94–103.

Alexander, F. (1987). Life with father: Franz Alexander, MD. In: Strean, H.S. (Hg.): Growing Up Observed. Tales from Analysts' Children. New York: The Haworth Press, S. 3–17.

APA (1938). History of The American Psychoanalytic Association: Charter Members, Former Officers, and Previous Meetings. Bulletin of the American Psychoanalytic Association, 1, 12–17.

APA (1950). Standards for the Training of Physicians in Psychoanalysis. Bulletin of the American Psychoanalytic Association, 6B, 1–5.

APA (1956). Minimal Standards for the Training of Physicians in Psychoanalysis. Bulletin of the American Psychoanalytic Association, 12, 714–721.

Bartoletti, A. (2005). Precursors of Brief Strategic and Systemic Therapy: Franz Alexander Revisited. Brief Strategic and Systemic Therapy European Review, 2, 46–55.

Benedek, T. (1964). Franz Alexander, M.D. In: Institute for Psychoanalysis (Hg.): Franz Alexander, M.D. 1891–1964. Chicago: Institute for Psychoanalysis, S. 7–13.

Boll-Klatt, A. (2005). Aktuelle psychosomatische Krankheitsmodelle. In: Schmeling-Kludas, C. (Hg.): Psychosomatisches Kompendium der Inneren Medizin. München: Hans Marseille Verlag GmbH, S. 75–100.

Breuer, J. & Freud, S. (1895). Studien über Hysterie (Fischer Taschenbuch Verlag 1991, 6. unver. Aufl. 2007). Frankfurt a.M.: Fischer Taschenbuch Verlag.

Bridges, M.R. (2006): Activating the Corrective Emotional Experience. Journal of Clinical Psychology: In Session, 62(5), 551–568.

Broessler-Weissmann, E. & Moore, G. (2009). The War Came to Me. A Story of Endurance and Survival. Maryland: University Press of America, Inc.

Brosin, H. (1952). Psychoanalytic Training for Psychiatric Residents and Others. American Journal of Psychiatry, 109(3), 188–195.

Brosin, H. (1964). Franz Alexander, M.D. In: Institute for Psychoanalysis (Hg.): Franz Alexander, M.D. 1891–1964. Chicago: Institute for Psychoanalysis, S. 14–20.

Brown, T.M. (1987). Alan Gregg and The Rockefeller Foundation's Support of Franz Alexander's Psychosomatic Research. Bulletin of the History of Medicine, 61(2), 155–182.

Carpenter, J.T. (2004). Back to the Future: F. Alexander (1963) Reconsidered. Journal of Psychotherapy Integration, 14(4), 360–370.

Collard, T. (1975). Franz Alexander. Leben und Werk. Johannes-Gutenberg Universität, Mainz.

Cooper, S.H. (2007). Alexander's Corrective Emotional Experience: An Objectivist Turn in Psychoanalytic Authority and Technique. The Psychoanalytic Quarterly, 76, 1085–1102.

Danzer, G. (2011). Wer sind wir? Berlin: Springer Verlag.

Eissler, K. (1950). The Chicago Institute of Psychoanalysis and the Sixth Period of the Development of Psychoanalytic Technique. The Journal of General Psychology, 42, 103–157.

Eissler, K. (1953). The Effect of the Structure of the Ego on Psychoanalytic Technique. Journal of the American Psychoanalytic Association, 1, 104–143.

Eitingon, M. (1922). Bericht über die Berliner Psychoanalytische Poliklinik (März 1920 bis Juni 1922). Internationale Zeitschrift für Psychoanalyse, 8(4), 506–520.

Eitingon, M. (1924). Bericht über die Berliner Psychoanalytische Poliklinik in der Zeit von Juni 1922 bis März 1924. Internationale Zeitschrift für Psychoanalyse, 10(2), 229–240.

Ermann, M. (2009). Psychoanalyse in den Jahren nach Freud. Entwicklungen 1940–1975. Stuttgart: Verlag W. Kohlhammer.

French, T. (1964). Franz Alexander (1891–1964). Behavioral Science, 9(2), 97–100.

Freud, S. (1900). Die Methode der Traumdeutung. Die Analyse eines Traummusters. In: Die Traumdeutung. Studienausgabe Bd. 2. Frankfurt a.M.: Fischer, S. 117–140.

Freud, S. (1901). Zur Psychopathologie des Alltagslebens. GW IV, S. 1–310.

Freud, S. (1904). Die Freudsche Psychoanalytische Methode. Studienausgabe Ergänzungsband. S. 99–106.

Freud, S. (1905). Über Psychotherapie. Studienausgabe Ergänzungsband. S. 107–120.

Freud, S. (1910). Die zukünftigen Chancen der psychoanalytischen Therapie. Studienausgabe Ergänzungsband. S. 121–132.

Freud, S. (1912a). Ratschläge für den Arzt bei der psychoanalytischen Behandlung. Studienausgabe Ergänzungsband. S. 169–180.

Freud, S. (1912b). Zur Dynamik der Übertragung. Studienausgabe Ergänzungsband. S. 157–168.

Freud, S. (1912c). Über neurotische Erkrankungstypen. Studienausgabe Bd. 6, S. 215–226.

Freud, S. (1913). Zur Einleitung der Behandlung. Studienausgabe Ergänzungsband, S. 181–204.

Freud, S. (1914a). Erinnern, Wiederholen und Durcharbeiten. Studienausgabe Ergänzungsband, S. 205–216.

Freud, S. (1914b). Zur Geschichte der Psychoanalytischen Bewegung. GW IV, S. 407–480.

Freud, S. (1915a). Bemerkungen über die Übertragungsliebe. Studienausgabe Ergänzungsband, S. 217–230.

Freud, S. (1915b). Das Unbewusste. Studienausgabe Bd. 3, S. 119–173.

Freud, S. (1915c). Die Verdrängung. Studienausgabe Bd. 3, S. 103–118.

Freud, S. (1917a). Die Übertragung. Studienausgabe Bd. 1, S. 415–430.

Freud, S. (1917b). Die analytische Therapie. Studienausgabe Bd. 2, S. 431–447.

Freud, S. (1917c). Die gemeine Nervosität. Studienausgabe Bd 1, S. 367–379.

Freud, S. (1917d). Gesichtspunkte der Entwicklung und Regression. Ätiologie. Studienausgabe Bd. 1, S. 333–349.

Freud, S. (1919). Wege der psychoanalytischen Therapie. Studienausgabe Ergänzungsband, S. 239–250.

Freud, S. (1920). Jenseits des Lustprinzips. Studienausgabe Bd. 3, S. 213–272.

Freud, S. (1923). Das Ich und das Es. Studienausgabe Bd. 3, S. 273–330.

Freud, S. (1926a). Hemmung, Symptom und Angst. Studienausgabe Bd. 6, S. 227–310.

Freud, S. (1926b). Die Frage der Laienanalyse. Studienausgabe Ergänzungsband, S. 271–350.

Freud, S. (1933). Die Zerlegung der psychischen Persönlichkeit. Studienausgabe Bd. 1, S. 496–516.

Freud, S. (1937). Die endliche und die unendliche Analyse. Studienausgabe Ergänzungsband, S. 351–392.

Freud, S. (1950). Aus den Anfängen der Psychoanalyse. 1887–1902. Briefe an Wilhelm Fließ. Frankfurt a.M.: S. Fischer Verlag.

Gay, P. (2006). Freud. Eine Biographie für unsere Zeit. Frankfurt a.M.: Fischer.

Gemeinsamer Bundesausschuss (2011). Richtlinie des Gemeinsamen Bundesausschusses über die Durchführung der Psychotherapie (Psychotherapie-Richtlinie), 8. Juli 2011. Verfügbar unter: http://www.g-ba.de/informationen/richtlinien/20/ [Stand: 03.01.2012].

Gill, M. (1954). Psychoanalysis and Exploratory Psychotherapy. Journal of the American Psychoanalytic Association, 2, 771–797.

Glover, E. (1964). Freudian or Neofreudian?. The Psychoanalytic Quarterly, 33, 97–109.

Greenacre, P. (1954). The Role of Transference. Practical Considerations in Relation to Psychoanalytic Therapy. Journal of the American Psychoanalytic Association, 2, 671–684.

Grotjahn, M. (1964). Franz Alexander; A Pioneer of Psychoanalysis. In: Marmorston, J. & Stainbrook, E. (Hg.): Psychoanalysis and the Human Situation. New York: Vantage Press, S. 17–41.

Grothjahn, M. (1966). Franz Alexander (1891–1964). The Western Mind in Transition. In: Alexander, F.; Eisenstein, S. & Grotjahn, M. (Hg.): Psychoanalytic Pioneers. New York: Basic Books, Inc, S. 384–398.

Haynal, A. (1989). Die Technik-Debatte in der Psychoanalyse. Frankfurt a.M: Fischer Taschenbuch Verlag. [Reprint von 2000. Gießen: Psychosozial-Verlag].

Haynal, A. (2011). Corrective Emotional Experience Remembered. The American Journal of Psychoanalysis, 71, 207–216.

Herlitz, G. & Kirschner, B. (1927). Jüdisches Lexikon. Ein enzyklopädisches Handbuch des jüdischen Wissens in vier Bänden. Band 1. Berlin: Jüdischer Verlag.

Horney Eckhardt, M. (2001). Franz Alexander: A Unique Outstanding Pioneer. Journal of the American Academy of Psychoanalysis, 29, 105–111.

Johnson, A. (1953). The Essentials of Psychotherapy as Viewed by the Psychoanalyst. Journal of the American Psychoanalytic Association, 1, 550–561.

Jones, E. (1957). Sigmund Freud. Leben und Werk Band 3. Die letzte Phase. 1919–1939. [Reprint von 1984, München: dtv].

Knight, R. (1945). The Relationship of Psychoanalysis to Psychiatry. American Journal of Psychiatry, 101, 777–782.

Knight, R. (1949). A Critique of the Present Status of the Psychotherapies. Bulletin of the New York Academy of Medicine, 100–114.

Knight, Z.G. (2005). The Use of the ›Corrective Emotional Experience‹ and the Search for the Bad Object in Psychotherapy. American Journal of Psychotherapy, 59(1), 30–41.

Korrespondenzblatt der Internationalen Psychoanalytischen Vereinigung (1921), 7(3). Berliner Psychoanalytische Vereinigung, S. 392–396.

Korrespondenzblatt der Internationalen Psychoanalytischen Vereinigung (1922), 8(4). Bericht über den VII. Internationen Psychoanalytischen Kongreß in Berlin (25.–27. Sept. 1922), S. 478–505.

Korrespondenzblatt der Internationalen Psychoanalytischen Vereinigung (1923), 9(2). Berliner Psychoanalytische Vereinigung, S. 240–243.

Korrespondenzblatt der Internationalen Psychoanalytischen Vereinigung (1924), 10(1). Berliner Psychoanalytische Vereinigung, S. 107.

Korrespondenzblatt der Internationalen Psychoanalytischen Vereinigung (1924), 10(2). Kongreßbericht über den VIII. Internationalen Psychoanalytischen Kongreß, S. 211–228.

Korrespondenzblatt der Internationalen Psychoanalytischen Vereinigung (1927), 13(1). Deutsche Psychoanalytische Gesellschaft, S. 133–134.

Korrespondenzblatt der Internationalen Psychoanalytischen Vereinigung (1929), 15(2/3). Deutsche Psychoanalytische Gesellschaft, S. 365–368.

Korrespondenzblatt der Internationalen Psychoanalytischen Vereinigung (1930), 16(3/4), S. 531–532; S. 549–556.

Korrespondenzblatt der Internationalen Psychoanalytischen Vereinigung (1933), 19(3), Chicago Institute for Psychoanalysis, S. 465–466.

Korrespondenzblatt der Internationalen Psychoanalytischen Vereinigung (1934), 20(1), S. 126–127.

Laplanche, J. & Pontalis, J.-B. (1973). Das Vokabular der Psychoanalyse. Frankfurt a.M.: Suhrkamp.

McLean, H. (1964). Franz Alexander, MD. In: Institute for Psychoanalysis (Hg.): Franz Alexander, M.D. 1891–1964. Chicago: Institute for Psychoanalysis, S. 33–37.

Mc, Lean H. (1965). Franz Alexander – 1891–1964. International Journal of Psychoanalysis, 46, 247–250.

Michels, R. (2007). Commentary on Franz Alexanders's »Analysis of the Therapeutic Factors in Psychoanalytic Treatment«. The Psychoanalytic Quarterly, 76, S. 1103–1112.

Mitchell, S. (2005). Psychoanalyse als Dialog. Gießen: Psychosozial-Verlag. [Original: Influence and Autonomy in Psychoanalysis (1997), Hillsdale, NJ: The Analytic Press].

Mohr, G. (1953). Psychoanalytic Training. In: Alexander, F. & Ross, H. (Hg.): 20 Years of Psychoanalysis. A Symposium in Celebration of the Twentieth Anniversary of the Chicago Institute for Psychoanalysis. New York: W.W. Norton & Company, Inc, S. 235–241.

Müller-Braunschweig, C. (1930). Historische Übersicht über das Lehrwesen. In: Deutsche Psychoanalytische Gesellschaft (Hg.): Zehn Jahre Berliner Psychoanalytisches Institut. Poliklinik und Lehranstalt. Wien: Internationaler Psychoanalytischer Verlag, S. 20–44.

Orr, D. & Zetzel, E. (1953). The Traditional Psychoanalytic Technique and its Variations. Journal of the American Psychoanalytic Association, 1, 526–537.

Paris, B.J. (1996). Karen Horney. Leben und Werk. Freiburg i.B.: Kore Verlag. [Original: Karen Horney. A Psychoanalyst's Search for Self-Understanding (1994). New Haven/London: Yale University Press].

Palvarini, P. (2010). Is the Concept of Corrective Emotional Experience Still Topical? American Journal of Psychotherapy, 64(2), 171–194.

Pollock, G. (1964). Memorial Tribute. Franz Alexander (1891–1964). Archives of General Psychiatry, 11, 229–234.

Pollock, G. (1983). The Presence of the Past. Annual of Psychoanalysis, 11, 3–27.

Rank, O. & Ferenczi, S. (1924). Entwicklungsziele der Psychoanalyse. [Reprint von 2009. Wien: Verlag Turia & Kant].

Rattner, J. & Danzer, G. (2000). Grundbegriffe der Tiefenpsychologie und Psychotherapie. Darmstadt: Wissenschaftliche Buchgesellschaft.

Romm, M. (1964). Franz Alexander: The Los Angeles Years. In: Marmorston, J. & Stainbrook, E. (Hg.): Psychoanalysis and the Human Situation. New York: Vantage Press, S. 65–83.

Ross, H. (1964). Franz Alexander, M.D. In: Institute for Psychoanalysis (Hg.): Franz Alexander, M.D. 1891–1964. Chicago: Institute for Psychoanalysis, S. 3–6.

Rubins, J. (1980). Karen Horney. Sanfte Rebellin der Psychoanalyse. München: Kindler Verlag. [Original: Karen Horney: Gentle Rebel of Psychoanalysis (1978), New York: The Dial Press].

Sachs, H. (1930). Die Lehranalyse. In: Deutsche Psychoanalytische Gesellschaft (Hg.): Zehn Jahre Berliner Psychoanalytisches Institut. Poliklinik und Lehranstalt. Wien: Internationaler Psychoanalytischer Verlag, S. 53f.

Saul, L. (1964). Franz Alexander – 1891–1964. The Psychoanalytic Quarterly, 33, 420–423.

Schmidt, E. (2008). Franz Alexander und die Berliner Tradition in Chicago. Jahrbuch der Psychoanalyse, 57, 95–116.

Schmidt, E. (2010). The Berlin Tradition in Chicago: Franz Alexander and the Chicago Institute for Psychoanalysis. Psychoanalysis and History, 12(1), 69–83.

Simmel, E. (1930). Zur Geschichte und sozialen Bedeutung des Berliner Psychoanalytischen Instituts. In: Deutsche Psychoanalytische Gesellschaft (Hg.): Zehn Jahre Berliner Psychoanalytisches Institut. Poliklinik und Lehranstalt. Wien: Internationaler Psychoanalytischer Verlag, S. 7–12.

Stone, L. (1957). Psychoanalysis and Psychotherapy. Developments in Theory, Technique and Training: By Franz Alexander, M.D. New York: W.W. Norton & Co., Inc., 1956. 299pp. Review. The Psychoanalytic Quarterly, 26, 397–405.

Wallerstein, R.S. (1988). One Psychoanalysis or Many? The International Journal of Psychoanalysis, 69, 5–21.

Wallerstein, R.S. (1989). Psychoanalyis and Psychotherapy: A Historical Perspective. International Journal of Psychoanalysis, 70, 563–591.

Wallerstein, R.S. (1990). The Corrective Emotional Experience: Is Reconsideration Due? Psychoanalytic Inquiry, 10(3), 288–324.

Watzlawick, P.; Beavin, J.H. & Jackson, D.D. (1969). Menschliche Kommunikation. Formen, Störungen, Paradoxien. (12. unver. Aufl. 2011). Bern: Verlag Hans Huber, S. 58–60. [Original: Pragmatics of Human Communication: A Study of Interactional Patterns, Pathologies, and Paradoxes (1967). New York: W.W. Norton & Company].

Zeitungsartikel

Chicago Magazine (Oktober 1956). Franz Alexander: the Man Brought Freud Here. *Chicago Magazine*, S. 24–31. Einsehbar im Alexander-Archiv, Chicago Institute for Psychoanalysis.

Time Magazine (03.02.1936). Art: Neoterics' Acrobat. *Time Magazine* (1936).

Chicago Daily Tribune

Alle folgenden Artikel sind verfügbar in der Datenbank ProQuest Historical Newspapers: Chicago Tribune (1849–1987).

Chicago Daily Tribune (30.09.1932). Psychoanalysis Institute Opens Here Monday. *Chicago Daily Tribune* (1932).

Chicago Daily Tribune (13.08.1933). Chicagoans Lured by Mountain Winds (by Woods, B.). *Chicago Daily Tribune* (1933).

Chicago Daily Tribune (19.12.1933). Three Exhibits Worth Holiday Gallery Visits (by Jewett, E.). *Chicago Daily Tribune* (1933).

Chicago Daily Tribune (17.05.1935). Art Galleries Offer Variety of New Shows (by Jewett, E.). *Chicago Daily Tribune* (1935).

Chicago Daily Tribune (5.11.1935). Second Show of Neoterics a Good One (by Jewett, E.). *Chicago Daily Tribune* (1935).

Chicago Daily Tribune (04.03.1936). C.L. Howards Adopt Infant 7 Weeks Old (by Cass, J.). *Chicago Daily Tribune* (1936).

Chicago Daily Tribune (16.04.1937). Resort Scene Travels North with the Sun (by Cass, J.). *Chicago Daily Tribune* (1937).

Chicago Daily Tribune (19.02.1939). A.M.A. Leader is to Adress Womans's Club. *Chicago Daily Tribune* (1939).

Chicago Daily Tribune (10.05.1940). Arts Club Pros to Open Annual Exhibit Sunday (by Cass, J.). *Chicago Daily Tribune* (1940).

Chicago Daily Tribune (13.04.1941). ›Must Man Always Fight?‹ Subject of Review Stand. *Chicago Daily Tribune* (1941).

Chicago Daily Tribune (01.03.1942). Nations's Morale, Subject of Review Stand Today. *Chicago Daily Tribune* (1942).

Chicago Daily Tribune (27.09.1942). Judge Braude Heads Academy of Criminology. *Chicago Daily Tribune* (1942).

Chicago Daily Tribune (13.06.1943). 2 Chicagoans Exhibiting in St. Louis Show (by Jewett, E.). *Chicago Daily Tribune* (1943).

Chicago Daily Tribune (25.06.1944). Local Woman Painters Show Fine Pictures (by Jewett, E.). *Chicago Daily Tribune* (1944).

Chicago Daily Tribune (9.02.1950). Van Gogh Kin Will Speak On Uncle's Work (by Jewett, E.). *Chicago Daily Tribune* (1950).

Chicago Daily Tribune (08.04.1952). Front Views and Profiles (by Miller, L.K.). *Chicago Daily Tribune* (1952).

Chicago Daily Tribune (17.04.1952). Art Galleries Score Hit in 3 Man Show (by Jewett, E.). *Chicago Daily Tribune* (1952).

Chicago Daily Tribune (31.05.1952). Recorded at Random (by Cass, J.). *Chicago Daily Tribune* (1952).

Chicago Daily Tribune (12.02.1953). Interesting Little Shows Fill Galeries (by Jewett, E.). *Chicago Daily Tribune* (1953).

Chicago Daily Tribune (31.01.1963). Film Showing to Aid Institute (by Powers, I.). *Chicago Daily Tribune* (1963).

New York Times

Alle folgenden Artikel sind verfügbar in der Datenbank ProQuest Historical Newspapers: The New York Times (1851–2006).

New York Times (05.03.1934). New Exhibitions. *New York Times* (1934).

New York Times (20.06.1937). American Cross Section. The Municipal Art Committee Assembles Work From Every Part of the Union (by Devree, H.). *New York Times* (1937).

New York Times (30.10.1942). Dr. Hugo Staub, A Psychoanalyst. Criminal Psychology Expert, Aided in Trip From France by Red Cross, Dies Here. *New York Times* (1942).

New York Times (21.09.1959). Dr. Paul Alexander Research Physicist. *New York Times* (1959).

New York Times (19.07.1968). Lilla Alexander van Saher, Writer and Former Actress. *New York Times* (1968).

Los Angeles Times

Alle folgenden Artikel sind verfügbar in der Datenbank ProQuest Historical Newspapers: Los Angeles Times (1881–1987).

Los Angeles Times (13.05.1955). Mt. Sinai Hospital Will Get Noted Psychiatrist. Dr. Franz Alexander to Quit Chicago Post to Head Department in Institution Here. *Los Angeles Times* (1955).

Los Angeles Times (27.12.1955). Mt. Sinai sets Opening of Psychiatric Clinics. *Los Angeles Times* (1955).

Los Angeles Times (20.04.1958). ›Emotional Maturity‹ Will Be Discussed. *Los Angeles Times* (1958).

Los Angeles Times (21.04.1958). These Psychoanalysts Analyze Other Analysts. Researchers Hope to Determine Effects of Doctor's Personality on His Patient (by Nelson, H.). *Los Angeles Times* (1958).

Los Angeles Times (22.03.1959). New Use of Film Cuts Psychoanalysis Time. Scientist Finds Viewing Right Movies Can Help Resolve Emotional Conflicts. *Los Angeles Times* (1959).

Los Angeles Times (30.07.1960). Saturday's FM Highlights. *Los Angeles Times* (1960).

Los Angeles Times (27.09.1960). Psychiatrst To Discuss Marriage Counseling. *Los Angeles Times* (1960).

Los Angeles Times (09.11.1961). Psychoanalysts Symposium Set. *Los Angeles Times* (1961).

Los Angeles Times (09.03.1964). Dr. Franz Alexander, Psychoanalyst, Dies. Head of Mt. Sinai Research Unit Planned to Leave Post for Full Time Work at USC. *Los Angeles Times* (1964).

Internetquellen

http://www.calstatela.edu/academic/soc/scholarships.htm [Stand: 17.02.2011].
http://www.casbs.org/index.php?act=page&id=105 [Stand: 17.03.2010].

Unveröffentlichte Quellen

Briefe

Franz Alexander an Sigmund Freud, Chicago, Illinois, 18.01.1931. Sigmund Freud Archiv, Freud Museum London.

Franz Alexander an Sigmund Freud, Chicago, Illinois, 1.02.1931. Sigmund Freud Archiv, Freud Museum London.

Franz Alexander an Sigmund Freud, Chicago, Illinois, Februar 1931. Sigmund Freud Archiv, Freud Museum London.

Franz Alexander an Sigmund Freud, Italien, 6.07.1931. Sigmund Freud Archiv, Freud Museum London.

Franz Alexander an Sigmund Freud, Cambridge, Massachusetts, 13.12.1931. Sigmund Freud Archiv, Freud Museum London.

Franz Alexander an Ernest Jones, La Jolla, Kalifornien, 11.07.1938. Sigmund Freud Archiv, Freud Museum London.

Franz Alexander an Helen Ross, Stanford, Kalifornien, 12.12.1955. Alexander-Archiv, Chicago Institute for Psychoanalysis.

Franz Alexander an Marie Bonaparte, Los Angeles, Kalifornien, 6.11.1959. Alexander Archiv, Chicago Institute for Psychoanalysis.

Franz Alexander an Helen Ross, Los Angeles, Kalifornien, 22.02.1961. Alexander-Archiv, Chicago Institute for Psychoanalysis.

Sigmund Freud an Franz Alexander, Wien, 21.03.1921. Container 15, Sigmund Freud Papers, Sigmund Freud Collection, Manuscript Division, Library of Congress, Washington, D.C.

Sigmund Freud an Franz Alexander, Wien, 15.06.1924. Container 15, Sigmund Freud Papers, Sigmund Freud Collection, Manuscript Division, Library of Congress, Washington, D.C.

Sigmund Freud an Franz Alexander, Wien, 17.05.1926. Container 15, Sigmund Freud Papers, Sigmund Freud Collection, Manuscript Division, Library of Congress, Washington, D.C.

Sigmund Freud an Franz Alexander, Wien, 23.07.1926. Container 15, Sigmund Freud Papers, Sigmund Freud Collection, Manuscript Division, Library of Congress, Washington, D.C.

Sigmund Freud an Franz Alexander, Semmering, 16.09.1926. Container 15, Sigmund Freud Papers, Sigmund Freud Collection, Manuscript Division, Library of Congress, Washington, D.C.

Sigmund Freud an Franz Alexander, Poetzleinsdorf, 11.07.1931. Container 15, Sigmund Freud Papers, Sigmund Freud Collection, Manuscript Division, Library of Congress, Washington, D.C.

Sigmund Freud an Franz Alexander, Wien, 3.01.1932. Container 15, Sigmund Freud Papers, Sigmund Freud Collection, Manuscript Division, Library of Congress, Washington, D.C.

Sigmund Freud an Franz Alexander, Wien, 3.02.1932. Container 15, Sigmund Freud Papers, Sigmund Freud Collection, Manuscript Division, Library of Congress, Washington, D.C.

Sigmund Freud an Franz Alexander, Wien, 3.06.1934. Alexander-Archiv, Chicago Institute for Psychoanalysis.

Sigmund Freud an Franz Alexander, Wien, 14.06.1935. Container 15, Sigmund Freud Papers, Sigmund Freud Collection, Manuscript Division, Library of Congress, Washington, D.C.

Postkarte von Sigmund Freud an Franz Alexander, Wien, Mai 1936. Container 15, Sigmund Freud Papers, Sigmund Freud Collection, Manuscript Division, Library of Congress, Washington, D.C.

Sonstige Quellen

Alexander, F. (o.J.). Manuskript über Sigmund Freud. Container 116, Sigmund Freud Papers, Sigmund Freud Collection, Manuscript Division, Library of Congress, Washington, D.C.

Interview zwischen Franz Alexander und Kurt Eissler, 16.05.1953 (Transkript). Container 112, Sigmund Freud Papers, Sigmund Freud Collection, Manuscript Division, Library of Congress, Washington, D.C.

Interview zwischen Franz Alexander und Kurt Eissler, 16.01.1954 (Transkript). Container 112, Sigmund Freud Papers, Sigmund Freud Collection, Manuscript Division, Library of Congress, Washington, D.C.

Franz G. Alexander 70th Birthday Celebration. Symposium on Psychoanalysis, November 10–11, 1961. Ambassador Hotel, Los Angeles, California (1961). Programmheft. Alexander-Archiv, Chicago Institute for Psychoanalysis.

Ross, H. (1961). Alexander, the Chicago Period. Manuskript zur Rede anlässlich des 70. Geburtstags von Franz Alexander, gehalten auf dem Symposium on Psychoanalysis, 10.–11. November 1961. Alexander-Archiv, Chicago Institute for Psychoanalysis.

Anhang

I. Bibliografie von Franz Alexander

Diese Liste führt alle deutsch- und englischsprachigen Werke und Schriften von Franz Alexander an, von denen ich Kenntnis habe. Die Liste ist chronologisch sortiert. Einige Bücher und Fachartikel sind sowohl in deutscher als auch in englischer Sprache erschienen. In der Regel sind beide Versionen in dieser Bibliografie enthalten.

1910–1919

Alexander, F. (1912). Untersuchungen über den Blutgaswechsel des Gehirns. Biochemische Zeitschrift, 44, 127–139.

Alexander, F. & Révész, G. (1912). Über den Einfluß optischer Reize auf den Gaswechsel des Gehirns. Biochemische Zeitschrift, 44, 95–126.

Alexander, F. & Cserna, S. (1913). Einfluß der Narkose auf den Gaswechsel des Gehirns. Biochemische Zeitschrift, 45, 100–115.

1920–1929

Alexander, F. (1921). Metapsychologische Betrachtungen. Internationale Zeitschrift für Psychoanalyse, 7(3), 270–285.

Alexander, F. (1922). Kastrationskomplex und Charakter. Internationale Zeitschrift für Psychoanalyse, 8(2), 121–152.

Alexander, F. (1923). Der Biologische Sinn Psychischer Vorgänge. Über Buddhas Versenkungslehre. Imago, 9(1), 35–57.

Alexander, F. (1925a). Dreams in Pairs and Series. International Journal of Psycho-Analysis, 6, 446–452.

Alexander, F. (1925b). Einige unkritische Gedanken zu Ferenczis Genitaltheorie. Internationale Zeitschrift für Psychoanalyse, 11(4), 444–456.

Alexander, F. (1925c). Entwicklungsziele der Psychoanalyse: By S. Ferenczi and Otto Rank. (Neue Arbeiten zur ärztlichen Psychoanalyse, Nr. I.) Vienna, 1924. International Journal of Psycho-Analysis, 6, 484–496.

Alexander, F. (1925d). Ferenczi, S. und Rank, O.: Entwicklungsziele der Psychoanalyse. Neue Arbeiten zur ärztlichen Psychoanalyse Nr. 1, Intern. PsA. Verlag. 1924. Internationale Zeitschrift für Psychoanalyse, 11(1), 113–122.

Alexander, F. (1925e). A Metapsychological Description of the Process of Cure. International Journal of Psycho-Analysis, 6, 13–34.

Alexander, F. (1925f). Metapsychologische Darstellung des Heilungsvorganges. Internationale Zeitschrift für Psychoanalyse, 11(2), 157–178.

Alexander, F. (1925g). Psychoanalytisches Gutachten vor Gericht. Internationale Zeitschrift für Psychoanalyse, 11(1), 128–129.

Alexander, F. (1925h). Über Traumpaare und Traumreihen. Internationale Zeitschrift für Psychoanalyse, 11(1), 80–85.

Alexander, F. (1926a). Der Aufbau des Ich. In: P. Federn & H. Meng (Hg.): Psychoanalytisches Volksbuch. Bern: Hans Huber, S. 110–120.

Alexander, F. (1926b). Neurose und Gesamtpersönlichkeit. Internationale Zeitschrift für Psychoanalyse, 12(3), 334–347.

Alexander, F. (1926c). Neurosis and the Whole Personality. International Journal of Psycho-Analysis, 7, 340–352.

Alexander, F. (1927a). Diskussion der Laienanalyse – VIII. Internationale Zeitschrift für Psychoanalyse, 13, 215–220.

Alexander, F. (1927b). Psychoanalyse der Gesamtpersönlichkeit. Leipzig: Internationaler Psychoanalytischer Verlag.

Alexander, F. (1927c). Zur Theorie der Zwangsneurosen und Phobien. Internationale Zeitschrift für Psychoanalyse, 13(1), 20–35.

Alexander, F. (1928a). Der neurotische Charakter. Internationale Zeitschrift für Psychoanalyse, 14(1), 26–44.

Alexander, F. (1928b). Ein Fall von masochistischem Transvestitismus als Selbstheilungsversuch. Almanach der Psychoanalyse, 1928, 164–171.

Alexander, F. (1928c). A Reply to Reich's Criticism. International Journal of Psycho-Analysis, 9, 240–246.

Alexander, F. (1929a). Die Grenzen und Entwicklungsmöglichkeiten der psychoanalytischen Therapie (Autoreferat). Internationale Zeitschrift für Psychoanalyse, 15(4), 515.

Alexander, F. (1929b). The Need for Punishment and the Death-Instinct. International Journal of Psycho-Analysis, 10, 256–269.

Alexander, F. (1929c). Strafbedürfnis und Todestrieb. Internationale Zeitschrift für Psychoanalyse, 15(2/3), 231–245.

Alexander, F., & Staub, H. (1929a). Der Kampf ums Recht. Psychoanalytische Bewegung, 1(2), 117–122.

Alexander, F., & Staub, H. (1929b). Der Verbrecher und seine Richter. Ein psychoanalytischer Einblick in die Welt der Paragraphen.

1930–1939

Alexander, F. (1930a). Der Doppelmord eines 19jährigen. Psychoanalytische Bewegung, 2(1), 80–93.

Alexander, F. (1930b). Der theoretische Lehrgang. In: D.P. Gesellschaft (Hg.): Zehn Jahre Berliner Psychoanalytisches Institut. Wien: Internationaler Psychoanalytischer Verlag, S. 54–58.

Alexander, F. (1930c). The Neurotic Character. International Journal of Psycho-Analysis, 11, 292–311.

Alexander, F. (1930d). Träume mit peinlichem Inhalt. Eine Ergänzung zur Traumlehre. Internationale Zeitschrift für Psychoanalyse, 16(3/4), 343–348.

Alexander, F. (1930e). Zur Genese des Kastrationskomplexes. Internationale Zeitschrift für Psychoanalyse, 16(3/4), 349–352.

Alexander, F. (1931a). Abstract of Theoretical Problems of Therapy in Schizophrenia. Journal of Nervous and Mental Disease, 74, 64–67.

Alexander, F. (1931b). Buddhistic Training as an Artificial Catatonia (The Biological Meaning of Psychic Occurrences). Psychoanalytic Review, 18, 129–145.

Alexander, F. (1931c). Ein besessener Autofahrer. Imago, 17(2), 174–193.

Alexander, F. (1931d). III. Psychoanalysis in the Education of Psychiatrists. American Journal of Orthopsychiatry, 1(4), 362–370.

Alexander, F. (1931e). Psychische Hygiene und Kriminalität. Imago, 17(2), 145–173.

Alexander, F. (1931f). Psychoanalyse und Medizin. Internationale Zeitschrift für Psychoanalyse, 17(2), 212–233.

Alexander, F. (1931g). Psychoanalysis in the Education of Psychiatrists. American Journal of Orthopsychiatry, 1, 362–370.

Alexander, F. (1931h). Schizophrenic Psychoses. Archives of Neurology and Psychiatry, 26, 815–826.

Alexander, F. (1931i). Why do Children Lie? Child Study, February 1931, 162–165.

Alexander, F. (1932a). Contribution to Psychological Factors in Anti-Social Behavior. The Family, 13, 142–146.

Alexander, F. (1932b). Discussion: Viewpoints on Stuttering. American Journal of Orthopsychiatry, 2(1), 23.

Alexander, F. (1932c). The Medical Value of Psychoanalysis (1. Aufl.). New York: W.W. Norton & Company, Inc.

Alexander, F. (1932d). Mental Hygiene and Criminology. First International Congress on Mental Hygiene, Proc., 1, 745–773.

Alexander, F. (1932e). Psychoanalysis and Medicine. Mental Hygiene, 16, 63–84.

Alexander, F. (1932f). Ziel und Wirkungskreis des neuen Instituts für Psychoanalyse in Chicago. Psychoanalytische Bewegung, 4(6), 530–533.

Alexander, F. (1933a). Development of the Ego-Psychology. In: S. Lorand (Hg.): Psychoanalysis Today. Its Scope and Function. New York: Covici, Friede, S. 143–150.

Alexander, F. (1933b). Die Psychoanalyse des Kindes: By Melanie Klein. Vienna: Internationaler Psychoanalytischer Verlag, 1932, 324p. The Psychoanalytic Quarterly, 2, 141–152.

Alexander, F. (1933c). Functional Disturbances of Psychogenic Nature. Journal of the American Medical Association, 100, 469–473.

Alexander, F. (1933d). Meeting Emotional Depression. Hygeia, The Health Magazine, March 1933.

Alexander, F. (1933e). A Note on Falstaff. The Psychoanalytic Quarterly, 2, 592–606.

Alexander, F. (1933f). On Ferenczi's Relaxation Principles. International Journal of Psycho-Analysis, 14, 183–192.

Alexander, F. (1933g). The Relation of Structural and Instinctual Conflicts. The Psychoanalytic Quarterly, 2, 181–207.

Alexander, F. (1933h). The Significance of Emotional Attitudes in the Psychoanalytical Situation. American Journal of Orthopsychiatry, 3(1), 35–43.

Alexander, F. (1933i). A Voice From The Past. Some Remarks on Dr. Bernard Sachs' Protest Against Psychoanalysis. American Journal of Psychiatry, 90, 193–200.

Alexander, F. (1934a). Evaluation of Statistical and Analytical Methods in Psychiatry and Psychology. American Journal of Orthopsychiatry, 4(4), 433–448.

Alexander, F. (1934b). The Influence of Psychologic Factors Upon Gastro-Intestinal Disturbances: A Symposium – I. General Principles, Objectives, and Preliminary Results. The Psychoanalytic Quarterly, 3, 501–539.

Alexander, F. (1934c). Review of Freud's »New Series of Introductory Lectures on Psychoanalysis«. Psychoanalytic Review, 21, 336–346.

Alexander, F. (1934d). Über das Verhältnis von Struktur- zu Triebkonflikten. Internationale Zeitschrift für Psychoanalyse, 20(1), 33–53.

Alexander, F. (1935a). Bemerkungen über Falstaff. Almanach der Psychoanalyse, 1935, 161–179.

Alexander, F. (1935b). Concerning the Genesis of the Castration Complex. Psychoanalytic Review, 22, 49–52.

Alexander, F. (1935c). Die Logik der Gefühle und ihre dynamische Grundlage. Internationale Zeitschrift für Psychoanalyse, 21(4), 471–485.

Alexander, F. (1935d). Inner and Outer Worlds. Survey, 71, 207–208.

Alexander, F. (1935e). The Logic of Emotions and its Dynamic Background. International Journal of Psycho-Analysis, 16, 399–413.

Alexander, F. (1935f). The Problem of Psychoanalytic Technique. The Psychoanalytic Quarterly, 4, 588–611.

Alexander, F. (1935g). The Psychiatric Approach to Community Welfare Problems. Indiana Bulletin of Charities and Correction, 217, 487–492.

Alexander, F. (1935h). Über den Einfluß psychischer Faktoren auf gastrointestinale Störungen. Internationale Zeitschrift für Psychoanalyse, 21(2), 189–219.

Alexander, F. & Healy, W. (1935a). Roots of Crime. New York: Alfred A. Knopf Inc.

Alexander, F. & Healy, W. (1935b). Ein Opfer der Verbrechermoral und eine nichtentdeckte Diebin. Imago, 21(1), 5–43.

Alexander, F., & Wilson, G.W. (1935). Quantitative Dream Studies – A Methodological Attempt at a Quantitative Evaluation of Psychoanalytic Material. The Psychoanalytic Quarterly, 4, 371–407.

Alexander, F. (1936a). Addenda to »The Medical Value of Psychoanalysis«. The Psychoanalytic Quarterly, 5, 548–559.

Alexander, F. (1936b). Diesseits und Jenseits der Gefängnismauern. Almanach der Psychoanalyse, 1936, 168–174.

Alexander, F. (1936c). Practical Aspects of Psychoanalysis: A Handbook for Prospective Patients and Their Advisors. By Lawrence S. Kubie. New York: W.W. Norton & Co., 1936. 223pp. The Psychoanalytic Quarterly, 5, 283–289.

Alexander, F. (1936d). The Sociological and Biological Orientation of Psychoanalysis. Mental Hygiene, 20, 232–248.

Alexander, F. & Menninger, W.C. (1936). The Relation of Persecutory Delusions to the Functioning of the Gastro-Intestinal Tract Journal of Nervous and Mental Disease, 84(5), 541–555.

Alexander, F. (1937a). Das Problem der psychoanalytischen Technik. Internationale Zeitschrift für Psychoanalyse, 23(1), 75–95.

Alexander, F. (1937b). Die soziologische und biologische Orientierung in der Psychoanalyse. Imago, 23(142–156).

Alexander, F. (1937c). The Don Quixote of America. Newsletter of the American Association of Psychiatric Social Workers, 7(1), 1–2.

Alexander, F. (1937d). Introduction. In: M.J. Adler (Hg.): What man has made of man. New York: Longmans, Green & Co.

Alexander, F. (1937e). The Neurotic Personality of Our Time: By Karen Horney. New York: W.W. Norton & Co., 1937. 299pp. The Psychoanalytic Quarterly, 6, 536–540.

Alexander, F. (1937f). Psychoanalysis and Social Disorganization. The American Journal of Sociology, 42(6), 781–813.

Alexander, F. (1937g). Psychoanalytic Aspects of Mental Hygiene and the Environment. Mental Hygiene, 21, 187–197.

Alexander, F. (1937h). The Social Problem and the Individual. Parent Education, 3(4), 19–26.

Alexander, F. & Saul, L.J. (1937a). The Human Spirogram. American Journal of Physiology, 119, 396–397.

Alexander, F. & Saul, L.J. (1937b). Murder Committed by a Nineteen Year Old Boy. Psychoanalytic Review, 24B, 113–124.

Alexander, F. (1938a). Discussion, The 1938 Symposium. American Journal of Orthopsychiatry, 8(3), 424–428.

Alexander, F. (1938b). Psychoanalyse und soziale Frage. Almanach der Psychoanalyse, 1938, 64–83.

Alexander, F. (1938c). Psychoanalysis Comes of Age. The Psychoanalytic Quarterly, 7, 299–306.

Alexander, F. (1938d). Remarks about the Relation of Inferiority Feelings to Guilt Feelings. International Journal of Psycho-Analysis, 19, 41–49.

Alexander, F. (1938e). Section Meeting on Culture and Personality. American Journal of Orthopsychiatry, 8(4), 587–626.

Alexander, F. (1938f). Section on Culture and Personality. American Journal of Orthopsychiatry, 8(1), 31–50.

Alexander, F. (1938g). A Tentative Analysis of the Variables in Personality Development. American Journal of Orthopsychiatry, 8(4), 587–591.

Alexander, F. (1939a). Emotional Factors in Essential Hypertension. Psychosomatic Medicine, 1(1), 173–179.

Alexander, F. (1939b). Psychoanalytic Study of a Case of Essential Hypertension. Psychosomatic Medicine, 1(1), 139–152.

Alexander, F. (1939c). Psychological Aspects of Medicine. Psychosomatic Medicine, 1(1), 7–18.

1940–1949

Alexander, F. (1940a). Conceptions of Human Motivation – The Unconscious Motives of Men. Frontiers of Democracy, 6(54), 232–233.

Alexander, F. (1940b). A Jury Trial of Psychoanalysis. Journal of abnormal and social Psychology, 35, 305–323.

Alexander, F. (1940c). On Human Motivations. Mental Hygiene Review, 1, 72–80.

Alexander, F. (1940d). Psychiatric Contributions to Crime Prevention. Federal Probation, 4(2), 10–16.

Alexander, F. (1940e). Psychoanalysis Revised. The Psychoanalytic Quarterly, 9, 1–35.

Alexander, F. (1940f). Psychology and the Interpretation of Historical Events. In: C. F. Ware (Hg.): The Cultural Approach to History. New York: Columbia University Press, S. 48–57.

Alexander, F. (1940g). Recollections of Berggasse 19. The Psychoanalytic Quarterly, 9, 195–204.

Alexander, F. (1940h). Sigmund Freud 1856–1939. Archives of Neurology and Psychiatry, 43(3), 575–580.

Alexander, F. (1940i). Sigmund Freud – the Man. In: H. Meyer (Hg.): Medical Leaves. A Review of the Jewish Medical World and Medical History (Vol. 3[1]). Chicago: Medical Leaves, Inc, S. 11–17.

Alexander, F. (1940j). Sigmund Freud: 1856–1939. Psychosomatic Medicine, 2(1), 68–73.

Alexander, F. & Saul, L. J. (1940). Respiration and Personality: A Preliminary Report: Part I Description of the Curves. Psychosomatic Medicine, 2(2), 110–118.

Alexander, F. (1941a). Clinical versus Experimental Approach in Psychosomatics. Psychosomatic Medicine, 3(3), 330–336.

Alexander, F. (1941b). Concluding Remarks. Psychosomatic Medicine, 3(3).

Alexander, F. (1941c). Defeatism Concerning Democracy. American Journal of Orthopsychiatry, 11(4), 643–651.

Alexander, F. (1941d). Gastrointestinal Neuroses. In: S. A. Portis (Hg.): Diseases of the Digestive System. Philadelphia: Lea & Febiger, S. 206–226.

Alexander, F. (1941e). Introduction. In: J. Coignard (Hg.): The Spectacle of a Man. New York City: Duell, Sloane & Pearce, Inc.

Alexander, F. (1941f). The Psychiatric Aspects of War and Peace. The American Journal of Sociology, 46(4), 504–520.

Alexander, F. (1941g). »The Voice of the Intellect is Soft …«. Psychoanalytic Review, 28, 12–29.

French, T. M. & Alexander, F. (1941). Psychogenic Factors in Bronchial Asthma. Psychosomatic Medicine Monographs, 4, 2–94.

Alexander, F. (1942a). Irrationale Kräfte unserer Zeit (1 ed.). Stuttgart: Verlag von Ernst Klett.

Alexander, F. (1942b). Our Age of Unreason. A Story of the Irrational Forces in Social Life (2 ed.). Philadelphia: J.B. Lippincott Company.

Alexander, F. (1943a). 1. Peace Aims. American Journal of Orthopsychiatry, 13(4), 571–580.

Alexander, F. (1943b). Aggressiveness – Individual and Collective. The March of Medicine: New York Academy of Medicine Lectures to the Laity No. VI. New York: Columbia University Press, S. 83–99.

Alexander, F. (1943c). Discussion: Research in Orthopsychiatry, The 1942 Symposium. American Journal of Orthopsychiatry, 13(2), 241–244.

Alexander, F. (1943d). Fundamental Concepts of Psychosomatic Research: Psychogenesis, Conversion, Specifity. Psychosomatic Medicine, 5, 205–210.

Alexander, F. (1943e). Hugo Staub – 1886–1942. The Psychoanalytic Quarterly, 12, 100–105.

Alexander, F. (1943f). Peace Aims. American Journal of Orthopsychiatry, 13, 571–580.

Alexander, F. (1943g). The Philosophy of Psychiatry. In: F. J. Sladen (Hg.): Psychiatry and the War. Springfield, Illinois & Baltimore, Maryland: Charles C. Thomas, S. 408f.

Alexander, F. (1943h). Psychological Warfare. Diseases of the Nervous System, 4(7), 1f.

Alexander, F. (1943i). Psychosomatic Research in Psychiatry. In: F. J. Sladen (Hg.): Psychiatry and the War. Springfield, Illinois & Baltimore, Maryland: Charles C Thomas, S. 125–134.

Alexander, F. (1943j). Research in Orthopsychiatry. American Journal of Orthopsychiatry, 13, 212–248.

Alexander, F. (1944a). Bateson, Gregory and Mead, Margaret: Balinese Character; A Photographic Analysis. New York, New York Academy of Science, Vol. II, 1942, 277pp. (Book Review). Psychosomatic Medicine, 6(2), 182–185.

Alexander, F. (1944b). The Brief Psychotherapy Council and Its Outlook. The Proceedings of the Second Brief Psychotherapy Council. Chicago: Institute for Psychoanalysis, S. 1–4.

Alexander, F. (1944c). General Discussion. Psychosomatic Medicine, 6(1), 80–81.

Alexander, F. (1944d). The Indications for Psychoanalytic Therapy. Bulletin of The New York Academy of Medicine, 20(6), 319–332.

Alexander, F. (1944e). Panel Discussion. Psychosomatic Medicine, 6(1), 74–76.

Alexander, F. (1944f). Psychosomatic Disturbances of the Gastrointestinal Tract. In: S. A. Portis (Hg.): Diseases of the Digestive System (2 ed.). Philadelphia: Lea & Febiger, S. 826–844.

Alexander, F. (1944g). A World Without Psychic Frustration. The American Journal of Sociology, 49(5), 465–469.

Alexander, F. & Portis, S. A. (1944). A Psychosomatic Study of Hypoglycaemic Fatigue. Psychosomatic Medicine, 6, 191–206.

Alexander, F. (1945a). Discussion of Dr. Bassoe's Article, »Spain as the Cradle of Psychiatry«. American Journal of Psychiatry, 102, 408–410.

Alexander, F. (1945b). Dunbar, Flanders: Psychosomatic Diagnosis, New York, Paul B. Hoeber Inc., 1943, 741pp. (Book Review) Psychosomatic Medicine, 7(1), 60–64.

Alexander, F. (1945c). The Origin and Function of Culture: By Géza Roheim. New York: Nervous and Mental Disease Monographs, 1943. 107pp. The Psychoanalytic Quarterly, 14, 398–401.

Meyer, A.; Bollmeier, L.N. & Alexander, F. (1945). Correlation Between Emotions and Carbohydrate Metabolism in Two Cases of Diabetes Mellitus. Psychosomatic Medicine, 7(6), 335–341.

Alexander, F. (1946a). 5. Training Principles in Psychosomatic Medicine. American Journal of Orthopsychiatry, 16, 410–412.

Alexander, F. (1946b). A Case of Peptic Ulcer and Personality Disorder The Proceedings of the Third Psychotherapy Council. Chicago: Institute for Psychoanalysis, S. 18–40.

Alexander, F. (1946c). Individual Psychotherapy. Psychosomatic Medicine, 8, 110–115.

Alexander, F. (1946d). Mental Hygiene in the Atomic Age. Mental Hygiene, 30(4), 529–544.

Alexander, F. (1946e). The Psychoanalytic Theory of Neurosis: by Otto Fenichel. New York: W. W. Norton, 1945. Review. Science, 104(2699), 279–280.

Alexander, F. & French, T.M. (1946). Psychoanalytic Therapy. Principles and Application. New York: Ronald Press Co.

Alexander, F. (1947a). Teaching Psychodynamics. American Journal of Orthopsychiatry, 17, 605–608.

Alexander, F. (1947b). Treatment of a case of peptic ulcer and personality disorder. Psychosomatic Medicine, 9(5), 320–330.

Alexander, F. & Piers, G. J. (1947). Psychoanalysis. In: E. A. Spiegel (Hg.): Progress in Neurology and Psychiatry (Vol. II). New York: Grune & Stratton, S. 500–517.

Johnson, A.; Shapiro, L. B. & Alexander, F. (1947). Preliminary Report on a Psychosomatic Study of Rheumatoid Arthritis. Psychosomatic Medicine, 9(5), 295–300.

Alexander, F. (1948a). Family Problems and Psychological Disturbance. Proceedings of the International Conference on Mental Hygiene, 4, 148–157.

Alexander, F. (1948b). Fundamentals of Psychoanalysis. New York: W. W. Norton & Company, Inc.

Alexander, F. (1948c). The Price of Peace. Child Study, 25, 71–73.

Alexander, F. (1948d). The Role of the Scientist in Society – I. In: L. G. Lowrey & V. Sloane (Hg.): Orthopsychiatry 1923–1948. Retrospect and Prospect: American Orthopsychiatric Associations, Inc, S. 342–358.

Alexander, F. (1948e). What is a Neurosis? Digest of Neurology and Psychiatry, 16, 225–233.

French, T. M. & Alexander, F. (Hg.) (1948). Studies in Psychosomatic Medicine. New York: Ronald Press Co.

Alexander, F. (1949a). The Accident Prone Individual. Public Health Report, 64(12), 357–362.

Alexander, F. (1949b). The Bomb and Human Psyche. United Nations World, 3(11).

Alexander, F. (1949c). A Critical Discussion of the Theory of Life and Death Instincts. In: S. Lorand; H. A. Bunker; E. Jones; B. D. Lewin & C. P. Oberndorf (Hg.): The Yearbook of Psychoanalysis (Vol. 5). New York: International Universities Press, Inc, S. 148–156.

Alexander, F. (1949d). Psychiatrische Prophylaxe gegen den Krieg. In: P. Federn & H. Meng (Hg.): Die Psychohygiene. Bern: Huber.

Alexander, F. (1949e). Wider Fields for Freud's Technique; the methods he devised for man's study of the individual may help to resolve larger affairs. New York Times Magazine, May 1949, SM 15.

1950–1959

Alexander, F. (1950a). Analyse der Therapeutischen Faktoren in der Psychoanalytischen Behandlung. Psyche, 4(8), 401–416.

Alexander, F. (1950b). Analysis of the Therapeutic Factors in Psychoanalytic Treatment. The Psychoanalytic Quarterly, 19, 482–500.

Alexander, F. (1950c). Discussion. A Postgraduate Psychoanalytic Training Program: Its Evolution, Principles, and Operating at the New York Medical College. American Journal of Psychiatry, 106(11), 844.

Alexander, F. (1950d). Emotional Maturity. Man Can Adjust Himself to his Changing Environment only by Knowing Himself, His Desires, Impulses, Motives and Needs. Pastoral Psychology, 49–54.

Alexander, F. (1950e). Essentials in Psychotherapy. Journal of the Michigan State Medical Society, 49, 549–551, 567.

Alexander, F. (1950f). The Evolution and Present Trends of Psychoanalysis. Acta Psychologica, 7, 126–132.

Alexander, F. (1950g). Frontiers in Psychiatry. Frontiers in Medicine; The March of Medicine. New York: Columbia University Press, S. 3–24.

Alexander, F. (1950h). Looking Ahead in the Fields of Orthopsychiatric Research. American Journal of Orthopsychiatry, 20(1), 73–114.

Alexander, F. (1950i). The Psychology of Dreaming. In: H. Herma & G.M. Kurth (Hg.): Elements of Psychoanalysis. Cleveland and New York: The World Publishing Company, S. 58–75.

Alexander, F. (1950j). Psychosomatic Medicine. Its Principles and Applications New York: W.W. Norton & Company.

Alexander, F. (1950k). Psychosomatische Medizin. Grundlagen und Anwendungsgebiete (4 ed.). Berlin: de Gruyter.

Alexander, F. (1950l). Values and Science. Journal of Social Issues, 6(4), 28–32.

McCulluch, W.; Carlson, H.B. & Alexander, F. (1950). Zest and Carbohydrate Metabolism. In: H.G. Wolff; S.G. Wolf & C.C. Hare (Hg.): Life Stress and Bodily Disease. Balitmore: The Williams & Wilkins Company, S. 406–411.

Ham, G.C.; Alexander, F. & Carmichael, H.T. (1950). Dynamic Aspects of the Personality Features and Reactions Characteristic of Patients with Graves Disease. In: H.G. Wolff; S.G. Wolf & C.C. Hare (Hg.): Life Stress and Bodily Disease. Baltimore: The Williams & Wilkins Company, S. 451–457.

Alexander, F. (1951a). The Dynamics of Personality Development. Social Casework, 32, 139–143.

Alexander, F. (1951b). Psychoanalytic Training in the Past, the Present and the Future: A Historical Review. Chicago: Institute for Psychoanalysis.

Alexander, F. (1951c). Three Fundamental Dynamic Principles of the Mental Apparatus and of the Behavior of Living Organisms. Dialectica, 5, 239–245.

Alexander, F. (1951d). »Unraveling Juvenile Delinquency« (Symposium); a symposium of reviews. Journal of Criminal Law and Criminology, 41, 751–755.

Ham, G.C.; Alexander, F. & Carmichael, H.T. (1951). A Psychosomatic Theory of Thyrotoxicosis. Psychosomatic Medicine, 13(1), 18–35.

Alexander, F. (1952a). Development of the Fundamental Concepts of Psychoanalysis. In: F. Alexander & H. Ross (Hg.): Dynamic Psychiatry. Chicago: The University of Chicago Press, S. 3–34.

Alexander, F. (1952b). Essays in Applied Psychoanalysis: By Ernest Jones, M.D., F.R.C.P. London: The Hogwarth Press, Ltd. and the Institute of Psychoanalysis, 1951. Vol. I, 333pp. Vol. II 383 pp. The Psychoanalytic Quarterly, 21, 545–547.

Alexander, F. (1952c). Werte und Wissenschaft. Psyche, 5, 662–667.

Alexander, F. & Ross, H. (Hg.) (1952a). Dynamic Psychiatry. Chicago: The University of Chicago Press.

Alexander, F. & Ross, H. (Hg.) (1952b). The Impact of Freudian Psychiatry. Chicago: Phoenix Books.

Alexander, F. & Shapiro, L.B. (1952). Neuroses, Behavior Disorders and Perversions. In: F. Alexander & H. Ross (Hg.): Dynamic Psychiatry. Chicago: The University of Chicago Press, S. 117–139.

Alexander, F. & Szasz, T.S. (1952). The Psychosomatic Approach in Medicine. In: F. Alexander & H. Ross (Hg.): Dynamic Psychiatry. Chicago: The University of Chicago Press, S. 369–400.

Alexander, F. (1953a). Comment on Emotions and Hydrochloric Acid Secretion During Psychoanalytical Hours. Psychosomatic Medicine, 15(4), 327.

Alexander, F. (1953b). Current Views on Psychotherapy. Psychiatry: Journal for the Study of Interpersonal Processes, 16, 113–122.

Alexander, F. (1953c). The Meaning of Dreams: By Calvin S. Hall. New York: Harper & Brothers, 1953. 244pp. The Psychoanalytic Quarterly, 22, 438–440.

Alexander, F. (1953d). Principles and Techniques of Briefer Psychotherapeutic Procedures. Research publications – Association for Research in Nervous and Mental Disease, 31, 16–20.

Alexander, F. (1953e). A Review of Two Decades. In: F. Alexander & H. Ross (Hg.): 20 Years of Psychoanalysis. A Symposium in Celebration of the Twentieth Anniversary of the Chicago Institute for Psychoanalysis. New York: W.W. Norton & Company, Inc, S. 13–27.

Alexander, F. (1953f). The Therapeutic Applications of Psychoanalysis. In: R.R. Grinker (Hg.): Mid-Century Psychiatry. Springfield, Illinois: Charles C. Thomas.

Alexander, F. (1954a). Discussion. In: F.L.K. Hsu (Hg.): Aspects of Culture and Personality. A Symposium. New York: Abeland – Schuman, S. 210–215.

Alexander, F. (1954b). Psychoanalysis and Psychotherapy. Journal of the American Psychoanalytic Association, 2, 722–733.

Alexander, F. (1954c). The Psychosomatic Approach in Medical Therapy. Acta Psychotherapeutica et Psychosomatica, 2(3–4), 284–300.

Alexander, F. (1954d). Some Quantitative Aspects of Psychoanalytic Technique. Journal of the American Psychoanalytic Association, 2, 685–701.

Alexander, F. (1954e). Why I Became a Doctor. In: N.D. Fabricant (Hg.): Why we became Doctors. New York: Grune & Straton, S.¬†54–58.

Alexander, F. & Alexander, F. (1954). What are you afraid of? How to master your fears and anxieties Chicago: Science Research Associates, Inc.

Alexander, F. (1955a). The Collected Papers of Otto Fenichel. First Series: Edited by Hanna Fenichel and David Rapaport. New York: W.W. Norton & Company, Inc. 1953. 408pp. The Psychoanalytic Quarterly, 24, 120–123.

Alexander, F. (1955b). On the Psychodynamics of Regressive Phenomena in Panic States. In: G. Roheim (Hg.): Psychoanalysis and the Social Sciences (Vol. 4). New York: International Universities Press, S. 104–110.

Alexander, F. & Visotsky, H. (1955). Psychosomatic Study of a Case of Asthma. Psychosomatic Medicine, 17(6), 470–472.

Alexander, F. (1956a). Adventure and Security in a Changing World In: I. Galdston (Hg.): Medicine in a Changing Society. Lectures to the Laity, No. XVIII. New York: International Universities Press, Inc, S. 3–19.

Alexander, F. (1956b). A Note on the Theory of Perversions. In: S. Lorand & M. Balint (Hg.): Perversions: Psychodynamics and Therapy. New York: Random House, S. 3–15.

Alexander, F. (1956c). Psychoanalysis and Psychotherapy. Developments in Theory, Technique and Training (1 ed.). New York: W.W. Norton & Company, Inc.

Alexander, F. (1956d). Psychoanalysis in Western Culture. American Journal of Psychiatry, 112, 692–699.

Alexander, F. (1956e). Two Forms of Regression and their Therapeutic Implications. The Psychoanalytic Quarterly, 25, 178–196.

Alexander, F. (1956f). Über das Spiel. Psyche, 10, 11–28.

Alexander, F. (1956g). Views on the Etiology of Alcoholism. In: H.D. Kruse (Hg.): Alcoholism as a Medical Problem. New York: Hoeber-Harper, S. 40–46.

Alexander, F. (1956h). Zwei Formen der Regression und ihre Bedeutung für die Therapie. Psyche, 9(11), 668–683.

Alexander, F. & Rangell, L. (1956). Discussion of Adress Presented By Lawrence S. Kubie, M.D. Psychiatric Research Reports of the American Psychiatric Association, Oktober 1956(6), 137–150.

Alexander, F. (1957a). Die Stellung der Psychoanalyse in der westlichen Kultur. In: T.W. Adorno & W. Dirks (Hg.): Freud in der Gegenwart. Frankfurt a.M.: Europäische Verlagsanstalt, S. 307–325.

Alexander, F. (1957b). Fundamental Concepts, Basic Principles and Assumptions of the Psychodynamic Position on Mental Disease. In: H.D. Kruse (Hg.): Integrating the Approaches to Mental Disease. New York: Hoeber-Harper, S. 138–145.

Alexander, F. (1957c). A Psychodynamicist Speaks. In: H.D. Kruse (Hg.): Integrating the Approaches to Mental Disease. New York: Hoeber-Harper, S. 45–48.

Alexander, F. (1957d). Psychosomatische Wechselbeziehungen. In: T.W. Adorno & W. Dirks (Hg.): Freud in der Gegenwart. Frankfurt a.M.: Europäische Verlagsanstalt, S. 279–307.

Alexander, F. (1958a). A Contribution to the Theory of Play. The Psychoanalytic Quarterly, 27, 175–193.

Alexander, F. (1958b). Magic and Schizophrenia: By Géza Róheim. Posthumously edited by Warner Muensterberger with assistance of S.H. Posinsky. New York: International Universities Press, Inc., 1955, 230pp. The Psychoanalytic Quarterly, 27, 106–107.

Alexander, F. (1958c). Unexplored Areas in Psychoanalytic Theory and Treatment. Behavioral Science, 3(4), 293–316.

Alexander, F. (1959a). Emotional Factors in Voting Behavior. In: E. Burdick & A.J. Brodbeck (Hg.): American Voting Behavior. Glencore, Illinois: The Free Press, S. 300–307.

Alexander, F. (1959b). Impressions from the Fourth International Congress of Psychotherapy (Barcelona, September 1–6, 1958). Psychiatry: Journal for the Study of Interpersonal Processes, 22, 89–95.

Alexander, F. & Wasserman, J.H. (1959). Current Problems in Dynamic Psychotherapy in its Relationship to Psychoanalysis. American Journal of Psychiatry, 116, 322–325.

1960–1969

Alexander, F. (1960a). Gregory Zilboorg. Bulletin of The American Psychoanalytic Association, 16, 380–381.

Alexander, F. (1960b). In Memoriam Flanders Dunbar 1902–1959. American Journal of Psychiatry, 117(2), 188–190.

Alexander, F. (1960c). The Western Mind in Transition (1 ed.). New York: Random House.

Alexander, F. (1961a). Educative Influence of Personality Factors in the Environment. In: C. Kluckhorn & H.A. Murray (Hg.): Personality in Nature, Society and Culture (2 ed.). New York: Alfred A. Knopf, S. 421–435.

Alexander, F. (1961b). The Scope of Psychoanalysis. New York: Basic Books Inc.

Alexander, F.; Flagg, G.W.; Foster, S.; Clemens, T. & Blahd, W. (1961). Experimental Studies of Emotional Stress: I. Hyperthyreodism. Psychosomatic Medicine, 23(2), 104–114.

Alexander, F. (1962a). The Development of Psychosomatic Medicine. Psychosomatic Medicine, 24(1), 13–24.

Alexander, F. (1962b). An Experimental Approach to Study of Physiological and Psychological Effects of Emotional Stress Situations. In: T.T. Tourlentes; S.L. Pollack & H.E. Himwich (Hg.):

Research Approaches to Psychiatric Problems: A Symposium. New York: Grune & Straton, S. 189–208.

Alexander, F. (1963). The Dynamics of Psychotherapy in the Light of Learning Theory. American Journal of Psychiatry, 120, 440–448.

Alexander, F.; Rado, S.¬†& Grinker, R. (1963). Editorial. Archives of General Psychiatry, 8(6), 527–529.

Alexander, F. (1964a). Binger, Carl: The Doctor's Job. New York, W.W. Norton & Co., 1945, 234pp. (Book Review). Psychosomatic Medicine, 8(1), 64–65.

Alexander, F. (1964b). Current Problems in Psychosomatic Medicine. Psychosomatics, 5(1), 1–2.

Alexander, F. (1964c). Evaluation of Psychotherapy. In: P.H. Hoch & J. Zubin (Hg.): Evaluation of Psychiatric Treatment. New York: Grune & Stratton, S. 176–193.

Alexander, F. (1964d). Neurosis and Creativity. The American Journal of Psychoanalysis, 24(2), 116–130.

Alexander, F. (1964e). Presidential Message. Newsletter of The Academy of Psychoanalysis, 8(1), 1.

Alexander, F. (1964f). Psychoanalysis and the Human Condition. In: J. Marmorston & E. Stainbrook (Hg.): Psychoanalysis and the Human Situation. New York: Vantage Press, S. 68–83.

Alexander, F. (1964g). Social Significance of Psychoanalysis and Psychotherapy. Archives of General Psychiatry, 11, 235–244.

Alexander, F.; Lesse, S.; Stevenson, I.; Wolberg, L.R. & Zubin, J. (1964). Criteria for the Evaluation of the Results of the Psychotherapies. American Journal of Psychotherapy, 18(1), 121–158.

Alexander, F. & Flagg, G.W. (1965). The Psychosomatic Approach. In: B.B. Wolman (Hg.): Handbook of Clinical Psychology. New York: McGraw-Hill Book Company, S. 855–947.

Flagg, G.W.; Clemens, T.; Michaels, E.A.; Alexander, F. & Wark, J. (1965). A Psychophysiological Investigation of Hyperthyreodism. Psychosomatic Medicine, 27(6), 497–507.

Goldstein, M.J.; Jones, R.B.; Clemens, T.; Flagg, G.W. & Alexander, F. (1965). Coping Style as a Factor in Psychophysiological Response to a Tension-Arousing Film. Journal of Personality and Social Psychology, 1(4), 290–302.

Alexander, F. & Selesnick, S. (1965). Freud-Bleuler Correspondence. Archives of General Psychiatry, 12, 1–9.

Alexander, F.; Eisenstein, S.¬†& Grotjahn, M. (Hg.) (1966). Psychoanalytic Pioneers. New York: Basic Books, Inc.

Alexander, F. & Selesnick, S. (1966). The History of Psychiatry: An Evaluation of Psychiatric Thought and Practice From Prehistoric Times to the Present. New York: Harper & Row.

Alexander, F.; French, T.M. & Pollock, G.H. (Hg.) (1968). Psychosomatic Specifity. Experimental Study and Results. Chicago: The University of Chicago Press.

Alexander, F. & Selesnick, S.T. (1969). Geschichte der Psychiatrie. Ein kritischer Abriß der psychiatrischen Theorie und Praxis von der Frühgeschichte bis zur Gegenwart. Zürich: Diana Verlag.

II. Stammbaum und Urkunden

Stammbaum

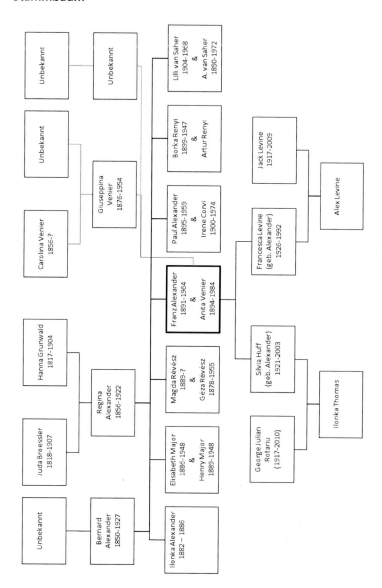

169

Heiratsurkunde Franz Alexander & Anita Venier

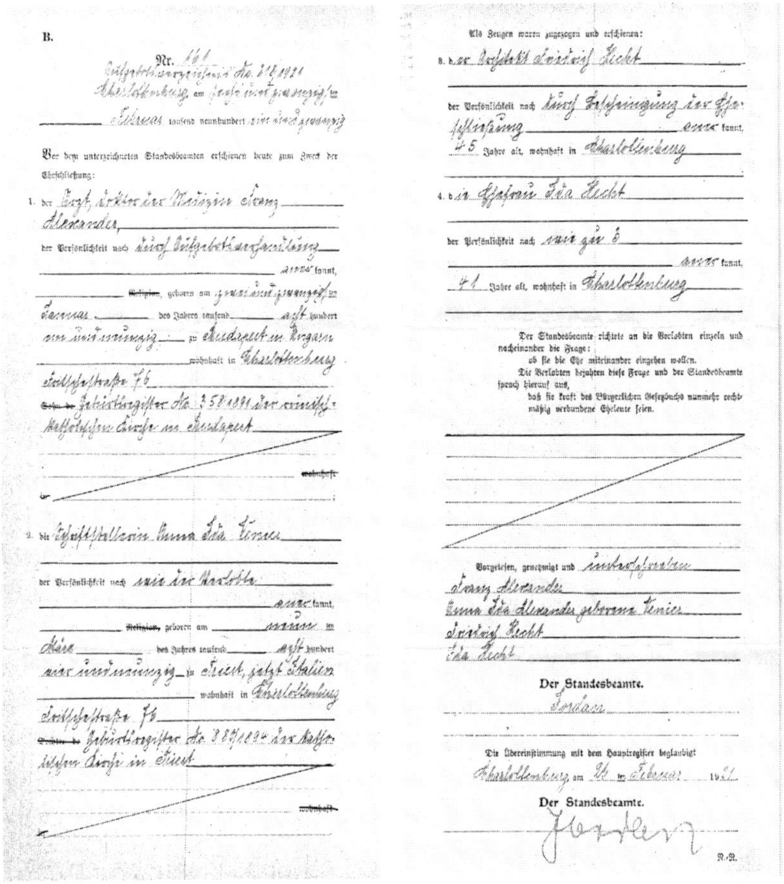

Abb. 4
(Abdruck mit freundlicher Genehmigung des Landesarchivs Berlin; Archiv-
signatur: Landesarchiv Berlin, P Rep.555, Nr. 75.)

III. Bilder

Die Entstehungsdaten der folgenden Bilder sind leider nicht bekannt. Der Abdruck erfolgt mit freundlicher Genehmigung des Chicagoer Instituts für Psychoanalyse.

Abb. 5: *Franz Alexander und Thomas M. French. Das Sigmund-Freud-Bild im Hintergrund wurde von Anita Venier gemalt.*

Abb. 6: *Franz Alexander im Chicagoer Institut*

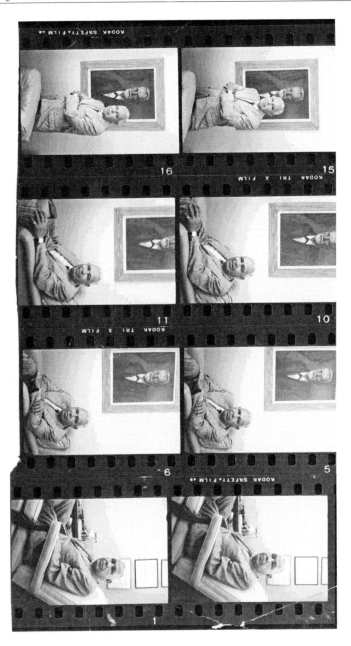

Abb. 7: Franz Alexander im Chicagoer Institut

Abb. 8: Porträt

Abb. 9: Franz Alexander
und Anita Venier

Abb. 10: Franz Alexander, Anita Venier und Tochter

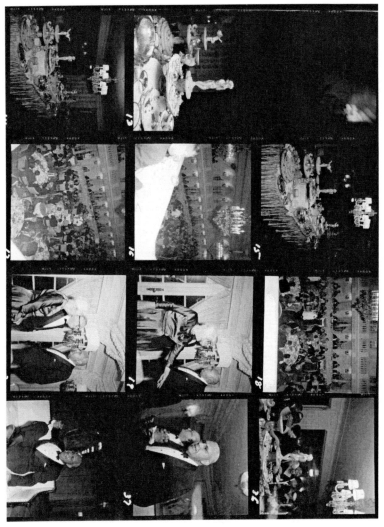

Abb. 11: Abendveranstaltung

IV. Korrespondenz

Franz Alexander an Sigmund Freud, 6. Juli 1931
(Grand Hotel des Alpes, Italien)

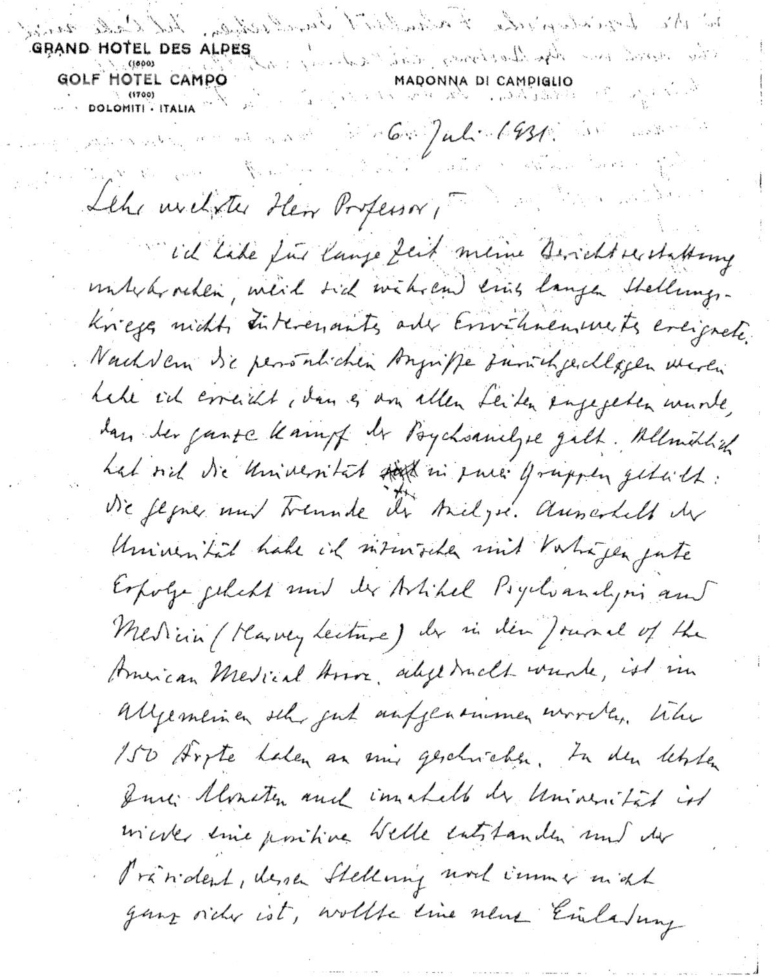

*Abb. 12: Franz Alexander an Sigmund Freud, 6. Juli 1931 (6 Seiten)
(Abdruck mit freundlicher Genehmigung des Sigmund Freud Museums,
London.)*

175

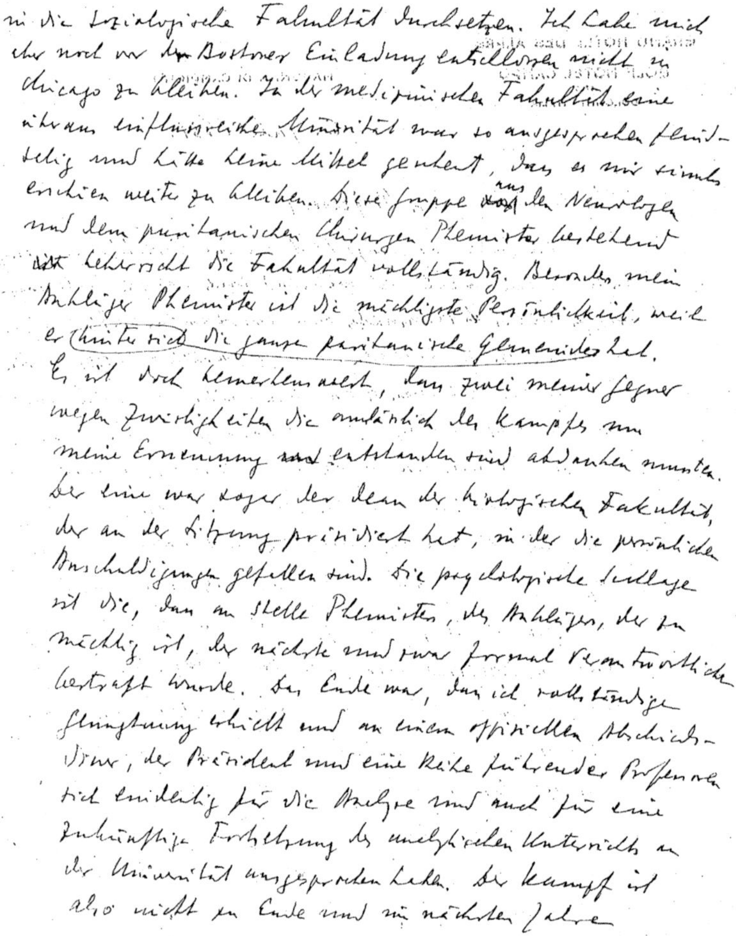
in die soziologische Fakultät durchsetzen. Ich habe mich eher noch vor der Bostoner Einladung entschlossen nicht in Chicago zu bleiben. In der medizinischen Fakultät eine überaus einflussreiche Minorität war so ausgesprochen feindselig und hätte keine Mittel gescheut, dass es mir sinnlos erschien weiter zu bleiben. Diese Gruppe aus den Neurologen und dem puritanischen Chirurgen Phemister bestehend beherrscht die Fakultät vollständig. Besonders mein Anhänger Phemister ist die mächtigste Persönlichkeit, weil er hinter sich die ganze puritanische Gemeinde hat. Es ist doch bemerkenswert, dass zwei meiner Gegner wegen Zwistigkeiten die anlässlich des Kampfes um meine Ernennung entstanden sind abdanken mussten. Der eine war sogar der Dean der biologischen Fakultät, der an der Sitzung präsidiert hat, in der die persönlichen Anschuldigungen gefallen sind. Die psychologische Sachlage ist die, dass an Stelle Phemisters, des Anhängers, der zu mächtig ist, der nächste und zwar formal Verantwortliche bestraft wurde. Das Ende war, dass ich vollständige Genugtuung erhielt und an einem offiziellen Abschiedsdinner, der Präsident und eine Reihe führender Professoren sich eindeutig für die Analyse und auch für eine zukünftige Fortsetzung des analytischen Unterrichts an der Universität ausgesprochen haben. Der Kampf ist also nicht zu Ende und im nächsten Jahre

Abschrift des Briefes

Sehr verehrter Herr Professor,

ich habe für lange Zeit meine Berichterstattung unterbrochen, weil sich während eines langen Stellungskrieges nichts Interessantes oder Erwähnenswertes ereignete. Nachdem die persönlichen Angriffe zurückgeschlagen waren habe ich erreicht, dass es von allen Seiten zugegeben wurde, dass der ganze Kampf der Psychoanalyse galt. Allmählich hat sich die Universität in zwei Gruppen geteilt: Die

GRAND HOTEL DES ALPES
(1800)
GOLF HOTEL CAMPO   MADONNA DI CAMPIGLIO
(1700)
DOLOMITI · ITALIA

Gegner und Freunde der Analyse. Ausserhalb der Universität habe ich inzwischen mit Vorträgen gute Erfolge gehabt und der Artikel Psychoanalysis and Medicine (Harvey Lecture) der in dem Journal of the American Medical Assoc. abgedruckt wurde, ist im Allgemeinen sehr gut aufgenommen worden. Über 150 Ärzte haben an mir geschrieben. In den letzten zwei Monaten auch innerhalb der Universität ist wieder eine positive Welle entstanden und der Präsident, dessen Stellung noch immer nicht ganz sicher ist, wollte eine neue Einladung in die soziologische Fakultät durchsetzen. Ich habe mich aber noch vor der Bostoner Einladung entschlossen nicht in Chicago zu bleiben. In der medizinischen Fakultät eine überaus einflussreiche Minorität war so ausgesprochen feindselig und hätte keine Mittel gescheut, dass es mir sinnlos erschien weiter zu bleiben. Dieser Gruppe aus den Neurologen und dem puritanischen Chirurgen Phemister bestehend beherrscht die Fakultät vollständig. Besonders mein Ankläger Phemister ist die mächtigste Persönlichkeit, weil er die ganze puritanische Gemeinde hinter sich hat. Es ist doch bemerkenswert, dass zwei meiner Gegner wegen Zwistigkeiten die anlässlich des Kampfes um meine Ernennung entstanden sind abdanken mussten. Der

GRAND HOTEL DES ALPES
(1800)
GOLF HOTEL CAMPO   MADONNA DI CAMPIGLIO
(1700)
DOLOMITI · ITALIA

[handschriftlicher Brief]

eine war sogar der Dean der biologischen Fakultät, der an der Sitzung präsidiert hat, in der die persönlichen Anschuldigungen gefallen sind. Die psychologische Sachlage ist die, dass an Stelle Phemisters, des Anklägers, der zu mächtig ist, der nächste und zwar formal verantwortliche bestraft wurde. Das Ende war, dass ich vollständige Genugtuung erhielt und an einem offiziellen Abschiedsdinner, der Präsident und eine Reihe führender Professoren sich eindeutig für die Analyse und auch für eine zukünftige Fortsetzung des analytischen Unterrichts an der Universität ausgesprochen haben. Der Kampf ist also nicht zu Ende und im nächsten Jahre werden die Anhänger in Angriff übergehen und den Standpunkt, dass die Pa. unterrichtet werden muss durchsetzen versuchen.

Es ist mir eine Genugtuung, dass ich eine sehr überzeugte Gruppe in der med. Fakultät hinterlassen habe. Auch die med. Studenten wollten eine Aktion einleiten und die weiteren Unterricht verlangen. In einer Studentenversammlung habe ich gesprochen und grosse Ovation erhalten. Im letzten Semester habe ich neben einem Kurs für Mediziner auch einen Kurs für Juristen gehalten, der mir viel Spass machte und wie ich glaube auch sehr erfolgreich war.

Ausserhalb der Universität eine dem Rosenwald Fund nahestehende Gruppe machte mir wiederholt den Vorschlag ein pa.sches Institut zu organisieren. Genügend Geld wurde angeboten. Diese Möglichkeit möchte ich jedoch sehr gründlich mit Ihnen Herr Professor und auch mit Dr. Eitingon besprechen. Die Gefahren eines solchen Unternehmens in einer feindselig gesinnten medizinischen Gemeinde sind sehr gross und ich glaube, dass nur ein ganz grosszügiger Plan eine solche Bemühung rechtfertigen könnte.

Der Bostoner Plan ist ungefähr der folgende. Die Rosenwald Foundation, in der einige Mitglieder und besonders der Direktor Embree für die Analyse Interesse haben, hat mir angeboten die Analyse Krimineller zu finanzieren. Die erste Anregung kam von Dr. Healy aus Boston. Er leitet dort ein Institut für kriminelle Jugendliche und möchte endlich die analytische Methode ehrlich ausprobieren. Über Healys Persönlichkeit brauche ich Ihnen nicht zu schreiben. Dass dieses Institut sonst der geeignete Platz für so ein Experiment ist, scheint mir zweifellos. Ich bin in Boston gewesen und habe dort die folgende Situation vorgefunden. Healy ist richtig unpopulär geworden seitdem er das Buch über Pa. geschrieben hatte. So wird er schicksalsmäßig zu der Analyse hingetrieben. Er gilt unter den Schulpsychiatern als der am meisten analytisch infizierte. Er hofft, dass es mir gelingen könnte die Analyse in Boston zur Anerkennung zu bringen, womit sein Ansehen steigen würde. Die Hauptsache ist jedoch, dass er sich diesmal wirklich analysieren lassen will. Ich habe also keinen zwingenden Grund diese Einladung zurückzuschlagen. Eine Reihe junger Psychiater haben sich gleich, für den Fall, dass ich nach Boston komme, für Lehranalysen gemeldet. Damit war auch eine günstige finanzielle Situation geschaffen, weil der Beitrag der Rosenwald F. nicht besonders gross ist: $500 für 9 Monate. Ich werde die Hälfte meiner Zeit für die Analyse von Kriminellen verwenden und zwar werde ich nur solche über 17–18 Jahre alt analysieren, deren frühere Lebensgeschichte gut bekannt ist. Healy und Bronner haben gute, sehr genaue psychiatrische Anamnesen und haben das Schicksal vieler Delinquenten durch viele Jahre verfolgt. Ich hoffe von diesem Material aetiologisch interessante Daten zu gewinnen. Besonders das Verhältnis der allgemein-soziologischen Determinanten zu den frühen Kindheitserlebnissen möchte ich untersuchen. Ob so eine Untersuchung die Eingangspforte zu einer soziologischen Anwendung der Analyse sein könnte?

Ich muss bekennen, dass ich, seitdem ich wieder hier bin, einen wirklichen Horror vor dem zweiten Ausflug habe. Als ich in Boston mich entschlossen hatte ein Jahr dort zu verbringen habe ich diese Abneigung nicht so stark empfunden. Eins steht jedoch fest, dass drüben grössere Möglichkeiten vorhanden sind die Pa. mit der übrigen wissenschaftlichen Welt in Kontakt zu bringen. Interesse, Bedürfnis einerseits, Widerstand, Ablehnung andererseits halten sich die Wage.

Obzwar ich diesmal mit mehr Terrainkenntnissen und wenigerem Optimismus hinüberfahre möchte ich gerne eine zweite Schutzimpfung von Herrn Professor erhalten. Entweder vor oder nach dem Kongress möchte ich deshalb nach Wien fahren, wenn ich die Hoffnung hätte eine Unterredung mit Ihnen, Herrn Professor, haben zu können. Ich mache den Zeitpunkt davon abhängig, wann ich Sie weniger stören würde. Wenn für Sie beide Zeitpunkte möglich sind, würde ich meine Reise nach Wien mit einer geplanten Reise nach Budapest verbinden, die ich nach dem Kongress machen werde.

Mit tiefster Verehrung,
Ihr ergebenster Alexander

Sigmund Freud an Franz Alexander, 15. Juni 1924

PROF. DR· FREUD   WIEN IX., BERGGASSE 19
                              15.VI.24.

Lieber Herr Doktor,

Ich lese Ihre Arbeiten immer mit grossem
Vergnügen und freue mich der selten fehlenden
Uebereinstimmung in unseren Gedankengängen.
Auch diesmal muss ich sagen, dass Ihre Stellung
zum Standpunkt von Ferenczi und Rank durchaus
die meinige, d.h.die konservative ist. Auch ich
suche den Erfolg der Kur in der Auflösung der
Verdrängungen, der Stärkung oder, wie Sie es
sagen, Homogenisierung des Ichs. Der Fortschritt
von F.und R. scheint mir nur darin zu liegen,
dass sie meine frühere Unzufriedenheit mit dem
Gewährenlassen des Erlebens korrigieren. Das
Wiedererleben allein ohne Erkennen wäre aber kein
therapeutischer Erfolg sondern ein glattes
Malheur.

Ihre Nuance -Beurteilung anstatt Verurtei-
lung- nehme ich dankend an.

Abb. 13: Sigmund Freud an Franz Alexander, 15. Juni 1924 (2 Seiten)
(Reproduced by permission of The Marsh Agency Ltd on behalf of Sigmund
Freud Copyrights.)

Mit den von Rank beschriebenen Wiederholungen des Geburtsvorganges habe ich weniger Glück gehabt als Sie, den Einfluss des Geburtstraumas auf die Neurosenbildung erwarte ich nicht,bedeutend zu finden.

Mit Ihrem Vorschlag, die vier Referate über das Diskussionsthema in einem Heft selbständig zu machen, bin ich einverstanden und habe mich auch gegen die Redaktion so geäussert.

In Ihrer Würdigung des XXXXXXXXXXXX Ueberichs kann ich nicht ganz mit Ihnen gehen. Ihre Aeusserung scheint mit zu entschieden zu sein, ich wäre gern zurückhaltender.

Meine Gesundheit lässt viel zu wünschen übrig, hat mir aber das Vergnügen an Ihrer Arbeit nicht gestört.

Mit herzlichen Grüssen

Ihr

Freud

Sigmund Freud an Franz Alexander, 17. Mai 1926

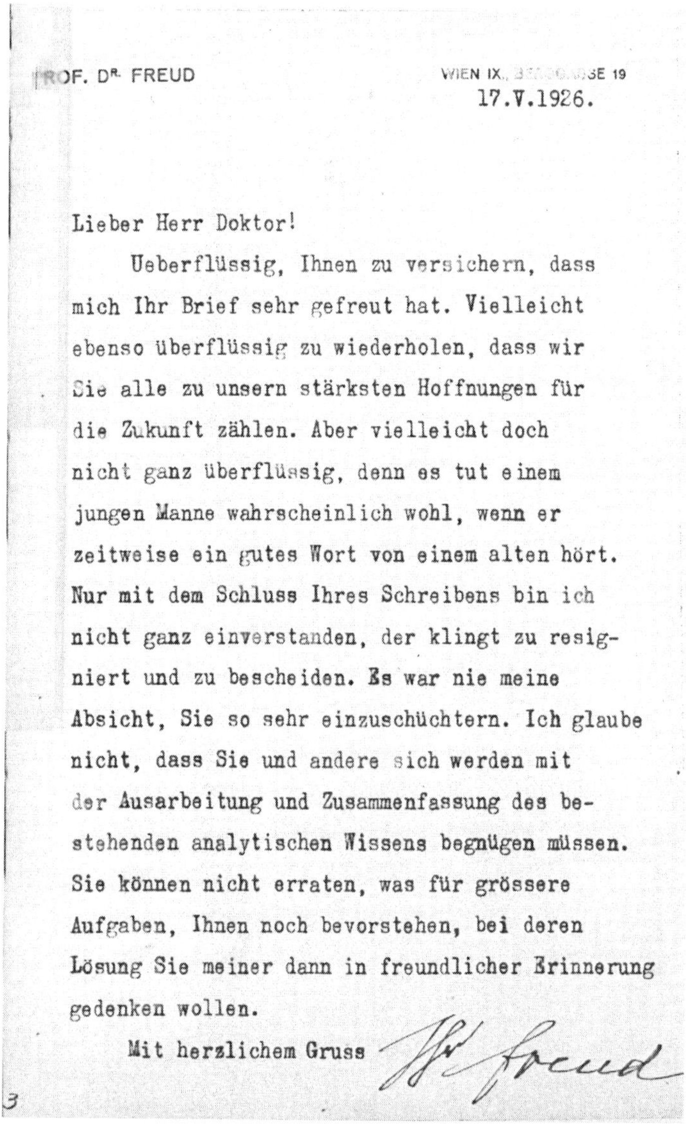

ROF. D? FREUD   WIEN IX., ‥‥‥‥3E 19
                                  17.V.1926.

Lieber Herr Doktor!

Ueberflüssig, Ihnen zu versichern, dass
mich Ihr Brief sehr gefreut hat. Vielleicht
ebenso überflüssig zu wiederholen, dass wir
Sie alle zu unsern stärksten Hoffnungen für
die Zukunft zählen. Aber vielleicht doch
nicht ganz überflüssig, denn es tut einem
jungen Manne wahrscheinlich wohl, wenn er
zeitweise ein gutes Wort von einem alten hört.
Nur mit dem Schluss Ihres Schreibens bin ich
nicht ganz einverstanden, der klingt zu resig-
niert und zu bescheiden. Es war nie meine
Absicht, Sie so sehr einzuschüchtern. Ich glaube
nicht, dass Sie und andere sich werden mit
der Ausarbeitung und Zusammenfassung des be-
stehenden analytischen Wissens begnügen müssen.
Sie können nicht erraten, was für grössere
Aufgaben, Ihnen noch bevorstehen, bei deren
Lösung Sie meiner dann in freundlicher Erinnerung
gedenken wollen.

Mit herzlichem Gruss

Abb. 14: Sigmund Freud an Franz Alexander, 17. Mai 1926

Sigmund Freud an Franz Alexander, 3. Juni 1934

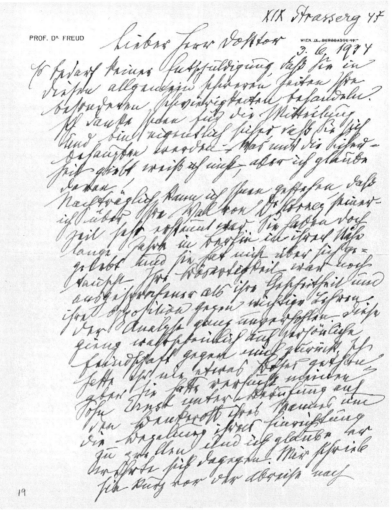

Abb. 15: Sigmund Freud an Franz Alexander, 3. Juni 1934 (4 Seiten)
(Reproduced by permission of The Marsh Agency Ltd on behalf of Sigmund
Freud Copyrights.)

Abschrift des Briefes

XIX Strasserg 47
Wien, 3.6.1934

Lieber Herr Doktor,

Es bedarf keiner Entschuldigung, daß Sie in diesen allgemein schweren Zeiten Ihre besonderen Schwierigkeiten behandeln. Ich danke Ihnen für die Mitteilung und bin eigentlich sicher, daß Sie sich behaupten werden. Was mir die Sicherheit gibt, weiß ich nicht, aber ich glaube daran.

Nachträglich kann ich Ihnen gestehen, daß ich über Ihre Wahl von Dr. Horney seinerzeit sehr erstaunt war. Sie haben doch lange Jahre in Berlin in ihrer Nähe gelebt und sie hat nicht über sich getäuscht. Ihre Bösartigkeit war noch ausgesprochener als ihre Gescheitheit und ihre Opposition gegen wichtige Lehren der Analyse ganz unverhohlen. Diese ging wahrscheinlich auf persönliche Feindschaft gegen mich zurück. Ich hatte ihr nie etwas Böses getan, aber sie hatte versucht, meinen Sohn Ernst unter Berufung auf den Bankrott ihres Mannes um die Bezahlung ihrer Einrichtung zu bringen und ich glaube, er wehrte sich dagegen.

Mir schrieb sie kurz vor ihrer Abreise nach Chicago – oder war es nach ihrer Ankunft? – einen Brief, der nur bedeuten konnte, sie werde brav sein. Ich habe nicht geantwortet, vielleicht hätte ich es tun sollen. Aber die Frau, von der ich noch anderes weiß, war mir so zuwider.

Ihr Manuskript über die Magendarmstörungen habe ich durchgelesen, noch nicht die anderen. Ich erkenne hier – wie in der Arbeit von Weizsäcker – den

Anfang einer ... Forschung, die die Hofierung der Psychoanalyse beenden und eine rühmliche Zukunft eröffnen wird. Ich bin natürlich zu alt, um dabei mitzutun, aber das verlangt auch niemand von mir. An der Richtigkeit Ihrer besonderen Resultate sind mir einige Zweifel geblieben. So z. B. glaube ich, daß Sie einem Minderwertigkeitsgefühl einen überflüssig großen Raum einräumen, die Kompensation versteht sich als ein Mechanismus der Überwindung auch ohne diesen alten populären Komplex. Ferner scheint mir ein ernster Einwand gegen ihre Theorie, daß ein Trieb zum Geben keine ähnlich fundamentale Stellung beanspruchen kann wie der zum ... Behalten und Ausscheiden. Auch daß es schwer fallen dürfte, diesem Drang ein besonderes Organsystem zuzuweisen, ebenso ihn zu einem Charakter der Männlichkeit zu machen, das wäre also wohl kompliziertes Zukehren und ist derzeit nicht klar zu entwirren.

Von Marianne Kris wissen Sie wahrscheinlich nicht, daß sie Mitte Juli ihr zweites Kind erwartet, für die nächste Zeit ist sie außer Gefecht. Ich brauche nicht zu sagen, daß ihre Aussichten mich ungemein mitbetreffen, gerade wegen der Unsicherheit aller Verhältnisse in Oesterreich. Aber darüber hören wir wohl noch später. Oder wenn Sie wie andere zum Kongreß nach Luzern kommen, spreche ich Sie noch selbst. Nicht daß ich hingehen könnte, aber Ihr Weg nach B-pest führt doch über Wien.

Mit herzlichen Grüßen
und besten Wünschen   Ihr Freud

Danksagung

Die vorliegende Schrift ist die geringfügig überarbeitete Fassung meiner Dissertation, die im Jahr 2012 vom Institut für Psychologie der Alpen-Adria-Universität in Klagenfurt angenommen wurde. Frau Prof. Dr. Jutta Menschik-Bendele danke ich sehr herzlich für ihre Betreuung und liebenswürdige Unterstützung. Herzlich danken möchte ich Herrn Prof. Dr. med. et phil. Gerhard Danzer, ohne dessen stetige Ermutigung, geistige Anregung und freundliche Unterstützung ich diese Arbeit nicht hätte verfassen können. Dem Potsdamer DissertandInnen-Kolloquium danke ich für die stets hilfreichen und motivierenden Diskussionen und Anregungen.

Des Weiteren herzlich danken möchte ich Hildegard Kattelmann für ihre Unterstützung beim Entziffern von Sigmund Freuds in Sütterlinschrift verfassten Briefen. Mein Dank gilt außerdem Christoph Prangenberg für seine Unterstützung bei der Korrespondenz mit den italienischen Meldeämtern.

For their various help and support during my research trip I'm grateful to Janet Hobbs (Mount Sinai Hospital, Los Angeles) and Scot Ausborn (Chicago Institute for Psychoanalysis). For talking to me about the life and work of Franz Alexander in Chicago I'm grateful to David Terman and Erika Schmidt (Chicago Institute for Psychoanalysis). For giving me very valuable information about his experience with Franz Alexander as a teacher and psychoanalyst, I'm grateful to Arnold Gilberg. Special thanks to Hedda Bolgar, a former colleague of Franz Alexander and a close friend of his family, who welcomed me into her home and shared unique memories with me.

For their trust and for sharing their memories about Franz Alexander with me I'm deeply grateful to Eva Brossler-Weissman and, especially, to Ilonka Venier Alexander.

Zuletzt danke ich meiner Familie und meinem zukünftigen Ehemann Ulf Kattelmann für die andauernde und herzliche Unterstützung, die mir bei der Realisierung dieses Projekts sehr geholfen hat.

Januar 2013
Imke Melcher